今注本二十四史

宋書

梁 沈約 撰

朱紹侯 主持校注

中國社會科學出版社

一三 傳〔六〕

宋書　卷七六[1]

列傳第三十六

朱脩之　宗慤　王玄謨

朱脩之字恭祖，義陽平氏人也。[2]曾祖燾，晋平西將軍。[3]祖序，豫州刺史。[4]父諶，益州刺史。[5]

[1]《宋書》卷七六：中華本認爲本卷記事缺略，對宋帝又不稱廟號而稱謚法，是沈約原書散佚，後人據他書輯補而補入。

[2]義陽：郡名。治所在今河南信陽市。　平氏：縣名。治所在今河南桐柏縣西北。

[3]平西將軍：官名。爲四平將軍之一。三品。

[4]豫州：東晋後僑置，治所不常。朱序任內駐馬頭，即今安徽懷遠縣淮河南岸的馬頭城。

[5]益州：治所在今四川成都市。

脩之自州主簿遷司徒從事中郎，[1]文帝謂曰："卿曾祖昔爲王導丞相中郎，[2]卿今又爲王弘中郎，[3]可謂不忝爾祖矣。"[4]後隨到彦之北伐。[5]彦之自河南回，留脩之戍滑臺，爲虜所圍。數月糧盡，將士熏鼠食之，遂陷於虜。[6]初，脩之母聞其被圍既久，常憂之。忽一旦乳汁驚出，母號泣告家人曰："吾今已老，忽復有乳汁，斯不祥矣。吾兒其不利乎?"後問至，脩之果以此日陷没。[7]

[1]州主簿：官名。州府掾史之首，負責文書簿籍和掌管印鑑，地位較高。　司徒從事中郎：官名。司徒府中屬官，職參謀議。六品。

[2]王導：人名。琅邪臨沂人，曾聯合南北士族擁立司馬睿建東晉政權，官居宰輔，總攬元、明、成三朝國政。《晉書》卷六五有傳。

[3]王弘：人名。字休元，王導曾孫。本書卷四二有傳。

[4]忝：羞辱，有愧於。

[5]後隨到彥之北伐：據中華本考證，《御覽》卷五一一引本書，稱朱脩之時加建武將軍號，留戍滑臺。《水經·河水注》又作"建威將軍朱脩之"，傳並不載。到彥之，人名。彭城武原（今江蘇邳州市西北）人，時任中領軍，奉命北伐，攻占滑臺、虎牢等地。後在北魏軍反攻中大敗，回彭城免官下獄。本書卷四六有傳目而缺文。《南史》卷二五有傳。

[6]"留脩之戍滑臺"至"遂陷於虜"：《御覽》卷三二〇引本書："朱脩之留戍滑臺，乃爲索虜所攻圍。脩之糧盡，救兵不至，將士燋鼠食之。城陷，爲虜所執，上嘉其節。"此或爲沈約《宋書》原文。滑臺，古城名。在今河南滑縣，北臨古黃河，當時爲軍事要地。熏鼠，引火熏炙老鼠。《御覽》卷三二〇引本書作"燋（jiǎo）鼠"，義同。

[7]"初，脩之母聞其被圍"至"果以此日陷没"：《御覽》卷五一一引本書："朱脩之留戍滑臺，爲索虜所攻，母悲憂。一旦乳

汁驚出，因號慟告家人曰：'我老，非有乳汁之時，今忽如此，我兒必没矣。'後數日，凶問至，脩之果其日陷没。"中華本認爲此或爲沈約《宋書》原文而又有所删節。

託跋燾嘉其守節，以爲侍中，妻以宗室女。[1]脩之潛謀南歸，妻疑之，每流涕問其意。脩之深嘉其義，竟不告也。後鮮卑馮弘稱燕王，[2]治黄龍城，[3]託跋燾伐之，脩之與同没人邢懷明並從。[4]又有徐卓者，[5]復欲率南人竊發，事泄被誅。脩之、懷明懼奔馮弘，弘不禮。留一年，會宋使傳詔至，[6]脩之名位素顯，傳詔見即拜之。彼國敬傳詔，謂爲"天子邊人"。見其致敬於脩之，乃始加禮。時魏屢伐弘，或説弘遣脩之歸求救，[7]遂遣之。泛海至東萊，[8]遇猛風柁折，[9]垂以長索，船乃復正，海師望見飛鳥，[10]知其近岸，須臾至東萊。

[1]託跋燾：人名。一作"拓跋燾"。北魏太武帝，公元423年至452年在位。事見本書卷九五《索虜傳》。　以爲侍中：據中華本考證，"侍中"《魏書》卷四三《毛脩之傳》、《南史》作"雲中鎮將"。據《魏書·毛脩之傳》附朱脩之事考證，蓋朱脩之在魏先任侍中，後爲雲中鎮將。而爲雲中鎮將，在"妻以宗室女"之後。侍中，官名。秦始置，兩漢魏晋沿置，北朝常總典機密，員四人，權位尤重，有"小宰相"之稱。

[2]馮弘：人名。即十六國時北燕昭成王。公元430年至436年在位。事見《晋書》卷一二五《馮跋載記》。

[3]黄龍城：古城名。又名和龍城、龍城。前燕、後燕、北燕都曾都於此，在今遼寧朝陽市。

[4]邢懷明：人名。後任大將軍中兵參軍，爲彭城王劉義康所

信任，被宋文帝誅殺。事見本書卷六八《彭城王義康傳》。

[5]徐卓：人名。曾在宋任殿中員外將軍，何時没於北魏不詳。其事又見本書卷五二《褚叔度傳》。

[6]傳詔：官名。掌傳達皇帝詔命及宣召大臣。

[7]或説（shuì）弘：有人勸説馮弘。

[8]泛海至東萊：丁福林《校議》據《南史》卷一六《朱脩之傳》、《建康實録》考證，作“泛海未至東萊”。此於“泛海”後恐佚“未”字。東萊，郡名。治所在今山東萊州市。

[9]柂：同“舵”。

[10]海師：熟悉海上航路而負責領航的人。

元嘉九年，[1]至京邑，[2]以爲黄門侍郎，[3]累遷江夏内史。[4]雍州刺史劉道産卒，[5]群蠻大動，脩之爲征西司馬討蠻，[6]失利。孝武初，[7]爲寧蠻校尉、雍州刺史，加都督。[8]脩之在政寬簡，士衆悦附。及荆州刺史南郡王義宣反，[9]檄脩之舉兵。[10]脩之僞與之同，而遣使陳誠於帝。帝嘉之，以爲荆州刺史，加都督。義宣聞脩之不與己同，乃以魯秀爲雍州刺史，[11]擊襄陽。[12]脩之命斷馬鞍山道，[13]秀不得前，乃退。及義宣敗於梁山，[14]單舟南走，脩之率衆南定遺寇。時竺超民執義宣，[15]脩之至，乃殺之，以功封南昌縣侯。[16]

[1]元嘉：宋文帝劉義隆年號（424—453）。

[2]京邑：地名。即京師建康。《南史》卷一六《朱脩之傳》作“及至，以爲黄門侍郎”，無“京邑”二字。

[3]黄門侍郎：官名。又稱給事黄門侍郎，爲侍中省或門下省次官，地位重要。五品。

［4］江夏：王國名。宋文帝封二皇弟劉義恭爲江夏王，食邑五千户。治所在夏口，即今湖北武漢市武昌區。　内史：官名。爲諸侯王國最高行政官，掌治民，如郡太守。五品。

［5］雍州：東晋割荆州北部僑置，宋沿之，治所在今湖北襄陽市襄城區。　劉道産：人名。彭城吕（今江蘇銅山縣）人。本書卷六五有傳。

［6］征西司馬：官名。爲軍府之官，在征西將軍之下，綜理一府之事，參預軍事謀畫，也單獨領兵作戰。品秩隨府主而定。

［7］孝武：劉駿謚號。公元453年至464年在位。本書卷六有紀。

［8］寧蠻校尉：官名。掌管雍州的少數民族事務，領兵，設府於襄陽，稱小府。多由其他將軍或刺史兼任。四品。　都督：官名。即都督諸州軍事。往往兼任駐在州刺史，爲地方軍政長官。刺史加都督者四品。

［9］荆州：治所在今湖北荆州市荆州區。　義宣：人名。即劉義宣。宋武帝劉裕第六子，封南郡王。本書卷六八有傳。

［10］檄：本指長尺二寸的書簡，後泛指用於調兵、申討、曉喻的官方文書。此作“發檄”講。

［11］魯秀：人名。扶風郿（今陝西眉縣）人，魯爽七弟，小字天念。時爲劉義宣死黨。本書卷七四有附傳。

［12］襄陽：地名。在今湖北襄陽市襄城區。

［13］馬鞍山：山名。又名望楚山，在今湖北襄陽市襄城區西南。

［14］梁山：山名。又名博望山、天門山。在今安徽和縣、當塗二縣之間。在和縣者爲西梁山，在當塗者爲東梁山，隔江對峙，形勢險要。爲六朝時兵家必争之地。

［15］竺超民：人名。時爲劉義宣軍府司馬。事見本書卷六八《南郡王義宣傳》。

［16］南昌：縣名。在今江西南昌市。　縣侯：侯爵名。宋有五

等開國封爵，即公、侯、伯、子、男，食邑户數不等。縣侯三品。

脩之治身清約，凡所贈貺，[1]一無所受。有餉，[2]或受之，而旋與佐吏賭之，終不入己。唯以撫納群蠻爲務。徵爲左民尚書，[3]轉領軍將軍。[4]去鎮，秋毫不犯，計在州然油及牛馬穀草，[5]以私錢十六萬償之。然性儉剋少恩情。姊在鄉里，飢寒不立，脩之未嘗供贍。嘗往視姊，姊欲激之，爲設菜羹粗飯。脩之曰："此乃貧家好食。"致飽而去。先是，新野庾彦達爲益州刺史，[6]攜姊之鎮，分禄秩之半以供贍之，西土稱焉。

[1]贈貺（kuàng）：泛指別人送給的禮物。貺，賜與，加惠。

[2]餉：此指軍職的俸給。

[3]左民尚書：官名。尚書省内五曹尚書之一，領左民、駕部二郎曹。三品。

[4]轉領軍將軍：丁福林《校議》據本書卷七《孝武帝紀》、《建康實録》考證，"轉"爲衍字，《南史》卷一六《朱脩之傳》作"後科左户尚書、領軍將軍"，無"轉"字。領軍將軍，官名。爲中央禁衛軍最高統帥。掌内軍，全面負責宫城以内的治安保衛事，權勢極重。三品。

[5]然油及牛馬穀草：《南史·朱脩之傳》作"然油及私牛馬食官穀草"。丁福林《校議》云："蓋荆州大府，若凡州府牛馬所食而以私錢償之，既非其理，且脩之亦不堪重負矣。"然，同"燃"。

[6]新野：縣名。治所在今河南新野縣。 庾彦達：人名。以才幹爲宋文帝劉義隆賞識，任爲益州刺史，後官至豫章太守、太常卿。事見本書卷八四《孔覬傳》。

脩之後墜車折腳，辭尚書，領崇憲太僕，[1]仍加特進、金紫光禄大夫。[2]以腳疾不堪獨行，特給扶持。卒，贈侍中，[3]特進如故。謚貞侯。[4]

[1]崇憲太僕：官名。宋孝武帝尊生母路淑媛爲皇太后，宮曰崇憲。太僕職典御用車馬。此太僕爲皇太后宮官職，爲太后三卿之一，地位與九卿相當。三品。

[2]特進：官名。凡功德優盛之臣，退免後，朝廷賜位特進，仍得參與朝政，位在三公下。爲加官名號，無實職。　光禄大夫：官名。職掌顧問應對，侍從左右。加金章紫綬者，稱金紫光禄大夫。二品。禄賜、班位諸所賜與皆與特進同，以爲加官者，唯假章綬、禄賜、班位，不別給車服、吏卒。

[3]贈：朝廷對官員的一種恩典。即授予已故官員的榮譽職銜。

[4]謚貞侯：中華本引《建康實録》云：“大明八年二月辛丑，領軍朱脩之卒，子雍嗣。”此亦略之。謚，古代帝王、貴族、大臣死後，依其生前事迹給予的稱號。按《謚法》：“清白守節曰貞。”

宗慤字元幹，南陽人也。[1]叔父炳，[2]高尚不仕。慤年少時，炳問其志，慤曰：“願乘長風破萬里浪。”[3]炳曰：“汝不富貴，即破我家矣。”[4]兄泌娶妻，[5]始入門，夜被劫。慤年十四，挺身拒賊，賊十餘人皆披散，不得入室。時天下無事，士人並以文義爲業，炳素高節，諸子群從皆好學，而慤獨任氣好武，故不爲鄉曲所稱。[6]

[1]南陽：郡名。治所在今河南南陽市。

[2]炳：人名。即宗炳。屢却官不就，優游山水，妙善琴書。本書卷九三有傳。

[3]乘長風破萬里浪：比喻人志向遠大，不畏艱險，奮勇向前。"乘風破浪""宗慤長風"等典故即源出於此。

[4]汝不富貴，即破我家矣：中華本考證云，《御覽》卷九、五一二引本書作："汝若不富貴，必破我門户。"此或爲沈約《宋書》原文。

[5]泌：人名。即宗泌。其事不詳。

[6]鄉曲：原指偏僻的鄉野，此引申爲鄉親、同鄉。

江夏王義恭爲征北將軍、南兗州刺史，[1]慤隨鎮廣陵。[2]時從兄綺爲征北府主簿，[3]綺嘗入直，[4]而給吏牛泰與綺妾私通。[5]慤殺泰，綺壯其意，不責也。[6]

[1]江夏王：王爵名。王國在今湖北武漢市武昌區。　義恭：人名。即劉義恭。宋武帝劉裕第五子。本書卷六一有傳。　征北將軍：官名。四征將軍之一。三品。如爲持節都督出鎮方面則進爲二品。　南兗州：東晉始僑立兗州於南方，宋時改名南兗州，治所初在今江蘇鎮江市，文帝時移治今江蘇揚州市。

[2]廣陵：縣名。治所在今江蘇揚州市。

[3]綺：人名。即宗綺。宗炳次子，事多不詳。　主簿：官名。爲統兵開府之臣的重要僚屬，參與機要，總領府事。

[4]入直：亦作"入值"。值班供職。古代大臣入宫或僚屬到長官衙門辦公，都稱入直。

[5]給吏：供官員差遣的胥吏，社會地位不高。

[6]綺壯其意，不責也：《南史》卷三七《宗慤傳》作"義恭壯其意，不罪也"。《南史》此下又云："後以補國上軍將軍。"《建康實録》云："爲江夏國上將軍，十五年不改職。"《御覽》卷四三一引本書亦有："爲江夏王國上將軍，十五年不徙官。"足見本處記載有缺漏。

元嘉二十二年，伐林邑，[1]慤自奮請行。義恭舉慤有膽勇，乃除振武將軍，[2]爲安西參軍蕭景憲軍副，[3]隨交州刺史檀和之圍區粟城。[4]林邑遣將范毗沙達來救區粟，[5]和之遣偏軍拒之，爲賊所敗。又遣慤，慤乃分軍爲數道，偃旗潛進，討破之，拔區粟，入象浦。[6]林邑王范陽邁傾國來拒，[7]以具裝被象，[8]前後無際，士卒不能當。慤曰：“吾聞師子威服百獸。”[9]乃製其形，與象相禦。象果驚奔，衆因潰散，遂克林邑。[10]收其異寶雜物，不可勝計。慤一無所取，衣櫛蕭然。[11]文帝甚嘉之。

[1]元嘉二十二年，伐林邑：丁福林《校議》據《通鑑》卷一二四，本書卷五《文帝紀》、卷九七《夷蠻傳》，《南史》卷七八《夷貊傳上》，《梁書》卷五四《諸夷傳》考證，皆作“元嘉二十三年，伐林邑”。林邑，古國名。又叫占城、占婆、占波。故地在今越南中南部，公元192年（一說137年）區逵建國，十七世紀末亡於廣南阮氏。

[2]除：官制用語。拜官授職。　振武將軍：官名。與建武、奮武、揚武、廣武將軍合稱五武將軍。四品。

[3]安西參軍：官名。即安西將軍府參軍事。協助治理府事，參謀軍務，亦率兵出征。　蕭景憲：人名。曾在宋文帝、孝武帝朝兩度出任交州刺史。事見本書《夷蠻傳》。　軍副：官名。副將。

[4]交州：治所在今越南北寧省仙遊縣東。　檀和之：人名。高平金鄉（今山東嘉祥縣南）人，宋初功臣檀憑之之子，在文帝、孝武帝二朝屢任太守、刺史、右衛將軍等職，因功封雲杜縣子。事見本書《夷蠻傳》。　區粟：地名。故址一說在今越南承天順化南香江南岸，一說在今越南廣平靈江南岸高牢下村。城周圍六里，三

方際山，南北瞰水，形勢險要。

[5]范毗沙達：人名。其事不詳。

[6]象浦：縣名。漢代名象林，在今越南廣南瀠川縣南茶蕎，以境內象水，宋改稱象浦。時屬林邑國。

[7]范陽邁：人名。一作“范楊邁”。林邑王，其本名范咄。宋初，父死，襲爲王，以父名爲名，仍稱陽邁。事見《南史》卷七八《夷貊傳上》。

[8]具裝被象：指象身裝備全副鎧甲。被，同“披”。覆蓋。

[9]師子：獸名。即獅子。

[10]遂克林邑：此處記戰鬥經過甚略。中華本據《通典·兵典·因機設權篇》、《初學記》卷二九引本書、《御覽》卷二八七引本書云：“宗愨征林邑，圍區粟城。林邑王范陽邁遣將范毗沙達率萬餘人來救。愨謂諸將曰：‘寇衆我寡，難與爭鋒。’乃分軍爲數道，偃旗臥鼓，愨潛進，令曰：‘聽我鼓噪，乃出。’山路榛深，賊了不備，卒見軍至，驚懼退走。愨乘勝追討，敵敗歸林邑。仍攻區粟，拔之。汎海陵山，徑入象浦。有大渠南來注浦，宋軍阻渠置陣。林邑王傾國來逆，限渠不得渡。以具裝被象，諸將憚之，請待前後軍集然後擊。愨曰：‘不然。吾已屠其堅城，破其銳衆。我氣方厲，彼已破膽。一戰可定，何疑焉。’愨以爲外國有師子，威服百獸，乃製其形，與象相禦。象果驚奔，衆因此潰亂。愨乃與馬軍主馬通厲渠直渡，步軍因之共奮擊，陽邁迸走，大衆一時奔散，遂克林邑。”此或爲沈約《宋書》原文內容。

[11]衣櫛蕭然：衣物和梳洗用品非常簡陋。引申爲隨身所帶之物很少。《南史》卷三七《宗愨傳》作“唯有被梳枕刷，此外蕭然”。

後爲隨郡太守，[1]雍州蠻屢爲寇，建威將軍沈慶之率愨及柳元景等諸將，[2]分道攻之，群蠻大潰。又南新郡蠻帥田彥生率部曲反叛，[3]焚燒郡城，屯據白楊山。[4]元景攻之未能下，愨率其所領先登，衆軍隨之，群蠻由是畏服。

卷七六

列傳第三十六

[1]隨郡：宋明帝泰始五年（469）改稱隨陽郡，治所在今湖北隨州市。

[2]建威將軍：官名。爲五威將軍之一。四品。　沈慶之：人名。字弘先，吳興武康（今浙江德清縣）人。本書卷七七有傳。柳元景：人名。河東解（今山西臨猗縣）人。本書卷七七有傳。

[3]南新郡：按：本書《州郡志》不見記載，疑此處傳寫有誤。　田彥生：人名。其事不詳。

[4]白楊山：山名。確址待考。

三十年，孝武伐元凶，[1]以愨爲南中郎諮議參軍，[2]領中兵。孝武即位，以爲左衛將軍，[3]封洮陽侯，[4]功次柳元景。孝建中，[5]累遷豫州刺史，監五州諸軍事。先是，鄉人庾業，[6]家甚富豪，方丈之膳，[7]以待賓客。而愨至，設以菜葅粟飯，[8]謂客曰：“宗軍人，慣噉粗食。”愨致飽而去。至是業爲愨長史，[9]帶梁郡，[10]愨待之甚厚，不以前事爲嫌。

[1]元凶：即劉劭。宋文帝劉義隆長子，後弑父自立，遭劉駿等地方諸王討伐，失敗被殺。本書卷九九有傳。

[2]南中郎諮議參軍：官名。即南中郎將府諮議參軍。南中郎將職權頗重，多用宗室諸王，或兼荊、江等州刺史。時劉駿爲南中郎將兼江州刺史。諮議參軍爲軍府僚屬，掌顧問諫議，在列曹參軍上，位甚尊。

4103

[3]左衛將軍：官名。掌宮禁宿衛。爲禁衛軍主要統帥之一，多由皇帝親信之人擔任，權任很重。四品。丁福林《校議》據本書卷七七《沈慶之傳》、卷六《孝武帝紀》、卷七七《柳元景傳》，《通鑑》卷一二七考證，時柳元景任左衛將軍，宗慤任右衛將軍。此"左衛"乃"右衛"之訛。

[4]洮陽侯：侯爵名。即洮陽縣侯。侯國在今廣西全州縣西北。

[5]孝建：宋孝武帝劉駿年號（454—456）。

[6]庾業：人名。新野人，父庾彥達曾任益州刺史。庾業曾任豫章太守、太常卿等職，後參與宋明帝與晉安王劉子勛爭位之戰，兵敗被殺。事見本書卷八四《孔覬傳》。

[7]方丈之膳：擺列一丈見方的飯食。極言肴饌之豐盛。

[8]菜葅：腌菜，醬菜。　粟飯：糙米飯。

[9]長史：官名。王府、諸州、軍府皆置，爲幕僚長。七品。

[10]帶：官制用語。南北朝時一些官員兼任郡守、縣令，但不理事，主要爲了取得其禄秩，稱帶。　梁郡：治所在今安徽碭山縣。

大明三年，[1]竟陵王誕據廣陵反，[2]慤表求赴討，乘驛詣都，面受節度。上停輿慰勉，慤聳躍數十，左右顧盼，上壯之。及行，隸車騎大將軍沈慶之。[3]初，誕誑其衆云："宗慤助我。"及慤至，躍馬繞城呼曰："我宗慤也。"事平，入爲左衛將軍。五年，從獵墮馬，腳折不堪朝直，以爲光禄大夫，加金紫。慤有佳牛堪進御，官買不肯賣，坐免官。明年，復職。廢帝即位，[4]爲寧蠻校尉、雍州刺史，加都督。卒，贈征西將軍，[5]謚曰肅侯。泰始二年，[6]詔以慤配食孝武廟。[7]子羅雲，卒，子元寶嗣。[8]

[1]大明：宋孝武帝劉駿年號（457—464）。

[2]竟陵王：王爵名。王國在今湖北鍾祥市。　誕：人名。即劉誕。宋文帝第六子。本書卷七九有傳。

[3]車騎大將軍：官名。重號將軍，開府置僚屬，多加權臣元老。一品。

[4]廢帝：即劉子業。又稱“前廢帝”。本書卷七有紀。

[5]征西將軍：官名。四征將軍之一，多授出鎮方面的都督。三品。

[6]泰始：宋明帝劉彧年號（465—471）。丁福林《校議》：本書卷六一《江夏文獻王義恭傳》記宗愨配食孝武廟在泰始三年，並詳載詔文。

[7]配食：禮制名。即配享，祔祭。指功臣祔祀於帝王宗廟。

[8]羅雲：人名。即宗羅雲。其事不詳。　元寶：人名。即宗元寶。其事不詳。

　　王玄謨字彥德，太原祁人也。[1]六世祖宏，[2]河東太守，[3]綿竹侯，[4]以從叔司徒允之難，[5]棄官北居新興，[6]仍爲新興、鴈門大守，[7]其自叙云爾。[8]祖牢，仕慕容氏爲上谷太守，[9]陷慕容德，[10]居青州。[11]父秀，早卒。

[1]太原：郡名。治所在今山西太原市西南。　祁：縣名。治所在今山西祁縣東南。

[2]宏：人名。即王宏。東漢末人。事見《後漢書》卷六六《王允傳》。

[3]河東：郡名。治所在今山西夏縣西北禹王城。

[4]綿竹侯：侯爵名。侯國在今四川德陽市北。

[5]允：人名。即王允。東漢末曾任司徒，設計誅殺董卓，後被凉州軍將李傕所殺。《後漢書》卷六六有傳。

［6］新興：郡名。治所在今山西忻州市。

［7］鴈門：郡名。治所在今山西朔州市東南。

［8］其自叙云爾：中華本引張森楷《校勘記》云：“王宏，謝承《後漢書》以爲允兄，范曄《後漢書》允傳但言允用同郡王宏爲右扶風。又二書皆言王宏爲右扶風，李催矯詔殺之，不言宏北居新興。蓋譜牒自叙，有不足徵者。”

［9］慕容氏：指建立前燕、南燕等政權的鮮卑慕容部。十六國時期，這一部族由遼東進入中原，先後建立前燕、後燕、南燕割據政權。　上谷：郡名。治所在今河北懷來縣。

［10］陷慕容德：丁福林《校議》據《南史》卷一六《王玄謨傳》，《晋書》卷一〇《安帝紀》、卷一二七《慕容德載記》，《通鑑》卷一一一考證，此“陷”恐“隨”字之訛。慕容德，人名。南燕的建立者，是前燕皇帝慕容皝的幼子，後燕皇帝慕容垂的弟弟。他於公元400年稱帝，在位五年，病死。《晋書》卷一二七有載記。

［11］青州：治所在今山東淄博市臨淄區。

　　玄謨幼而不群，世父蕤有知人鑒，[1]常笑曰：“此兒氣概高亮，有太尉彦雲之風。”[2]武帝臨徐州，[3]辟爲從事史，[4]與語異之。少帝末，[5]謝晦爲荆州，[6]請爲南蠻行參軍、武寧太守。[7]晦敗，以非大帥見原。元嘉中，補長沙王義欣鎮軍中兵參軍，[8]領汝陰太守。[9]

　　［1］世父：伯父。　蕤：人名。即王蕤。曾任東莞太守，餘事不詳。　知人鑒：識別人物品行、才能的眼力。鑒，照察，審辨。

　　［2］太尉彦雲：指三國魏時人王淩。字彦雲，王允侄。官至太尉，謀迎立楚王彪被司馬懿所誅。史云“風節格尚”。

　　［3］武帝：此指宋武帝劉裕。　徐州：東晋末劉裕任徐州刺史，

治所在京口，即今江蘇鎮江市京口區。

　　[4]從事史：官名。爲州部長官自辟的屬吏。

　　[5]少帝：即宋第二位皇帝劉義符。宋武帝劉裕長子。本書卷四有紀。

　　[6]謝晦：人名。字宣明，陳郡陽夏人。本書卷四四有傳。

　　[7]南蠻行參軍：官名。即護南蠻校尉府行參軍事。時謝晦兼任護南蠻校尉，其軍府自辟者爲行參軍，掌參謀軍務，爲僚屬。武寧：郡名。治所在今湖北荆門市北。各本並作"武昌"，中華本據《南史》改。

　　[8]長沙王：王爵名。王國在今湖南長沙市。　義欣：人名。即劉義欣。宋武帝劉裕的侄子。本書卷五一有附傳。　鎮軍中兵參軍：官名。即鎮軍將軍府中兵參軍。軍府僚屬，掌中兵曹事務，兼備參謀咨詢。中兵參軍，各本並作"中兵將軍"，中華本據《南史》改。

　　[9]汝陰：郡名。治所在今安徽阜陽市。

　　時虜攻陷滑臺，執朱脩之以歸。玄謨上疏曰："王途始開，隨復淪塞，非惟天時，抑亦人事。[1]虎牢、滑臺，[2]豈惟將之不良，抑亦本之不固。本之不固，皆由民憚遠役。臣請以西陽之魯陽，[3]襄陽之南鄉，[4]發甲卒，分爲兩道，直趣洧、瀍，[5]征士無遠徭之思，吏士有屢休之歌。若欲以東國之衆，[6]經營牢、洛，[7]道途既遠，獨克實難。"玄謨每陳北侵之策，上謂殷景仁曰：[8]"聞王玄謨陳説，使人有封狼居胥意。"[9]後爲興安侯義賓輔國司馬、彭城太守。[10]義賓薨，玄謨上表，以彭城要兼水陸，[11]請以皇子撫臨州事，乃以孝武出鎮。

[1]王途：指王道，王政。　淪塞：沉淪阻塞，遭受困厄。

[2]虎牢：關名。在今河南滎陽市汜水鎮西，據大伾山上，形勢險要，歷代爲兵爭之地。宋文帝元嘉二十七、二十九年，宋軍兩攻虎牢，皆被北魏軍擊敗而退還。

[3]西陽：郡名。治所在今湖北黃岡市黃州區東。　魯陽：縣名。治所在今河南魯山縣。本書《州郡志》西陽郡轄下無魯陽縣，疑此處有誤。

[4]襄陽：郡名。治所在今湖北襄陽市襄城區。　南鄉：縣名。治所在今河南淅川縣西。本書《州郡志》南鄉縣屬順陽郡。

[5]崤、澠：地區名。指崤山和澠池。崤山，在今河南洛寧縣。崤，通“殽”。澠池，縣名。在今河南澠池縣。此泛指中原河洛地區。

[6]東國：東部地區。此指江蘇、浙江一帶。

[7]牢、洛：地區名。指虎牢關與洛陽。

[8]殷景仁：人名。陳郡長平人。本書卷六三有傳。

[9]使人有封狼居胥意：各本並脱“胥”字，中華本據《南史》、《元龜》卷三八九、《通鑑》宋元嘉二十六年補。狼居胥，山名。西漢元狩四年（前119）名將霍去病出代郡征伐匈奴，深入漠北，封（築壇祭天地）狼居胥山（今蒙古人民共和國肯特山）而還。此指驅逐夷狄，建立顯赫武功。

[10]興安侯：侯爵名。侯國在今四川廣元市市中區。　義賓：人名。即劉義賓。宋武帝劉裕弟劉道憐第五子，初封新野縣侯，改封興安縣侯。本書卷五一有附傳。　彭城：郡名。治所在今江蘇徐州市。

[11]要兼水陸：水陸都是樞要關鍵之地。

　　及大舉北征，以玄謨爲寧朔將軍，[1]前鋒入河，受輔國將軍蕭斌節度。[2]玄謨向碻磝，[3]戍主奔走，遂圍滑

臺，積旬不克。虜主託跋燾率大衆號百萬，鞞鼓之
聲，[4]震動天地。玄謨軍衆亦盛，器械甚精，而玄謨專
依所見，多行殺戮。初圍城，城內多茅屋，衆求以火箭
燒之。玄謨恐損亡軍實，不從。城中即撤壞之，空地以
爲窟室。[5]及魏救將至，衆請發車爲營，[6]又不從，將士
多離怨。又營貨利，[7]一匹布責人八百梨，以此倍失人
心。及託跋燾軍至，乃奔退，麾下散亡略盡。

[1]寧朔將軍：官名。三國魏始置，後沿置。四品。

[2]輔國將軍：官名。將軍名號。三品。　蕭斌：人名。南蘭
陵（今江蘇常州市武進區）人，宋文帝時任豫章太守、侍中、青冀
二州刺史等職，後因滑臺敗退，一度被免官。本書卷七八有附傳。

[3]磽磝：渡口名。在今山東茌平縣西南古黃河上，南岸有磽
磝城。時爲軍事要地，建有浮橋。

[4]鞞鼓：古代軍中所用樂鼓。

[5]空地以爲窟室：《南史》卷一六《王玄謨傳》、《通志》卷
一三四作“穴地爲窟室”。“空”乃“穴”之訛。窟室，地下室。
此指拆平茅屋，人居於地穴中，則城外無法火攻。

[6]發車爲營：以戰車環結四周爲營壘，以防備對方騎兵的
突襲。

[7]營貨利：經營貨物以謀財利。此尤指倒賣軍用物資。

蕭斌將斬之，沈慶之固諫曰：“佛狸威震天下，[1]控
弦百萬，豈玄謨所能當。且殺戰將以自弱，非良計也。”
斌乃止。初，玄謨始將見殺，夢人告曰：“誦《觀音
經》千遍，則免。”[2]既覺，誦之得千遍。明日將刑，誦
之不輟，忽傳呼停刑。遣代守磽磝，江夏王義恭爲征討

都督，以爲碻磝不可守，召令還。爲魏軍所追，大破之，流矢中臂。二十八年正月，還至歷城，[3]義恭與玄謨書曰："聞因敗爲成，臂上金瘡，得非金印之徵也。"[4]

[1]佛狸：人名。亦作"狸伐""佛狸伐"。北魏太武帝拓拔燾的小字。

[2]誦《觀音經》千遍，則免：《南史》卷一六《王玄謨傳》作"誦觀世音千徧則免"。按：唐代避太宗李世民諱，始將觀世音省稱觀音，《南史》爲是。觀世音，佛教菩薩名。慈悲的化身，救苦救難之神。

[3]二十八年正月，還至歷城：按孫虨《考論》云："元嘉二十九年又北伐索虜，《張永傳》《徐爰傳》並言玄謨攻碻磝，不克，退還。此傳又略。" 歷城：縣名。治所在今山東濟南市歷城區。

[4]金瘡：金屬利器對人體所造成的創傷。 金印：古代高級官員金質的印璽。借指高官之職。

元凶弒立，玄謨爲冀州刺史。[1]孝武伐逆，玄謨遣濟南太守垣護之將兵赴義。[2]事平，除徐州刺史，加都督。及南郡王義宣與江州刺史臧質反，[3]朝庭假玄謨輔國將軍，拜豫州刺史，與柳元景南討，軍屯梁山，夾岸築偃月壘，[4]水陸待之。義宣遣劉諶之就臧質，[5]陳軍城南，玄謨留老弱守城，悉精兵接戰，賊遂大潰。加都督、前將軍，封曲江縣侯。[6]中軍司馬劉沖之白孝武，[7]言："玄謨在梁山，與義宣通謀。"上意不能明，使有司奏玄謨多取寶貨，虛張戰簿，[8]與徐州刺史垣護之並免官。

[1]玄謨爲冀州刺史："冀州"各本並作"益州"，中華本據《南史》改，今從之。冀州，宋文帝時於濟南郡僑置冀州，治所在歷城。後地入北魏，又於鬱洲（今江蘇連雲港市東雲臺山一帶）僑置。

[2]濟南：郡名。治所在今山東濟南市。　垣護之：人名。字彥宗，略陽桓道人。本書卷五〇有傳。

[3]江州：治所在今湖北黃梅縣。　臧質：人名。字含文，東莞莒人。本書卷七四有傳。

[4]偃月壘：古代作戰一種貌似半月形的防禦工事。一般偃月壘是背山岡，面水澤，前後險阻，在地段狹窄處所修築的防禦工事。

[5]劉諶之：人名。爲劉義宣心腹將領，受派率軍協同臧質作戰，不久死於敗軍中。事見本書卷七四《臧質傳》、卷八八《薛安都傳》。

[6]前將軍：官名。軍府名號，用作加官，不典禁兵。三品。曲江縣侯：侯爵名。侯國在今廣東韶關市南。

[7]中軍司馬：官名。即中軍將軍府司馬。掌府中武職。　劉沖之：人名。其事不詳。

[8]虛張戰簿：虛報戰功。戰簿，古代軍中登記戰功和戰利品的帳册。

尋復爲豫州刺史。淮上亡命司馬黑石推立夏侯方進爲主，[1]改姓李名弘，以惑衆。玄謨討斬之。遷寧蠻校尉、雍州刺史，加都督。雍土多僑寓，[2]玄謨請土斷流民，[3]當時百姓不願屬籍，[4]罷之。其年，玄謨又令九品以上租，[5]使貧富相通，境內莫不嗟怨。民間訛言玄謨欲反，時柳元景當權，[6]元景弟僧景爲新城太守，[7]以元景之勢，制令南陽、順陽、上庸、新城諸郡並發兵討玄謨。[8]玄謨令內外晏然，以解衆惑，馳啓孝武，具陳本末。帝知其虛，馳遣主書吳喜公撫慰之，[9]又答曰："梁山風塵，[10]初不介意，君臣之際，過足相保，[11]聊復爲笑，伸卿眉頭。"玄謨性嚴，未嘗妄笑，時人言玄謨眉頭未曾伸，故帝以此戲之。後爲金紫光禄大夫，領太常。[12]及建明堂，[13]以本官領起部尚書，又領北選。[14]

[1]亡命：本義指脱離户籍而逃亡在外，此指鋌而走險不顧性命的逃亡者。命，名也，名籍。　司馬黑石：人名。竄入西陽蠻中，與智、安陽、績之等人結爲徒黨，共爲寇盗。後被蠻人縛送王玄謨處，斬之。事見本書卷九七《夷蠻傳》。　夏侯方進：人名。原爲廬江郡吏，叛入蠻族中爲亂。

[2]僑寓：僑居，寄居。此指流寓江南的北方土族之人，不列入當地户籍，立僑郡。

[3]土斷：指廢除僑置郡縣，使僑寓户口編入當地郡縣的做法。《南史》卷一六《王玄謨傳》云："雍土多諸僑寓。玄謨上言，所統僑郡無有境土，新舊錯亂，租課不時，宜加并合。"較此記載爲詳。朝廷土斷目的是與豪門争奪勞動力，擴大賦役和兵源，使僑寓士民變爲土著，一以斷之。

[4]屬籍：登記在（當地土著）户籍上。

[5]九品以上租：宋大體沿襲東晋的田租户調制度，即每年口税米五石，户輸布四匹。這樣對田少的貧家當然不利，於是徵收時采取"九品相通"的辦法，依照家庭資財多少分爲三等九品的不同户等，再把一地的總租調數按户等進行分派，使貧富的賦税負擔稍微均平。

[6]柳元景當權：時柳元景居京都，任尚書令、領軍將軍、侍中、太子詹事等職，軍政大權集於一身。

[7]僧景：人名。即柳僧景。其事不詳。　新城：郡名。治所在今湖北房縣。

[8]順陽：郡名。治所在今河南淅川縣南。　上庸：郡名。治

所在今湖北竹山縣西南。

[9]主書：官名。主書令史的省稱。掌文書，位在正令史、書令史上。八品。　吳喜公：人名。亦作"吳喜"。吳興臨安（今浙江臨安市）人。本書卷八三有傳。

[10]梁山風塵：梁山作戰時的流言蜚語。指劉沖之謂王玄謨與劉義宣通謀。風塵，風塵之言，指流言。

[11]過足相保：即使有過失也可以相擔保。

[12]太常：官名。秦漢始置，位列九卿之首，職務繁重，主管祭祀、宗廟、帝陵、朝儀及文化教育、選舉等事務。宋時，職權漸分化削弱。三品。

[13]明堂：古代帝王宣明政教的地方。凡朝會、祭祀、慶賞、選士、教學等大典，都在此舉行。

[14]起部尚書：官名。凡營建工程時臨時設置，爲尚書省起部曹長官，常以他官兼領，事畢即省。　北選：銓選制度。對嶺南、黔中等路途遙遠之地，由中央派人去主持六品以下官的選拔，稱爲"南選"。相對而言，在都城舉行的銓選則爲"北選"。

孝武狎侮群臣，[1]隨其狀貌，各有比類，多鬚者謂之羊。顏師伯缺齒，[2]號之曰齴。[3]劉秀之儉吝，呼爲老慳。[4]黃門侍郎宗靈秀體肥，[5]拜起不便，每至集會，多所賜與，欲其瞻謝傾踣，[6]以爲歡笑。又刻木作靈秀父光祿勳叔獻像，[7]送其家廳事。[8]柳元景、垣護之並北人，而玄謨獨受"老傖"之目。[9]凡所稱謂，四方書疏亦如之。嘗爲玄謨作四時詩曰："堇荼供春膳，[10]粟漿充夏飱。[11]麷醬調秋菜，[12]白醵解冬寒。"[13]又寵一崐崘奴子，[14]名白主。常在左右，令以杖擊群臣，自柳元景以下，皆罹其毒。

［1］狎侮：輕慢戲弄。

［2］顏師伯：人名。字長淵，琅邪臨沂（今山東費縣）人。本書卷七七有傳。

［3］齴（yǎn）：牙齒外露。

［4］劉秀之：人名。字道寶，東莞莒人。本書卷八一有傳。慳（qiān）：吝嗇。

［5］宗靈秀：人名。其事不詳。

［6］傾蹄：向前跌倒，前仆倒地。

［7］叔獻：人名。即宗叔獻。其事不詳。

［8］廳事：私人住宅的堂屋。

［9］老傖（cāng）：南人對北人或南渡北人的蔑稱。傖，本爲粗俗、鄙陋。南人認爲北人粗鄙，語音粗重，故輕侮而稱之。

［10］菫茶：植物名。菫和茶。二物在北方春天滋生，可食。劉禹錫《天論上》：“春滋乎菫茶，未嘗擇善。”菫，菜名。花紫，葉可食而滑。茶，苦菜。

［11］粟漿：粟米做成的湯汁。　飡：同“餐”。

［12］瓟（bó）：小瓜。

［13］白醝（cuō）：白酒。李時珍《本草綱目·穀四·酒》：“酒之清者曰釀……紅曰醍，綠曰醽，白曰醝。”

［14］崑崙奴：古代帝王或豪富之家以南海國人爲奴僕，稱“崑崙奴”。崑崙，古代泛指中印半島南部及南洋諸島各國。《舊唐書》卷一九七《林邑傳》：“自林邑以南，皆卷髮黑身，通號爲崑崙。”

玄謨尋遷平北將軍、徐州刺史，[1]加都督。時北土飢饉，乃散私穀十萬斛、牛千頭以振之。[2]轉領軍將軍。孝武崩，與柳元景等俱受顧命，[3]以外監事委玄謨。[4]時朝政多門，玄謨以嚴直不容，徙青、冀二州刺史，加都督。少帝既誅顏師伯、柳元景等，[5]狂悖益甚，以領軍徵玄謨。子姪咸勸稱疾，玄謨曰：“吾受先帝厚恩，豈可畏禍苟免。”遂行。及至，屢表諫靜，又流涕請緩刑去殺，以安元元。少帝大怒。

[1]平北將軍：官名。多兼鎮守地區的刺史，統管軍政事務，爲四平將軍之一。三品。

[2]斛：容積單位。多用於量糧食，古代一斛爲十斗。　振：救濟，賑濟。

[3]顧命：臨終之命。多用以稱帝王遺詔。

[4]外監：官名。外殿中監的省稱。除與内殿中監共掌皇帝衣食住行外，兼掌傳達皇帝詔旨。

[5]少帝：即宋前廢帝劉子業。本書卷七有紀。

明帝即位，[1]禮遇甚優。時四方反叛，以玄謨爲大統，[2]領水軍南討，以脚疾，聽乘輿出入。尋除車騎將軍、江州刺史，[3]副司徒建安王於赭圻，[4]賜以諸葛亮筩袖鎧。[5]頃之，爲左光禄大夫、開府儀同三司，[6]領護軍。[7]遷南豫州刺史，[8]加都督。玄謨性嚴剋少恩，而將軍宗越御下更苛酷，[9]軍士謂之語曰：“寧作五年徒，不逢王玄謨。玄謨猶自可，宗越更殺我。”年八十一薨，[10]諡曰莊公。子深早卒，深子續嗣。[11]

[1]明帝：即劉彧。本書卷八有紀。

[2]大統：官名。軍隊主帥，位在諸將之上。

[3]尋除車騎將軍、江州刺史：“車騎將軍”各本並作“大將軍”。孫彪《考論》云：“大將軍號太崇，《明帝紀》及《鄧琬傳》

卷七六

列傳第三十六

4115

並云車騎，蓋是也。"按《通鑑》宋泰始二年亦作"車騎將軍"，孫説是，今訂正。車騎將軍，官名。軍府名號，加授大臣和重要州郡長官，無具體職掌。二品。

[4]副：官制用語。某官的輔佐、副手。　司徒建安王：即劉休仁。宋文帝第十二子。本書卷七二有傳。　赭圻：古城名。在今安徽繁昌縣西北長江南岸。

[5]諸葛亮筩袖鎧：甲冑名。當時流行的一種鎧甲，材料或鐵或皮甲。胸背聯綴在一起，在肩部有不長的筩袖，戰爭中用於護體。因其形制承三國而來，常被稱"諸葛亮筩袖鎧"。

[6]左光禄大夫：官名。作爲在朝顯職的加官，以示優崇，無職掌。位在金紫光禄大夫上，宋秩比二千石。按"左光禄"，本書卷八《明帝紀》作"右光禄"。

[7]護軍：官名。護軍將軍的省稱。掌督護京師以外諸軍，權任頗重。三品。

[8]南豫州：宋永初二年（421）置，治所在今安徽和縣。

[9]宗越：人名。南陽葉人。本書卷八三有傳。

[10]年八十一薨："八十一"《南史》卷一六《王玄謨傳》作"八十二"。關於王玄謨生卒年問題，可參考許福謙《南北朝八書二史疑年録》中之論證。

[11]深子續嗣：各本並脱"深"字，中華本據《南史·王玄謨傳》補，今從之。

史臣曰：脩之、宗慤，皆以將帥之材，懷廉潔之操，有足稱焉。玄謨雖苛剋少恩，然觀其大節，亦足爲美。當少帝失道，多所殺戮，而能冒履不測，[1]傾心輔弼，斯可謂忘身徇國者歟！

[1]冒履不測：頂著意料不到的危險。冒履，頂冒，衝冒。

宋書　卷七七

列傳第三十七

柳元景　顔師伯　沈慶之

　　柳元景字孝仁，河東解人也。[1]曾祖卓，自本郡遷於襄陽，[2]官至汝南太守。[3]祖恬，西河太守。[4]父憑，馮翊太守。[5]

　　[1]河東：郡名。治所在今山西夏縣西北禹王城。　解：縣名。治所在今山西臨猗縣。

　　[2]襄陽：郡名。治所在今湖北襄陽市襄城區。

　　[3]汝南：郡名。治所在今河南汝南縣。

　　[4]西河：郡名。東晋咸和（326—334）中置，治所在今雲南雲龍縣。

　　[5]馮翊：郡名。治所在今陝西大荔縣。柳憑任馮翊在元嘉之前。

　　元景少便弓馬，數隨父伐蠻，以勇稱。寡言有器質。[1]荆州刺史謝晦聞其名，[2]要之，[3]未及往而晦敗。

雍州刺史劉道産深愛其能，[4]元景時居父憂，[5]未得加命。會荊州刺史江夏王義恭召之，[6]道産謂曰：“久欲見屈，[7]今貴王有召，難輒相留，乖意以爲惘惘。”[8]服闋，[9]補江夏王國中軍將軍，[10]遷殿中將軍。[11]復爲義恭司空行參軍，[12]隨府轉司徒太尉城局參軍，[13]太祖見又嘉之。[14]

[1]器質：資質，才識，器局。

[2]荊州：治所在今湖北荊州市荊州區。　謝晦：人名。字宣明，陳郡陽夏（今河南太康縣）人。本書卷四四有傳。

[3]要：邀請。

[4]雍州：僑置，治所在今湖北襄陽市襄城區。　劉道産：人名。彭城呂人。本書卷六五有傳。

[5]父憂：爲父親服喪。

[6]江夏王：王爵名。王國在今湖北武漢市武昌區。　義恭：人名。即劉義恭。宋武帝劉裕第五子。本書卷六一有傳。

[7]久欲見屈：三朝本、北監本、毛本作“久見屈”。殿本、局本作“久規相屈”。《元龜》卷六八七作“久欲見屈”，中華本據改，今從中華本。

[8]乖意：違背意願。　惘惘：傷感，失意。

[9]服闋：喪服滿期。

[10]中軍將軍：官名。宋大、小國皆設上、中、下三軍，各有將軍一人統之，但地位很低，未能列入九品以上的流內品階。

[11]殿中將軍：官名。職同中央殿中將軍，爲侍衛武職，但地位較低。

[12]司空行參軍：官名。司空府僚屬，掌參謀軍務，協理府事。劉義恭於元嘉十六年（439）進位司空。

[13]司徒太尉城局參軍：官名。司徒太尉府僚屬。城局（賊

曹）長官，掌盜賊勞作事。七品。按：劉義恭於元嘉十七年（440）
爲司徒，二十一年（444）進太尉，領司徒。

　　[14]太祖：宋文帝劉義隆廟號。

　　先是，劉道產在雍州有惠化，遠蠻悉歸懷，皆出，
緣沔爲村落，[1]戶口殷盛。及道產死，群蠻大爲寇暴。
世祖西鎮襄陽，[2]義恭以元景爲將帥，即以爲廣威將軍、
隨郡太守。[3]既至，而蠻斷驛道，欲來攻郡。郡內少糧，
器仗又乏。元景設方略，得六七百人，分五百人屯驛
道。或曰：“蠻將逼城，不宜分衆。”元景曰：“蠻聞郡
遣重戍，豈悟城內兵少。且表裏合攻，於計爲長。”會
蠻垂至，乃使驛道爲備，潛出其後，戒曰：“火舉馳
進。”前後俱發，蠻衆驚擾，投郹水死者千餘人，[4]斬獲
數百。郡境肅然，無復寇抄。朱脩之討蠻，[5]元景又與
之俱，後又副沈慶之征郹山，[6]進克太陽。[7]除世祖安北
府中兵參軍。[8]

　　[1]緣沔：沿著沔水的地方。沔，水名。即今漢江及其北源陝
西留壩縣西沮水，流經今湖北西北部，在武漢市入長江。

　　[2]世祖：宋孝武帝劉駿廟號。時任寧蠻校尉、雍州刺史，駐
襄陽。

　　[3]廣威將軍：官名。五威將軍之一。四品。丁福林《校議》
據《南史》卷三八《柳元景傳》及《柳世隆傳》考證，認爲隨郡
太守時之軍號應爲“虎威”，此云“廣威”者，非也。　　隨郡：治
所在今湖北隨州市。

　　[4]郹水：水名。源出於今湖北棗陽市東南大洪山，經隨州市，
在漢川市南入漢水。

　　[5]朱脩之：人名。宋文帝時曾任寧蠻校尉、雍州刺史。本書
卷七六有傳。

　　[6]郢山：山名。即郢水的發源地大洪山。時爲蠻族所居。

　　[7]太陽：山名。一名"大陽"。在今湖北京山縣北，爲大洪
山南支。時爲大陽蠻所居。

　　[8]安北府：即安北將軍府。劉駿於元嘉二十五年（448）被
改授安北將軍、徐州刺史。　中兵參軍：官名。軍府僚屬之一，掌
本府中兵曹事務，兼備參謀咨詢。品位隨府主地位高低不等。

　　隨王誕鎮襄陽，[1]爲後軍中兵參軍。[2]及朝廷大舉北
討，使諸鎮各出軍。二十七年八月，[3]誕遣振威將軍尹
顯祖出貲谷，[4]奮武將軍魯方平、建武將軍薛安都、略
陽太守龐法起入盧氏，[5]廣威將軍田義仁入魯陽，[6]加元
景建威將軍，[7]總統群帥。後軍外兵參軍龐季明年已七
十三，[8]秦之冠族，[9]羌人多附之，求入長安，招懷關、
陝。[10]乃自貲谷入盧氏，盧氏人趙難納之。[11]弘農强門
先有内附意，[12]故委季明投之。

　　[1]隨王：王爵名。王國在今湖北隨州市。　誕：人名。即劉
誕。宋文帝第六子。本書卷七九有傳。

　　[2]後軍中兵參軍：官名。即後將軍府中兵參軍。掌府中兵曹
事務。

　　[3]二十七年：宋文帝元嘉二十七年（450）。

　　[4]振威將軍：官名。五威將軍之一。四品。　尹顯祖：人名。
其事不詳。　貲谷：地名。在今河南盧氏縣南。

　　[5]奮武將軍：官名。雜號將軍中地位較高者。四品。　魯方
平：人名。孝武帝時任西陽太守，參與劉義宣、臧質反叛集團。事

見本書卷七四《臧質傳》。　建武將軍：官名。五武將軍之一。四品。　薛安都：人名。河東汾陰（今山西萬榮縣）人。本書卷八八有傳。　略陽：郡名。治所在今甘肅秦安縣東南。　龐法起：人名。孝武帝時在臧質手下任將，後卷入反叛朝廷之戰，失敗被殺。事見本書卷六八《南郡王義宣傳》。　盧氏：縣名。治所在今河南盧氏縣。

[6]田義仁：人名。其事不詳。　魯陽：縣名。治所在今河南魯山縣。

[7]建威將軍：官名。五威將軍之一。四品。

[8]後軍外兵參軍：官名。即後將軍府外兵參軍。外兵參軍亦稱外兵參軍事，軍府僚屬之一，掌本府外兵曹事務，兼備參謀咨詢。品位隨府主地位高低不同。　龐季明：人名。除本卷所載，餘事不詳。

[9]秦：古地區名。泛指今陝西、甘肅所處的關中地區。　冠族：顯貴的豪門世族。

[10]長安：古城名。在今陝西西安市西北。　關、陝：地區名。指今陝西和河南西部地區。陝西古名關中，豫西有陝縣，故稱。

[11]趙難：人名。除本卷所載，餘事不詳。

[12]弘農：郡名。治所在今河南靈寶市東北故函谷關城。

　　十月，魯方平、薛安都、龐法起進次白亭，[1]時元景猶未發。法起率方平、安都諸軍前入，自脩陽亭出熊耳山。[2]季明進達高門木城，[3]值永昌王入弘農，[4]乃回，還盧氏，據險自固。頃之，招盧氏少年進入宜陽苟公谷，[5]以扇動義心。[6]元景以其月率軍繼進。閏月，法起、安都、方平諸軍入盧氏，斬縣令李封，[7]以趙難為盧氏令，加奮武將軍。難驅率義徒，以為眾軍鄉導。[8]

法起等度鐵嶺山，[9]次開方口，[10]季明出自木城，與法起相會。元景大軍次臼口，[11]以前鋒深入，懸軍無繼，馳遣尹顯祖入盧氏，以爲軍援。元景以軍食不足，難可曠日相持。乃束馬懸車，[12]引軍上百丈崖，[13]出溫谷，[14]以入盧氏。

[1]白亭：地名。今址待考。

[2]脩陽亭：亭名。即脩陽縣亭。脩陽，縣名。治所在今河南西峽縣北。　熊耳山：山名。在今河南盧氏縣南，伊水所自出。

[3]高門木城：城名。在今河南盧氏縣東北、洛寧縣西南，傍洛水北岸。

[4]永昌王：即拓拔仁。北魏宗室，襲父爵爲永昌王，多年鎮守長安，是北魏重要軍事統帥。後在統治集團内争中被賜死。《北史》卷一六有附傳。

[5]宜陽：縣名。治所在今河南宜陽縣西古韓城。　苟公谷：又名苟公澗口，在今河南洛寧縣東南。《水經·洛水注》作“苟公谷”。

[6]義心：正義之心。謂反魏向宋之心。

[7]李封：人名。其事不詳。

[8]鄉導：即嚮導。引路之人。

[9]鐵嶺山：山名。確址待考。

[10]開方口：地名。確址待考。

[11]臼口：地名。確址待考。

[12]束馬懸車：包裹馬足，挂牢車輛，以防滑跌傾覆。形容上山路險難行。束，纏束。懸，懸鈎。

[13]百丈崖：地名。在今河南盧氏縣南。

[14]溫谷：地名。在今河南盧氏縣南，百丈崖北。

　　法起諸軍進次方伯堆，[1]去弘農城五里。賊遣兵二千餘人覘候，[2]法起縱兵夾射之，賊騎退走。諸軍造攻具，進兵城下。僞弘農太守李初古拔嬰城自固，[3]法起、安都、方平諸軍鼓譟以陵城，季明、趙難並率義徒相繼而進，衝車四臨，[4]數道俱攻。士皆殊死戰，莫不奮勇爭先。時初古拔父子據南門，督其處距戰。弘農人之在城內者三千餘人，於北樓豎白幡，[5]或射無金箭。[6]安都軍副譚金、薛係孝率衆先登，[7]生禽李初古拔父子二人，魯方平入南門，生禽僞郡丞。百姓皆安堵。

　　[1]方伯堆：地名。在今河南靈寶市西南。

　　[2]覘（chān）候：窺視，偵察。

　　[3]李初古拔：人名。其事不詳。　嬰城：謂環城而守。嬰，圍繞。

　　[4]衝車：古兵車名。車上帶有耙鈎、撞木等器械，可用以破壞城墻和城門。

　　[5]白幡：表示投降的白旗。

　　[6]無金箭：不帶箭頭不能使人傷亡的箭。

　　[7]軍副：軍的副長官，協助軍主管理軍務，無品階。　譚金：人名。原爲荒中傖人，隨薛安都歸南朝。事見本書《宗越傳》。薛係孝：人名。其事不詳。

　　元景引軍度熊耳山，安都頓軍弘農，法起進據潼關，[1]季明率方平、趙難軍向陜西七里谷。[2]殿中將軍鄧盛、幢主劉駿亂使人入荒田，[3]招宜陽人劉寬虯率合義徒二千餘人，[4]共攻金門隖，[5]屠之。殺戍主李買得，[6]古拔子也，爲虜永昌王長史，[7]勇冠戎類。永昌聞其死，若失左右手。

[1]潼關：關隘名。在今陝西潼關縣（吳村）東北黃河南岸。

[2]陝西：陝縣以西。陝縣，治所在今河南三門峽市西舊陝縣。
七里谷：地名。一名曹陽坑、曹陽墟。在今河南陝縣西。

[3]鄧盛：人名。其事不詳。　幢主：官名。爲幢的主將，所
領人數與隊主相近，主要用於儀衛，也參加作戰。　劉駿亂：人
名。其事不詳。　荒田：偏僻荒凉之地。

[4]劉寬蚪（qiú）：人名。後曾任東弘農太守、廣平太守等職。
各本並作“劉寬糾”，中華本據下文作“劉寬蚪”改之，今從。
義徒：義兵。在民間臨時組織的武裝。

[5]金門：縣名。治所在今河南宜陽縣西南。　隖：構築有外
圍防禦工事的城堡。

[6]戍主：官名。爲戍的主將，職掌防禦，邊境軍事要地的軍
事行政長官，多以郡守、縣令、州參軍等兼領。　李買得：人名。
除本卷所載，餘事不詳。

[7]長史：官名。北魏諸王府置，爲幕僚長，處理王府事，亦
領兵。

誕又遣長流行參軍姚範領三千人向弘農，[1]受元景
節度。十一月，元景率衆至弘農，營於開方口。仍以元
景爲弘農太守，置吏佐。

[1]長流行參軍：官名。長流賊曹行參軍事的省稱。東晉末劉
裕丞相府分賊曹始置長流賊曹，後成爲諸公府、將軍府屬曹（官
署），長官爲參軍，掌盜賊流徒事。行參軍爲諸府自辟者，品階低
於中央除拜的參軍。　姚範：人名。其事不詳。

　　初，安都留住弘農，[1]而諸軍已進陝，元景既到，謂安都曰：“無爲坐守空城，而令龐公深入，此非計也。宜急進軍，可與顯祖并兵就之。吾須督租畢，[2]尋後引也。”衆並造陝下，即入郭城，[3]列營於城內以逼之，並大造攻具。賊城臨河爲固，恃險自守，季明、安都、方平、顯祖、趙難諸軍，頻三攻未拔。虜洛州刺史地河公張是連提衆二萬，[4]度崤來救。[5]安都、方平各列陣城南以待之，[6]顯祖勒精卒以爲後柱。[7]季明率高明、宜陽義兵當南門而陣，[8]趙難領盧氏樂從少年，與季明爲掎角。[9]

[1]安都留住弘農：“住”三朝本、毛本、局本作“任”。北監本、殿本作“屯”，《南史》、中華本作“住”。今從後者。

[2]租：軍賦。指向軍中輸運糧草物資。

[3]郭城：外城。在城的外圍加築的一道城墙。

[4]洛州：北魏改司州置，治所在洛陽縣，即今河南洛陽市東北漢魏故城。　張是連提：人名。除本卷所載，餘事不詳。“張是連提”各本並作“張是提”，《通鑑》宋元嘉二十七年作“張是連提”。《通鑑考異》曰：“《宋略》作張是連踶，今從《宋書》。”按：據此《宋書》原本作“張是連提”。傳本脫“連”字，今據中華本補。下並改。

[5]崤：山名。即崤山。在今河南洛寧縣西北。

[6]列陣城南以待之：丁福林《校議》云：“‘城南’，《南史·柳元景傳》作‘城東南’。”

[7]後柱：殿後準備擔任重要軍事任務的支援力量。

[8]高明：人名。其事不詳。

[9]樂從：樂於跟從者。此指自願投軍的民衆。　掎角：分兵

互相呼應，以準備牽制或夾擊敵人。

賊兵大合，輕騎挑戰。安都瞋目橫矛，單騎突陣，四向奮擊，左右皆辟易不能當，殺傷不可勝數。於是衆軍並鼓噪俱前，士皆殊死戰。虜初縱突騎，衆軍患之。安都怒甚，乃脱兜鍪，[1]解所帶鎧，[2]唯著絳納兩當衫，[3]馬亦去具裝，[4]馳奔以入賊陣。猛氣咆㪍，[5]所向無前，當其鋒者，無不應刃而倒。賊忿之，夾射不能中。如是者數四，每一入，衆無不披靡。初，元景令將魯元保守函谷關，[6]賊衆既盛，元保不能自固，乃率所領作函箱陣，[7]多列旗幟，緣險而還。正會安都諸軍與賊交戰，虜三郎將見元保軍從山下，[8]以爲元景大衆至，日且暮，賊於是奔退，騎多得入城。

[1]兜鍪：古代戰士戴的頭盔，秦漢前多稱冑。

[2]鎧：盔甲名。指穿在身上的甲衣，多指金屬材料所製者。

[3]絳納兩當衫：以深紅色背帶聯綴在一起的短袖甲衣。絳，深紅色。納，補綴，粗縫。兩當衫，也作"裲襠衫"。《釋名》："裲襠，其一當胸，其一當背也。"短袖半臂，形似今背心，衹是肩上用帶子將前後兩片甲衣扣聯。

[4]具裝：馬的鎧甲，馬衣。時盛行重裝騎兵，戰馬也以鎧甲保護，稱鐵騎。

[5]咆㪍：亦作"咆勃"。發怒的樣子。

[6]魯元保：人名。其事不詳。 函谷關：關隘名。戰國時在今河南靈寶市東北，西漢向東遷徙，改在今河南新安縣東。

[7]函箱陣：軍陣名。軍隊行進中保護性的方形陣勢。一般以兵車環繞四周，內有弓弩，外有騎兵，慢速行進，防止敵人突襲。

[8]虜三郎將：各本並作“三虜郎將”，今據中華本訂正。三郎將，官名。北魏置，爲皇帝的侍從武官，屬三郎大帥。

　　賊之將至也，方平遣驛騎告元景，[1]時諸軍糧盡，[2]各餘數日食。元景方督義租，[3]并上驢馬，以爲運糧之計。而方平信至，元景遣軍副柳元怙簡步騎二千，[4]以赴陝急。卷甲兼行，一宿而至。詰朝，[5]賊衆又出，列陳於城外。方平諸軍並成列，安都并領馬軍，方平悉勒步卒，左右掎角之，餘諸義軍並於城西南列陳。方平謂安都曰：“今勍敵在前，[6]堅城在後，是吾取死之日。卿若不進，我當斬卿；我若不進，卿當斬我也。”安都曰：“善，卿言是也。我豈惜身命乎？”遂合戰。

[1]驛騎：乘馬傳送軍情公文的人。
[2]時諸軍糧盡：各本並脱“諸”字，中華本據《南史》補，今從。
[3]義租：向民間徵收的額外租糧。
[4]柳元怙：人名。柳元景堂兄，後任梁州刺史。宋明帝初參與晋安王劉子勛反叛活動，失敗而投降朝廷。本卷有附傳。　簡：選拔，選擇。
[5]詰朝：次日早晨。
[6]勍（qíng）敵：强勁之敵。

　　時元怙方至，悉偃旗鼓，[1]士馬皆銜枚，[2]潛師伏甲而進，賊未之覺也。方平等方與虜交鋒，而元怙勒衆從城南門函道直出，北向結陳，旌旗甚盛，鼓譟而前，出賊不意，虜衆大駭。元怙與幢主宗越，[3]率手下猛騎，以衝賊陳，一軍皆馳之。安都、方平等督諸軍一時齊奮，士卒無不用命。安都不堪其憤，橫矛直前，出入賊陳，殺傷者甚多，流血凝肘。矛折，易之復入。軍副譚金率騎從而奔之。自詰旦而戰，至于日昃，虜衆大潰。[4]斬張是連提，又斬三千餘級，投河赴塹死者甚衆，面縛軍門者二千餘人。

[1]偃旗鼓：放倒軍旗，停敲軍鼓。指軍隊隱蔽行動。偃，臥倒，停息，止息。

[2]銜枚：橫銜枚於人馬口中，以防人喧嘩、馬嘶鳴。枚，形如筷子，兩端有帶，可繫於頸上。

[3]宗越：人名。南陽葉人。本書卷八三有傳。

[4]詰旦：平明，清晨。　　日昃：日西斜，遲暮。

元景輕騎晨至，虜兵之面縛者多河內人，[1]元景詰之曰：“汝等怨王澤不浹，請命無所，今並爲虜盡力，便是本無善心。順附者存拯，從惡者誅滅，欲知王師正如此爾。”皆曰：“虐虜見驅，[2]後出赤族，[3]以騎蹙步，[4]未戰先死，此親將軍所見，非敢背中國也。”諸將欲盡殺之，元景以爲不可，曰：“今王旗北掃，當令仁聲先路。”乃悉釋而遣之。家在關裏者，符守關諸軍聽出，[5]皆稱萬歲而去。誕以崤、陝既定，其地宜撫，以弘農劉寬虬行東弘農太守。[6]給元景鼓吹一部。[7]

[1]河內：古地區名。指今河南黃河以北、新鄉市以西地區。

[2]虐虜見驅：受到敵人（虜）的殘暴驅迫。

[3]後出赤族：走在後面就要被誅滅全族。

［4］蹙（cù）：踩，踐踏。

［5］符：向下屬發出的命令或通知。

［6］行：官制用語。暫時代理。　東弘農：郡名。宋雍州有弘農郡，此襲北魏東恒農郡（東漢避靈帝劉宏諱，改弘農爲恒農）之地而置，治所在今河南内鄉縣。後廢。

［7］鼓吹：即鼓吹樂。源於北方少數民族的一種古樂，以鼓、鉦、簫、笳等樂器合奏。原爲軍樂，後用於儀仗，祇有一定地位的將軍方可備置享用，成爲皇帝賜與臣下的一種禮遇。

法起率衆次于潼關。先是，建義將軍華山太守劉槐糾合義兵攻關城，[1]拔之，力少不固。頃之，又集衆以應王師。法起次潼關，槐亦至。賊關城戍主婁須望旗奔潰，[2]虜衆溺於河者甚衆。法起與槐即據潼關。虜蒲城鎮主遣僞帥何難於封陵堆列三營以擬法起。[3]法起長驅入關，行王、檀故壘。[4]虜謂直向長安，何難率衆欲濟河以截軍後，法起回軍臨河，縱兵射之，賊退散。關中諸義徒並處處鋒起，四山羌、胡咸皆請奮。[5]誕又遣揚武將軍康元撫領二千人出上洛，[6]受元景節度，援方平於函谷。元景去，賊衆向關。時軍中食盡，元景回據白楊嶺，[7]賊定未至，更下山進弘農，入湖關口。[8]虜蒲阪戍主泰州刺史杜道生率衆二萬至閡鄉水，[9]去湖關一百二十里。元景募精勇一千人，夜斫賊營，迷失道，天曉而反。道生率手下驍銳縱兵射之，鋒刃既交，虜又奔散。

［1］建義將軍：官名。東漢始置，後沿之，北魏爲四品。　華山：郡名。北魏置，治所在今陝西華縣。宋亦置，治所在今湖北宜

城市。　劉槐：人名。其事不詳。

[2]婁須：人名。其事不詳。

[3]蒲城：縣名。治所在今陝西蒲城縣。　鎮主：官名。北魏時作爲鎮將的別稱，爲軍鎮的長官。主要掌軍政，但兼任駐在州刺史時，亦兼理民政。　何難：人名。其事不詳。　封陵堆：地名。亦作"風陵堆"。在今山西永濟市南，傳説該處因有女媧之陵而爲名。　擬：通"疑"。迷惑。

[4]王、檀故壘：東晋安帝義熙十二年（416），劉裕派大將王鎮惡、檀道濟等人率軍北伐，次年會於潼關，又順利攻入長安，滅亡後秦。時仍存其營壘遺迹。

[5]四山羌、胡：泛指遍布西部山區的少數民族聚落。

[6]揚武將軍：官名。爲五武將軍之一。四品。　康元撫：人名。其先出自康居，西晋遷於華山藍田。宋投向襄陽，爲流人首領，任華山太守。事見《梁書》卷一八《康絢傳》。　上洛：縣名。治所在今陝西商洛市商州區。

[7]白楊嶺：地名。確址待考。

[8]湖關口：地名。在今河南靈寶市西北文鄉東四十里。

[9]蒲阪：縣名。一作"蒲坂"，治所在今山西永濟市西南蒲州鎮。　泰州：北魏延和元年（432）以雍州改名，治所在今山西蒲縣。"泰州"各本並作"沃州"。按：北魏無沃州，《魏書》卷九七《島夷劉裕傳》作"秦州"。然蒲坂之秦州，據錢大昕《考異》，謂係"泰州"之訛，今據中華本改。　杜道生：人名。其事不詳。
閿（wén）鄉水：水名。據《水經注》卷四，玉澗水從函谷關東北流，"逕閿鄉城西……世謂之閿鄉水也……其水北流注于（黄）河"。在今河南靈寶市西北文鄉。

時北討諸軍王玄謨等敗退，[1]虜遂深入。太祖以元景不宜獨進，且令班師。元景乃率諸將自湖關度白楊嶺，出于長洲，[2]安都斷後，宗越副之。法起自潼關向商城，[3]與元景會。季明亦從胡谷南歸。[4]並有功而入，士馬旌旗甚盛。誕登城望之，以鞍下馬迎元景。除寧朔將軍、京兆廣平二郡太守，[5]於樊城立府舍，[6]率所領居之，統行北蠻事。[7]龐季明爲定蠻長，[8]薛安都爲後軍行參軍，魯方平爲寧蠻參軍。[9]

[1]王玄謨：人名。字彥德，太原祁（今山西祁縣）人。本書卷七六有傳。

[2]長洲：地名。確址待考。

[3]商城：縣名。治所在今陝西商洛市商州區東南。

[4]胡谷：地名。確址待考。

[5]寧朔將軍：官名。將軍名號。四品。　京兆：郡名。僑置，治所在今湖北襄陽市襄城區西北。　廣平：郡名。僑置。南朝宋治所在今河南鄧州市。

[6]樊城：地名。在今湖北襄陽市樊城區。

[7]統行北蠻事：統管北部沿邊地區少數民族事務。

[8]定蠻長：官名。宋爲進攻北魏而特設此職。

[9]寧蠻參軍：官名。即寧蠻校尉府參軍。寧蠻校尉掌管雍州少數民族事務，領兵，設府於襄陽。多由雍州刺史兼任。

臧質爲雍州，[1]除元景爲冠軍司馬、襄陽太守，[2]將軍如故。魯爽向虎牢，[3]復使元景率安都等北出至關城，[4]關城棄戍走，即據之。元景至洪關，[5]欲進與安都濟河攻杜道生於蒲阪，會爽退，復還。再出北討，威信著於境外。[6]又使率所領進西陽，[7]會伐五水蠻。[8]

　　[1] 臧質：人名。字含文。東莞莒（今山東莒縣）人。本書卷七四有傳。

　　[2] 冠軍司馬：即冠軍將軍府司馬。軍府幕僚，主軍務，武職。時臧質號冠軍將軍。

　　[3] 魯爽：人名。小名女生。扶風郿（今陝西眉縣）人。本書卷七四有傳。　虎牢：關隘名。在今河南榮陽市西北汜水鎮西，歷代爲兵爭之地。

　　[4] 關城：地名。在今河南洛陽市西南洛水北岸。

　　[5] 洪關：關隘名。一名鴻關。在今河南靈寶市西南門水西岸。

　　[6] 威信著於境外：各本並脱“信”字，中華本據《南史》補，今從之。

　　[7] 西陽：郡名。東晉以西陽國改置，治所在今湖北黃岡市黃州區。

　　[8] 五水蠻：古族名。亦稱豫州蠻或西陽蠻。古代巴人一支，兩晉及南朝主要聚居於今鄂東及皖西南的大別山與長江之間。因其地有巴水、蘄水、希水、西歸水、赤亭水等五水而得名。

　　世祖入討元凶，[1] 以爲諮議參軍，[2] 領中兵，[3] 加冠軍將軍，[4] 太守如故。配萬人爲前鋒，宗愨、薛安都等十三軍皆隸焉。[5] 元景與朝士書曰：“國禍冤深，凶人肆逆，民神崩憤，若無天地。南中郎親率義師，[6] 剪討元惡。司徒、臧冠軍並同大舉，[7] 舳艫千里，購賞之利備之。元景不武，忝任行間，總勒精勇，先鋒道路，勢乘上流，衆兼百倍。諸賢弈世忠義，身爲國良，[8] 皆受遇先朝，荷榮日久。而拘逼寇廷，莫由申效，想聞今問，悲慶兼常。[9] 大行屆道，[10] 廓清惟始，企遲面對，展雪哀情。”[11]

[1]元凶：指宋文帝劉義隆長子劉劭。本書卷九九有傳。

[2]諮議參軍：官名。王府、公府、州軍府皆置，爲僚屬。掌顧問諫議，位在列曹參軍上，甚尊。此指柳元景任劉駿武陵王府佐官。

[3]中兵：官署名。即中兵曹。東晉南北朝諸王公府、軍府皆置，掌本府親兵。

[4]冠軍將軍：官名。將軍名號。三品。

[5]宗愨：人名。南陽人。本書卷七六有傳。

[6]南中郎：官名。即南中郎將。多帥師征戰，職權頗重，或兼荆、江等州刺史，多以諸王任之。按此指劉駿，時又職南中郎將。

[7]司徒：官名。名譽宰相。一品。此指南郡王劉義宣，時任司徒、中軍將軍、揚州刺史。　臧冠軍：即臧質。時號冠軍將軍。

[8]國良：國中有才德的人。

[9]問：音信，信息。　悲慶兼常：兼有悲痛和慶幸兩種心情。

[10]大行：稱剛死去而尚未定謚號的皇帝。　屆道：超脫於凡俗。屆，至，達到。

[11]企遲：謂急切等待。　展雪：舒展洗刷。

　　時義軍船率小陋，慮水戰不敵。至蕪湖，[1]元景大喜，倍道兼行，聞石頭出戰艦，[2]乃於江寧步上，[3]於板橋立柵以自固。[4]進據陰山，[5]遣薛安都率馬軍至南岸，元景潛至新亭，[6]依山建壘，東西據險。世祖復遣龍驤將軍、行參軍程天祚率衆赴之。[7]天祚又於東南據高丘，屯砦柵。凡歸順來奔者，皆勸元景速進。元景曰："不然。理順難恃，[8]同惡相濟，輕進無防，實啓寇心。當倚我之不可勝，豈幸寇之不攻哉？"元景營壘未立，爲龍驤將軍詹叔兒覘知之，[9]勸劭出戰，不許。經日，乃水陸出軍，劭自登朱雀門督戰。[10]

[1]蕪湖：縣名。治所在今安徽蕪湖市。

[2]石頭：城壘名。在今江蘇南京市西清涼山。其負山面江，控扼江險，南臨秦淮河口，形勢險固。六朝時爲建康軍事要鎮。

[3]江寧：縣名。治所在今江蘇南京市江寧區。

[4]板橋：地名。在今江蘇南京市西南板橋鎮。

[5]陰山：山名。確址待考。疑即陰山廟，在今江蘇南京市城區。

[6]新亭：地名。在今江蘇南京市西南，地近江濱，依山建城壘，爲當時軍事和交通重地。

[7]龍驤將軍：官名。將軍名號。三品。　程天祚：人名。廣平（今河南鄧州市東南）人。文帝時爲殿中將軍，於汝陽督戰被北魏俘虜，後逃歸。此時參加討伐劉劭之役，後任山陽太守，於明帝初反叛朝廷，戰敗投降。事見本書卷八八《薛安都傳》。

[8]理順難恃：不能僅僅依靠天理人心在我一方（還要有軍事準備）。恃，依靠。

[9]詹叔兒：人名。原爲劉劭東宮心腹隊主，參預劉劭謀位行動。事見本書卷九九《劉劭傳》。

[10]朱雀門：一名大航門。即建康城南面的城門，約在今江蘇南京市中華門内秦淮河岸。

　　軍至瓦官寺，[1]與義軍游邏相逢，[2]游邏退走，賊遂薄壘。[3]劭以元景壘塹未立，可得平地決戰。既至，柴栅已堅，倉卒無攻具，便使肉薄攻之。[4]元景宿令軍中曰：“鼓繁氣易衰，叫數力易竭。[5]但各銜枚疾戰，一聽吾營鼓音。”賊步將魯秀、王羅漢、劉簡之，騎將常伯與等及其士卒，[6]皆殊死戰。劉簡之先攻西南，頻得燒草舫，略渡人。[7]程天祚柴未立，[8]亦爲所摧。王羅漢等攻壘北門，賊艦亦至。元景水陸受敵，意氣彌强，麾下勇士悉遣出戰，左右唯留數人宣傳。[9]分軍助程天祚，天祚還得固柴，因此破賊。元景察賊衰竭，乃命開壘，鼓譟以奔之，賊衆大潰，透淮死者甚多。[10]劭更率餘衆自來攻壘，復大破之，其所殺傷，過於前戰。劭手斬退者不能禁，奔還宮，僅以身免。蕭斌被創。[11]簡之收兵而止，陳猶未散。元景復出薄之，乃走，競投死馬澗，[12]澗爲之滿。斬簡之及軍主姚叔藝、王江寶、朱明智、諸葛遜之等，[13]水軍主褚湛之、副劉道存並來歸順。[14]

　　[1]瓦官寺：佛寺名。一名瓦官閣。東晉興寧二年（364）建，在今江蘇南京市西南秦淮河畔花露崗上、鳳凰臺西。建造極爲宏麗。

　　[2]游邏：巡邏的士兵。

　　[3]壘：簡易的防禦工事。

　　[4]肉薄：同“肉搏”。兩軍迫近，以徒手或短兵器搏鬥。

　　[5]叫數：屢次叫喊。

　　[6]魯秀：人名。扶風郿人，宋文帝時隨兄魯爽叛北魏入宋，任輔國將軍、汝陰内史。歸順孝武帝後，因參與劉義宣、臧質反叛陰謀，死於亂兵。本書卷七四有附傳。　王羅漢：人名。原任南平王劉鑠右軍參軍，宋文帝時參與北伐。後被劉劭任爲心腹，爲左衞將軍。劉劭失敗後被殺。事見本書卷九九《劉劭傳》。　劉簡之：人名。其事不詳。按另有劉簡之，爲劉道產之父，劉康祖之伯父，係晉末宋初人，疑爲同姓名者，非一人。　常伯與：人名。其事

不詳。

[7]草舫：小陋之船。　略渡人：掠奪渡江的人。

[8]柴：柴柵。防守的柵欄、籬障。

[9]宣傳：宣布和傳達（命令）。

[10]透：跳躍。　淮：水名。淮水。即今江蘇南部長江支流秦淮河。

[11]蕭斌：人名。南蘭陵人，宋初著名將領，曾率王玄謨等衆軍北伐。後參與劉劭奪位密謀，任尚書僕射、領軍將軍。在對抗柳元景軍時受傷，投降後被殺。事見本書《劉劭傳》。

[12]死馬澗：澗名。在今江蘇南京市西南。

[13]姚叔藝、王江寶、朱明智、諸葛邈之：皆人名。事皆不詳。

[14]褚湛之：人名。河南陽翟（今河南禹州市）人，爲宋武帝劉裕女婿。劉劭時爲輔國將軍、丹陽尹，率水師投降劉駿。孝武帝時任中書令、左衛將軍等職。本書卷五二有附傳。　劉道存：人名。彭城人，宋初功臣劉懷肅侄孫，爲江夏王劉義恭諮議參軍。前廢帝時以黨於劉義恭被下獄處死。本書卷四七有附傳。

上至新亭即位，以元景爲侍中，[1]領左衛將軍，[2]轉使持節、監雍梁南北秦四州荆州之竟陵隨二郡諸軍事、前將軍、寧蠻校尉、雍州刺史。[3]上在巴口，[4]問元景："事平，何所欲？"對曰："若有過恩，願還鄉里。"故有此授。初，臧質起義，以南譙王義宣闇弱易制，[5]欲相推奉，[6]潛報元景，使率所領西還。[7]元景即以質書呈世祖，語其使曰："臧冠軍當是未知殿下義舉爾。[8]方應伐逆，不容西還。"質以此恨之。及元景爲雍州刺史，質慮其爲荆、江後患，[9]建議爪牙不宜遠出。[10]上重違其言，[11]更以元景爲護軍將軍，[12]領石頭戍事，不拜。徙領軍將軍，[13]加散騎常侍，[14]曲江縣公，[15]食邑三千户。

[1]侍中：官名。門下省長官，可出入殿省，入宮議政，兼統宮廷内侍諸署。職掌顧問諫諍，平議尚書奏事。三品。

[2]左衛將軍：官名。爲禁衛軍主要統帥之一，權任很重，多由皇帝親信擔任。四品。

[3]使持節：官名。重要軍事長官出征或出鎮時，加使持節，可誅殺二千石以下官員，以示權力和尊崇。 梁：州名。治所在今陝西漢中市東。 秦：州名。治所在今陝西漢中市東。 竟陵：郡名。治所在今湖北鍾祥市。 前將軍：官名。軍府名號，用作加官。三品。

[4]巴口：地名。在今湖北黄岡市黄州區東南，即巴河入長江之口。

[5]南譙王：王爵名。王國在今安徽巢湖市居巢區東南。 義宣：人名。即劉義宣。宋武帝劉裕第七子。本書卷六八有傳。

[6]欲相推奉：想擁戴（義宣）繼劉劭爲皇帝。

[7]西還：率軍西向荆州以助劉義宣聲勢。

[8]殿下：漢魏以後對皇子、諸王的尊稱。此指劉駿。

[9]荆、江後患：時劉義宣爲荆州刺史，駐江陵；臧質爲江州刺史，駐尋陽；如果柳元景爲雍州刺史駐襄陽，則對二人後方形成牽制力量。

[10]爪牙：喻勇武衛士。亦比喻國家武臣。

[11]重違：難違。

[12]護軍將軍：官名。禁軍統帥，亦領兵出征，掌督護京師以外諸軍，權任很重。三品。

[13]領軍將軍：官名。掌禁衛軍及京都諸軍。三品。

[14]散騎常侍：官名。散騎省（集書省）長官，主掌圖書文翰，收納轉呈文書奏事。三品。

[15]曲江縣公：公爵名。公國在今廣東韶關市南。縣公，開國縣公的省稱。食邑爲縣，位在開國郡公下。一品。

孝建元年正月，[1]魯爽反，遣左衛將軍王玄謨討之，加元景撫軍，[2]假節置佐，係玄謨。[3]復以爲都督雍梁南北秦四州荆州之竟陵隨二郡諸軍事、撫軍將軍、領寧蠻校尉、雍州刺史，持節如故。臧質、義宣並反，玄謨南據梁山，[4]夾江爲壘，垣護之、薛安都渡據歷陽，[5]元景出屯采石。[6]玄謨聞賊盛，遣司馬管法濟求益兵，[7]上使元景進屯姑孰。[8]元景使將武念前進。[9]質遣將龐法起襲姑孰，值念至，擊破之，法起單船走。質攻陷玄謨西壘，玄謨使垣護之告元景曰：“今餘東岸萬人，賊軍數倍，强弱不敵，謂宜還就節下協力當之。”[10]元景謂護之曰：“師有常刑，不可先退。賊衆雖多，猜而不整，[11]今當卷甲赴之。”護之曰：“逆徒皆云南州有三萬人，[12]而麾下裁十分之一，若往造賊，[13]虛實立見，則賊氣成矣。”元景納其言，悉遣精兵助玄謨，以羸弱居守。所遣軍多張旗幟，梁山望之如數萬人，皆曰：“京師兵悉至。”於是衆心乃安，由是克捷。[14]

[1]孝建：宋孝武帝劉駿年號（454—456）。

[2]撫軍：官名。撫軍將軍的省稱。與中軍、鎮軍將軍同位比四鎮將軍。三品。

[3]係：繼續，接續。 “係”各本並作“後”，據《南史》、

《元龜》卷四二一改。

　　〔4〕梁山：山名。又名博望山、天門山，在今安徽和縣、當塗
縣之間。在和縣者爲西梁山，在當塗縣者爲東梁山，隔江對峙，形
勢險要，爲六朝時兵家必争之地。

　　〔5〕垣護之：人名。字彦宗。略陽桓道（今甘肅隴西縣東南）
人。本書卷五〇有傳。　歷陽：縣名。因有歷陽山而得名。在今安
徽和縣歷陽鎮。

　　〔6〕采石：地名。原名牛渚磯，三國吴時更名采石磯。在今安
徽馬鞍山市長江東岸，爲牛渚山突出長江而成，江面較狹，形勢險
要，自古爲江防重地。

　　〔7〕管法濟：人名。其事不詳。

　　〔8〕姑孰：城名。又名南洲。東晉南朝歷爲豫州及南豫州治所，
在今安徽當塗縣。

　　〔9〕武念：人名。新野（今河南新野縣）人。本書卷八三有
附傳。

　　〔10〕節下：對將帥的敬稱。此指柳元景。

　　〔11〕猜而不整：互相猜疑防範而不整齊劃一。

　　〔12〕南州：此泛指劉義宣、臧質所在的荆、江二州，因其在京
城建康以南，故稱。一説以姑孰爲南州。　有三萬人：各本並脱
“有”字，中華本據《元龜》卷四二一、《通鑑》宋孝武帝孝建元
年補，從之。

　　〔13〕造：去，到。此謂攻擊。

　　〔14〕於是衆心乃安，由是克捷：各本並脱“衆心乃安由是”
六字，中華本據《元龜》卷四二一補，從之。

　　上遣丹陽尹顔竣宣旨慰勞，[1]與沈慶之俱以本號開
府儀同三司，[2]封晋安郡公，[3]邑如故。固讓開府儀同，
復爲領軍、太子詹事，[4]加侍中。尋轉驃騎將軍、本州

大中正,[5]領軍、侍中如故。大明二年,[6]復加開府儀同三司,又固讓。明年,遷尚書令,[7]太子詹事、侍中、中正如故。以封在嶺南,秋輸艱遠,改封巴東郡公。[8]五年,又命左光禄大夫、開府儀同三司,[9]侍中、令、中正如故。又讓開府,乃與沈慶之俱依晋密陵侯鄭袤不受司空故事,[10]事在《慶之傳》。六年,進司空,[11]侍中、令、中正如故。又固讓,乃授侍中、驃騎將軍、南兗州刺史,[12]留衛京師。世祖晏駕,[13]與太宰江夏王義恭、尚書僕射顏師伯並受遺詔輔幼主。[14]遷尚書令,領丹陽尹,侍中、將軍如故,給班劍二十人,[15]固辭班劍。

[1]丹陽尹:官名。一名"丹楊尹"。東晋改丹陽内史置,爲京城所在郡府長官,掌京城行政諸務並詔獄,地位重要,稱"京尹"。五品。　顏竣:人名。字士遜。琅邪臨沂(今山東費縣)人。本書卷七五有傳。

[2]開府儀同三司:官名。大臣加號,意謂與三司即太尉、司徒、司空禮制、待遇相同,許開設府署,自辟僚屬。

[3]晋安郡公:公爵名。公國在今福建福州市。郡公,即開國郡公,食邑爲郡,位在開國縣公上。一品。丁福林《校議》云:"'封晋安郡公',《南史·柳元景傳》作'改封晋安郡公'。按元景先封曲江縣公,食邑三千户,此時則當是改封晋安郡公,故曰'邑如故'。"

[4]太子詹事:官名。領東宫庶務,並負輔翼教導太子之責,地位極重。三品。

[5]驃騎將軍:官名。位居諸名號將軍之首,僅作爲軍府名號加授大臣和重要州郡長官,無具體職掌。二品。丁福林《校議》

云：“‘驃騎將軍’，《南史·柳元景傳》、《建康實録》卷一四皆作‘驃騎大將軍’……此則於‘驃騎’後佚‘大’字。” 大中正：官名。負責評定士族内部品第的官員。三國魏時在郡中正之上設州大中正，核實郡中正所報的士族品、狀。出任州大中正者例須本州内二品以上士族高門，許多家族世代相襲此官職。

[6]大明：宋孝武帝劉駿年號（457—464）。

[7]尚書令：官名。尚書省長官，綜理全國政務，出居外朝。雖位三品，實權有如宰相。如録尚書事缺，則兼有宰相之名義。

[8]嶺南：指五嶺以南地區。 秋輸：交納輸送秋税。此特指受封公侯把食邑收入送往本人所在的封地。 巴東郡公：公爵名。公國在今重慶奉節縣東。

[9]左光禄大夫：官名。爲在朝顯職的加官，以示優崇。屬光禄勳，位在金紫大夫上。

[10]鄭袤：人名。滎陽開封人，魏、晋迭任要職。晋武開國，進爵密陵侯，任官司空。苦辭，乃以侯就第，拜儀同三司，置舍人官騎。《晋書》卷四四有傳。 故事：先例，舊日的典章制度。

[11]司空：官名。三公之一。名譽宰相，多爲大臣加官，位居一品，無實際職掌。

[12]南兗州：僑置，治所初在今江蘇鎮江市，後移今江蘇揚州市。

[13]晏駕：車駕晚出。古代稱帝王死亡的諱辭。

[14]尚書僕射：官名。尚書令爲宰相之任，尚書省日常政務由僕射主持。三品。丁福林《校議》云：“今考本書《顏師伯傳》……時師伯所任乃尚書右僕射，非尚書僕射……此於‘尚書’後乃佚‘右’字。”

[15]班劍：漢制朝服帶劍，晋朝代之以木，謂之班劍。因其爲虎賁所持，故晋以後成爲隨從侍衛之代稱，且成爲皇帝對功臣的恩賜，可隨身進入宮殿。所賜人數自百二十人至十人不等。

元景起自將帥，及當朝理務，雖非所長，而有弘雅之美。時在朝勳要，多事產業，唯元景獨無所營。南岸有數十畝菜園，守園人賣得錢二萬送還宅。[1]元景曰："我立此園種菜，以供家中啖爾。乃復賣菜以取錢，奪百姓之利邪？"以錢乞守園人。世祖嚴暴異常，元景雖荷寵遇，恒慮及禍。太宰江夏王義恭及諸大臣，莫不重足屏氣，[2]未嘗敢私往來。世祖崩，義恭、元景等並相謂曰："今日始免橫死。"義恭與義陽等諸王，[3]元景與顏師伯等，常相馳逐，[4]聲樂酣酒，以夜繼晝。前廢帝少有凶德，內不能平，殺戴法興後，[5]悖情轉露。義恭、元景等憂懼無計，乃與師伯等謀廢帝立義恭，日夜聚謀，而持疑不能速決。永光年夏，[6]元景遷使持節、督南豫之宣城諸軍事、即本號開府儀同三司、南豫州刺史，[7]侍中、令如故。未拜，發覺，帝親率宿衛兵自出討之。先稱詔召元景，左右奔告兵刃非常。[8]元景知禍至，整朝服，乘車應召。出門逢弟車騎司馬叔仁，[9]戎服率左右壯士數十人欲拒命，元景苦禁之。既出巷，軍士大至，下車受戮，容色恬然。時年六十。

[1]得錢二萬：《南史》卷三八《柳元景傳》作"得錢三萬"。

[2]重足屏氣：謂畏懼之甚。重足，疊足不前。

[3]義陽：指劉昶。宋文帝第九子，初封義陽王。本書卷七二有傳。

[4]馳逐：馳獵禽獸。形容心境輕鬆歡愉。

[5]戴法興：人名。會稽山陰（今浙江紹興市）人，寒門出身。本書卷九四有傳。

〔6〕永光年夏："永光"下疑脱"元"字。永光，宋前廢帝劉
子業年號（465）。

〔7〕南豫：州名。治所在今安徽和縣。　宣城：郡名。治所在
今安徽宣城市宣州區。

〔8〕兵刃非常：（詔使）攜帶的兵器與平日不同。

〔9〕車騎司馬：官名。即車騎將軍府司馬。時豫章王劉子尚爲
車騎將軍、揚州刺史。

　　長子慶宗，有幹力，[1]而情性不倫，[2]世祖使元景送
還襄陽，於道中賜死。次子嗣宗，豫章王子尚車騎從事
中郎。[3]嗣宗弟紹宗、共宗、孝宗、文宗、仲宗、成宗、
季宗，[4]叔仁弟衛軍諮議參軍僧珍等諸弟姪在京邑及襄
陽從死者數十人。[5]元景少子承宗，[6]及嗣宗子纂，[7]並
在孕獲全。

〔1〕幹力：體力強健。

〔2〕不倫：不倫不類。形容不成樣子或違反正常規範。

〔3〕豫章王：王爵名。王國在今江西南昌市。　子尚：人名。
即劉子尚。宋孝武帝第二子。本書卷八〇有傳。　從事中郎：官
名。公府、將軍府屬官，或參謀議，或分掌諸曹。六品。

〔4〕共宗：殿本、《南史》作"茂宗"。　季宗：殿本、《南史》
作"秀宗"。今皆從中華本。

〔5〕衛軍諮議參軍：官名。即衛將軍府諮議參軍。時湘東王劉
彧（即後來的宋明帝）爲衛將軍。

〔6〕元景少子承宗：各本並脱"宗"，中華本據《南史》補，
今從之。

〔7〕及嗣宗子纂：《南史》卷三八《柳元景傳》作"嗣宗子蕢"
與此不同。

太宗即位,[1]令曰："故侍中、尚書令、驃騎大將軍、巴東郡開國公、新除開府儀同三司、南豫州刺史元景，風度弘簡,[2]體局深沈,[3]正義亮時，恭素範物。[4]幽明道盡，則首贊孝圖;[5]盛運開曆，則毗變皇化。[6]方任孚漢輔,[7]業懋殷衡,[8]而蜂豺肆濫,[9]顯加禍毒,[10]冤動勳烈，悲深朝貫。朕承七廟之靈,[11]纂臨寶業，情典既申，痛悼彌軫。宜崇賁徽冊，以旌忠懿。[12]可追贈使持節、都督南豫江二州諸軍事、太尉,[13]侍中、刺史、國公如故。給班劍三十人，羽葆、鼓吹一部,[14]諡曰忠烈公。"叔仁爲梁州刺史、黃門郎。[15]以破臧質功，封宜陽侯,[16]食邑八百户。

[1]太宗：宋明帝劉彧廟號。

[2]風度弘簡：氣慨寬弘簡易。

[3]體局深沈：人品周密持重。體局，性格器量。

[4]正義亮時：以公道正直的行爲而立誠信堅貞於時代。　恭素範物：恭謹純樸的形象可示範於人。

[5]幽明道盡：當陰陽循環使道德義理陷於絕境之時。此指元凶劉劭弒父自立。　首贊孝圖：首先出面輔助孝親之舉。此指柳元景佐助劉駿討伐劉劭。

[6]盛運開曆：新君主的興盛大運開啓了天曆之數。古代迷信之説認爲，帝王相承和天象運次相應。此句贊美孝武帝劉駿登基。毗變皇化：輔佐協理皇帝的德政和教化。

[7]任孚漢輔：職任爲人信服有如漢朝的輔政大臣。按漢朝丞相威權最重。孚，信用，爲人信服。

[8]業懋殷衡：功業的盛美有如殷代的阿衡。懋，盛大，美好。

衡，阿衡，商代師保之官。殷初伊尹曾任此職，亦專指伊尹。

[9]蜂豺：胡蜂和豺狼。形容毒害食人的凶惡之輩。

[10]禍毒：禍害。

[11]七廟：古代天子七廟，三昭三穆，與太祖之廟合而爲七。此泛指帝王供奉祖先的宗廟。

[12]崇賁徽册：推崇於華美光彩之册書。 旌：表彰。 忠懿：忠君的美德。

[13]太尉：官名。三公之首，名譽宰相，多爲大臣加官，無實際職掌。一品。

[14]羽葆：官員的儀仗。以鳥羽注於柄頭如蓋，諸王及重要大臣有功則賜，大臣喪，亦或賜，以示尊崇。

[15]黄門郎：官名。給事黄門侍郎的省稱。侍中省或門下省次官，平省尚書奏事，出入禁中，職任顯要。五品。

[16]宜陽侯：侯爵名。爲開國縣侯。侯國在今江西宜春市。

元景從兄元怙，大明末，代叔仁爲梁州，與晋安王子勛同逆，[1]事敗歸降。元景從父弟先宗，[2]大明初，爲竟陵王誕司空參軍。[3]誕作亂，殺之，追贈黄門侍郎。元景從祖弟光世，先留鄉里，索虜以爲折衝將軍、河北太守，[4]封西陵男。[5]光世姊夫僞司徒崔浩，[6]虜之相也。元嘉二十七年，[7]虜主拓跋燾南寇汝、潁，[8]浩密有異圖，光世要河北義士爲浩應。[9]浩謀泄被誅，河東大姓坐連謀夷滅者甚衆，光世南奔得免。太祖以爲振武將軍。[10]前廢帝景和中，[11]左將軍，直閣。[12]太宗定亂，光世參謀，以爲右衛將軍，[13]封開國縣侯，食邑千户。既而四方反叛，同閣宗越、譚金又誅，光世乃北奔薛安都，安都使守下邳城。[14]及安都招引索虜，光世率衆歸降，太宗宥之，以爲順陽太守。[15] 子欣慰謀反，光世賜死。

[1]晉安王：王爵名。王國在今福建福州市。　子勛：人名。即劉子勛。宋孝武帝第三子。本書卷八〇有傳。

[2]元景從父弟先宗："先宗"本書卷七九《竟陵王誕傳》作"光宗"。

[3]竟陵王：王爵名。王國在今湖北鍾祥市。　司空參軍：官名。即司空府參軍事。劉誕曾任司空、南徐州刺史。

[4]索虜：時南人對北魏的蔑稱。古代北方民族多辮髮，故有是稱。　折衝將軍：官名。北魏雜號將軍中地位較高者。五品上。　河北：北魏郡名。治所在今山西平陸縣西南。

[5]西陵男：男爵名。開國縣男。五品。西陵，縣名。在今湖北武漢市新洲區西。

[6]崔浩：人名。清河東武城（今河北清河縣）人，出身於北方著名士族。出仕北魏，官至司徒，參與軍國機謀。後因力主恢復漢族門閥特權地位，爲鮮卑顯貴所忌恨，以修史的罪名被殺。《魏書》卷三五有傳。

[7]元嘉：宋文帝劉義隆年號（424—453）。

[8]拓跋燾：人名。即北魏太武帝。公元423年至452年在位。《魏書》卷四有紀。

[9]要：約合，使。

[10]振武將軍：官名。將軍名號。五武將軍之一。四品。

[11]景和：宋前廢帝劉子業年號（465）。公元465年正月，改元永光。八月，又改元爲景和元年，十一月即被廢。

[12]左將軍：官名。軍府名號，用作加官。三品。　直閣：官名。爲皇帝左右侍衛之官。

[13]右衛將軍：官名。禁衛軍主要統帥之一。四品。

[14]下邳：城名。在今江蘇睢寧縣西北古邳鎮東。

[15]順陽：郡名。治所在今河南淅川縣南。

　　顏師伯字長淵，琅邪臨沂人，[1]東揚州刺史竣族兄也。[2]父邵，剛正有局力，[3]爲謝晦所知。晦爲領軍，以爲司馬，廢立之際，[4]與之參謀。晦鎮江陵，[5]請爲諮議參軍，領録事，[6]軍府之務悉委焉。邵慮晦將有禍，求爲竟陵太守，未及之郡，值晦見討。[7]晦與邵謀起兵距朝廷，邵飲藥死。

　　[1]琅邪：郡名。治所在今山東諸城市。　臨沂：縣名。治所在今山東費縣東。

　　[2]東揚州：治所在今浙江紹興市。　竣：人名。即顏竣。本書卷七五有傳。

　　[3]局力：度量和才幹。

　　[4]廢立之際：指謝晦與徐羨之、傅亮等人同謀廢少帝劉義符而迎立宜都王劉義隆爲帝一事。

　　[5]江陵：縣名。治所在今湖北荆州市荆州區。時爲荆州刺史駐地。

　　[6]録事：官名。即録事參軍。公府、將軍府、州刺史開軍府者皆置，爲録事曹長官，掌總録衆曹文簿，舉彈善惡，位在列曹參軍上。七品。

　　[7]值晦見討：指宋文帝劉義隆派檀道濟率軍西討謝晦。

　　師伯少孤貧，涉獵書傳，頗解聲樂。劉道産爲雍州，以爲輔國行參軍。[1]弟師仲妻，臧質女也。質爲徐州，辟師伯爲主簿。[2]衡陽王義季代質爲徐州，[3]質薦師

伯於義季，義季即命爲征西行參軍。[4]興安侯義賓代義
季，[5]世祖代義賓，仍爲輔國、安北行參軍。[6]王景文時
爲諮議參軍，[7]愛其諧敏，[8]進之世祖。師伯因求杖
節，[9]乃以爲徐州主簿。善於附會，大被知遇。及去鎮，
師伯以主簿送故。[10]世祖鎮尋陽，[11]啓太祖請爲南中郎
府主簿。太祖不許，謂典籤曰：[12]"中郎府主簿那得用
顏師伯。"世祖啓爲長流正佐，[13]太祖又曰："朝廷不能
除之，郎可自板，[14]亦不宜署長流。"世祖乃板爲參軍
事，署刑獄。[15]及入討元凶，轉主簿。

[1]輔國行參軍：官名。即輔國將軍府行參軍。時劉道產任雍
州刺史，以輔國將軍開府。

[2]主簿：官名。諸公、將軍、校尉、州、郡、縣府皆置，典
領文書簿籍，經辦事務。品秩隨府長官不等，爲掾史中地位較
高者。

[3]衡陽王：王爵名。王國在今湖南株洲縣西南。　義季：人
名。即劉義季。宋武帝劉裕第七子。本書卷六一有傳。

[4]征西行參軍：官名。即征西大將軍府行參軍。丁福林《校
議》據本書卷六一《武三王傳》、卷五《文帝紀》考證，師伯當時
"應爲征北行參軍無疑"，此云"征西行參軍"則誤。

[5]興安侯：侯爵名。侯國在今四川廣元市一帶。　義賓：人
名。即劉義賓。宋武帝劉裕之侄，曾任輔國將軍、徐州刺史等職。
本書卷五一有附傳。

[6]輔國、安北行參軍：皆官名。即輔國將軍府行參軍和安北
將軍府行參軍。劉義賓曾任輔國將軍，劉駿曾任安北將軍。

[7]王景文：人名。名彧，因與明帝同名，以字行。琅邪臨沂
人。本書卷八五有傳。

[8]諧敏：詼諧敏捷。

[9]杖節：執持旄節。古代帝王授予將帥兵權或遣使地方，給旄節以爲憑信。後泛指執掌兵權或鎮守一方。

[10]送故：州郡長官遷轉離任，其僚屬隨之遷轉，還要送精兵器仗及其他財物，謂之"送故"。

[11]尋陽：縣名。治所在今江西九江市西南。時爲江州刺史駐節地。

[12]典籤：官名。原爲州府掌管文書的佐吏。宋時多以年幼的皇子出鎮，皇帝委派親信擔任此職協助處理政事。每州府數人，一歲中輪番還京，匯報地方情況，成爲皇帝升黜地方長官的主要依據。品階不高，實權却重，甚至控制諸王和州刺史。

[13]長流正佐：官名。長流參軍的代稱。爲長流曹長官，掌盜賊徒流事。

[14]自板：官制用語。指不由中央吏部正式任命，而由地方軍政長官自行選用，爲州府的户曹行板文委派的官職。

[15]刑獄：官署名。東晉末劉裕丞相府分賊曹置，掌盜賊刑獄事。後成爲公府、將軍府、諸州府屬曹，長官爲參軍。七品。

　　世祖踐阼，以爲黃門侍郎，隨王誕驃騎長史、南郡太守。[1]改爲驃騎大將軍長史、南濮陽太守，[2]御史中丞。[3]臧質反，出爲寧遠將軍、東陽太守，[4]領兵置佐，以備東道。[5]事寧，復爲黃門侍郎，領步兵校尉，[6]改領前軍將軍，[7]徙御史中丞，遷侍中。上以伐逆寧亂，事資群謀，大明元年下詔曰："昔歲國難方結，疑懦者衆。[8]故散騎常侍、太子右率龐秀之履巇能貞，[9]首暢義節，用使狡狀先聞，[10]軍備夙固，醜逆時殄，[11]頗有力焉。追念厥誠，無忘于懷。侍中祭酒顏師伯、侍中領射聲校尉袁愍孫、豫章太守王謙之、太子前中庶子領右衛率張淹，[12]爰始入討，[13]預參義謀，契闊大難，[14]宜蒙殊報。秀之可封樂安縣伯，[15]食邑六百戶，師伯平都縣子，愍孫興平縣子，謙之石陽縣子，淹廣晉縣子，食邑各五百戶。"[16]

[1]驃騎長史：官名。即驃騎將軍府長史。時隨郡王劉誕任驃騎將軍。長史，諸王、將軍、州府皆置，爲處理政務的幕僚長，品秩各有不同。　南郡：治所在今湖北荆州市荆州區。

[2]驃騎大將軍：官名。居諸名號將軍之首，開府置僚屬，不領兵。一品。時劉誕由驃騎將軍進號驃騎大將軍，改封竟陵王，顏師伯隨之遷轉。　南濮陽：郡名。僑置，屬南徐州，治所在今江蘇常州市武進區一帶，確址待考。

[3]御史中丞：官名。又稱南司。掌監察執法，爲京師顯官。四品。

[4]寧遠將軍：官名。將軍名號。五品。　東陽：郡名。治所在今浙江金華市。

[5]以備東道：防備京城建康以東諸州郡有人響應西部臧質的反叛之舉。

[6]步兵校尉：官名。皇帝的侍衛武官，不領兵，隸中領軍。四品。

[7]前軍將軍：官名。四軍將軍之一，是護衛皇帝的禁軍將領之一，掌宮禁宿衛。四品。

[8]國難：國家的危難。此指劉劭弒父自立事。　疑懼：疑惑怯懦。

[9]太子右率：官名。即太子右衛率。宿衛東宮，亦任征伐，地位頗重。五品。　龐秀之：人名。河南人，原爲蕭斌府司馬，因得劉劭信任，委以軍權。後率先叛投劉駿，致劉劭部衆離心，最終

失敗。本書卷七八有附傳。　嶮：險阻，山路危險。

[10]狡狀：暴戾爲害的情形。

[11]醜逆時殄：使叛逆之人及時被消滅。

[12]侍中祭酒：官名。爲侍中之長，以侍中高功者爲之，與侍郎高功者一人對掌門下省禁令。　射聲校尉：官名。侍衛武官，不領兵，隸中領軍。四品。　袁愍孫：人名。即袁粲。陳郡陽夏人。本書卷八九有傳。　豫章：郡名。治所在今江西南昌市。　王謙之：人名。琅邪臨沂人，宋孝武帝朝任驍騎將軍，吳興太守。卒官。本書卷四五有附傳。　太子中庶子：官名。太子侍從，與中舍人共掌文翰。五品。　張淹：人名。吳郡吳（今江蘇蘇州市）人，宋孝武帝即位前爲其府主簿，即位後官至東陽太守、光禄勳。後參與晉安王劉子勛反對宋明帝的叛亂，軍敗被殺。本書卷五九有附傳。

[13]爰始：從始。

[14]契闊：勤勞，勞苦。

[15]樂安縣伯：伯爵名。樂安，縣名。本書《州郡志》有二，一在今河南光山縣西，屬豫州；一在今浙江仙居縣，屬揚州。

[16]平都縣子：子爵名。即開國縣子。位在開國伯下。二品。封邑在今江西安福縣。　興平：縣名。治所在今江西永豐縣東北。

石陽：縣名。治所在今江西吉水縣東北。　廣晉：縣名。治所在今江西鄱陽縣北廣進鎮。

　　師伯遷右衛將軍，母憂去職。[1]二年，起爲持節、督青冀二州徐州之東安東莞兗州之濟北三郡諸軍事、輔國將軍、青冀二州刺史。[2]其年，索虜拓跋濬遣僞散騎常侍、鎮西將軍天水公拾賁敕文率衆寇清口，[3]清口戍主振威將軍傅乾愛率前員外將軍周盤龍等擊大破之。[4]世祖遣虎賁主龐孟虯、積射將軍殷孝祖等赴討，[5]受師伯節度。師伯遣中兵參軍苟思達與孟虯合力。[6]行達沙溝，[7]虜窟瓌公、五軍公等馬步數萬，[8]迎軍拒戰。孟虯等奮擊盡日，孟虯手斬五軍公，虜於是大奔。孝祖又斬窟瓌公，赴水死者千計。虜又遣河南公、黑水公、濟州公、青州刺史張懷之等屯據濟岸，[9]師伯又遣中兵參軍江方興就傅乾愛擊破之，[10]斬河南公樹蘭等。虜別帥它門又遣萬餘人攻清口戍城，[11]乾愛、方興出城拒戰，即斬它門，餘衆奔走。虜天水公又率二萬人復來逼城，乾愛等出戰，又破之。追奔至赤龍門，[12]殺賊甚衆。上嘉其功，詔曰：“虜驅率犬羊，規暴邊塞。輔國將軍、青冀二州刺史師伯宣略命師，合變應機，濟戍奮怒，[13]一月四捷。支軍異部，騁勇齊效，頻梟名王，大殲群醜。朕用嘉嘆，良深于懷。可遣使慰勞，并符輔國府詳考功最，[14]以時言上。”

[1]母憂：母親喪事。

[2]青：州名。宋初治所在今山東青州市，泰始中與冀州合僑置於今江蘇連雲港市東雲臺山一帶。　冀：州名。宋元嘉中於濟南郡僑置，治所在今山東濟南市。後泰始中與青州合僑置於今江蘇連雲港市東雲臺山一帶。　徐州：治所在今江蘇徐州市。　東安：郡名。治所在今山東沂源縣東南。　東莞：郡名。治所在今山東莒縣。　兗州：宋元嘉時治所在今山東兗州市，泰始中僑置於今江蘇淮安市淮陰區西南。　濟北：郡名。治所在今山東肥城市東南。

[3]拓跋濬：人名。即北魏文成帝。公元452年至465年在位。《魏書》卷五有紀。　鎮西將軍：官名。四鎮將軍之一，多授持節都督。北魏初爲從一品下，後改爲從二品。　天水公拾賁敕文：據中華本校勘記：“張森楷《校勘記》云：‘《魏書·官氏志》，拾賁

氏後改封氏，此即封敕文也。敕文封天水公，此云"清水公"，誤。'按張校是，下亦作'天水公'。今改正。"今從改。拾賁敕文，人名。代人，長期任秦益二州刺史，鎮上邽。賜爵天水公。《魏書》卷五一有傳。　清口：地名。在今山東梁山縣東南，即古汶水入濟水之口，以下段的濟水即通稱清水。

［4］傅乾愛：人名。其事不詳。　員外將軍：官名。即殿中員外將軍的省稱。爲正員之外添授的殿中將軍，職掌略同。隸左右衛。　周盤龍：人名。北蘭陵蘭陵（按此處疑有誤。錢大昕《廿二史考異》云："按史稱南蘭陵者，南徐州之蘭陵也；稱北蘭陵者，徐州之蘭陵也。《宋志》徐州蘭陵郡領昌慮、承、合鄉三縣，不見蘭陵縣，疑志有脱漏矣。宋泰始以後，淮北陷没，僑立淮南，土斷改屬東平，故《齊志》無北蘭陵之名也。"）人，軍功進身，在宋、齊二代屢任重職，封沌陽侯。《南齊書》卷二九有傳。

［5］虎賁主：官名。即虎賁中郎將。主虎賁禁兵，或領兵出征，屬領軍。五品。　龐孟虯：人名。後曾任屯騎校尉、義陽内史等職，宋明帝初投奔晉安王劉子勛，反叛朝廷，軍敗逃入蠻中。　積射將軍：官名。雜號將軍，領積射營，擔當宿衛之任。五品。　殷孝祖：人名。陳郡長平（今河南西華縣）人。本書卷八六有傳。

［6］苟思達：人名。後曾任强弩將軍，參加平定劉誕反叛之戰，餘事不詳。

［7］沙溝：水名。又名中川水。即今山東濟南市長清區境内沙河。

［8］窟瓌公：北魏官爵名。所指何人不詳。　五軍公：北魏官爵名。所指何人不詳。

［9］河南公：北魏官爵名。此處指樹蘭。其事不詳。　黑水公：北魏官爵名。所指何人不詳。　濟州公：北魏官爵名。所指何人不詳。　青州：北魏州名。治所在今山東青州市。　張懷之：人名。其事不詳。　濟岸：濟水之岸。

［10］江方興：人名。濟陽考城（今河南民權縣）人，以戰功

爲太子左衞率。宋明帝初受遺率軍平叛，病故。追封武當縣侯。事見本書卷八四《鄧琬傳》。

[11]它門：人名。其事不詳。

[12]赤龍門：地名。確址待考。

[13]濟戍：濟水一綫的戍守之軍。濟，水名。古代爲四瀆之一，源於今河南濟源市西王屋山，經豫北、魯西南而東北入海。時爲南、北朝長期爭奪的區域。今河道已堙。

[14]輔國府：即顏師伯所任職的輔國將軍府。

　　苟思達、龐孟虯等又追虜至杜梁，[1]虜衆多，四面俱合。平南參軍童太壹及苟思達等並單騎出盪，[2]應手披靡。孟虯等繼至，虜乃散走，透河死者甚多。既而虜更合衆大至，孟虯等又破之。世祖又遣司空參軍卜天生助師伯。[3]張懷之據糜溝城，[4]師伯遣天生等破之，懷之出城逆戰，天生率軍主劉懷珍、白衣客朱士義、殿中將軍孟繼祖等擊之。[5]懷之敗走入城，僅以身免。繼祖於陳遇害，追贈郡守。又虜隴西王等屯據申城，[6]背濟向河，三面險固。天生又率衆攻之，朱士義等貫甲先登，賊赴河死者無算，即日陷城。虜天水公又攻樂安城，[7]建威將軍、平原樂安二郡太守分武都與卜天生等拒擊，[8]大破之，虜乃奔退，追戰克捷，直至清口。虜攻圍傅乾愛，乾愛隨方拒對，孝祖等既至，虜徹圍遁走。師伯進號征虜將軍。[9]

[1]杜梁：地名。確址待考。

[2]平南參軍：官名。即平南將軍府參軍。時江州刺史、東海王劉褘爲平南將軍，爲四平將軍之一。三品。　童太壹：人名。東

莞人，軍功進身。後爲强弩將軍，前廢帝親信，封宜陽縣男。被宋明帝誅殺。事見本書卷八三《宗越傳》。　出盪：衝出拼殺。盪，掃蕩。

[3] 卜天生：人名。吳興餘杭（今浙江杭州市餘杭區）人。本書卷九一有附傳。

[4] 糜溝城：地名。在今山東濟南市長清區境。

[5] 劉懷珍：人名。字道玉，平原人，宋、齊兩朝以軍功屢任重職。《南齊書》卷二七有傳。　白衣客：無官職的私人幕僚。朱士義：人名。其事不詳。　孟繼祖：人名。其事不詳。

[6] 隴西王：北魏官爵名。即禿髮源賀。河西鮮卑族，拓拔燾時投歸北魏，後以功封隴西王。《魏書》卷四一有傳。　申城：地名。確址待考。

[7] 樂安城：地名。樂安郡治，在今山東廣饒縣北。

[8] 平原：郡名。治所在今山東平原縣西南。　分武都：人名。其事不詳。

[9] 征虜將軍：官名。武官，也作爲高級文職官員的加官。三品。

三年，竟陵王誕反，師伯遣長史稽玄敬率五千人赴難。[1] 四年，徵爲侍中，領右軍將軍，[2] 親幸隆密，群臣莫二。遷吏部尚書，[3] 右軍如故。上不欲威柄在人，親監庶務，前後領選者，唯奉行文書。師伯專情獨斷，奏無不可。遷侍中，領右衛將軍。七年，補尚書右僕射。時分置二選，陳郡謝莊、琅邪王曇生並爲吏部尚書。[4] 師伯子舉周旋寒人張奇爲公車令，[5] 上以奇資品不當，[6] 使兼市買丞，[7] 以蔡道惠代之。[8] 令史潘道栖、褚道惠、顏褘之、元從夫、任澹之、石道兒、黃難、周公選等抑道惠敕，[9]使奇先到公車，不施行奇兼市買丞事。師伯坐以子領職，莊、曇生免官，道栖、道惠棄市，褘之等六人鞭杖一百。師伯尋領太子中庶子，雖被黜挫，受任如初。

[1]嵇玄敬：人名。文帝時曾參加北伐至留城（今江蘇沛縣），餘事不詳。

[2]右軍將軍：官名。掌宮禁宿衛。四品。

[3]吏部尚書：官名。爲尚書省吏部曹長官，職掌官吏任免考選事，位居列曹尚書之上。三品。

[4]分置二選：指宋孝武帝大明二年（458）增吏部尚書爲二員，以削弱其權任。　陳郡：治所在今河南淮陽縣。　謝莊：人名。字希逸，陳郡陽夏人。本書卷八五有傳。　王曇生：人名。琅邪臨沂人，王弘之之子。在孝武帝朝歷任顯職。本書卷九三有附傳。

[5]師伯子舉周旋寒人張奇爲公車令：丁福林《校議》據本卷上下文意考究，師伯"六子並幼"，不可能舉張奇爲公車令，舉者應爲師伯本人，故認爲"師伯"後之"子"字衍，應刪。周旋，周一良《札記》："周旋乃親密往來之意。"寒人，門第低微的人。張奇，人名。其事不詳。公車令，官名。隸門下省，掌受章表。

[6]資品：資格和品級。資，家庭地位及父兄的資品。是指九品中正的品級，不是官爵的品級。

[7]市買丞：官名。掌收買宮中所用果實生料諸物。

[8]蔡道惠：人名。其事不詳。

[9]令史：官名。此指吏曹都令史。兩晉以來尚書省置都令史八人，協助尚書左、右丞管理都省事務，監督諸曹尚書，參與政要。權任雖重，用人常輕。　潘道栖、褚道惠、顔褘之、元從夫、任澹之、石道兒、黃難、周公選：均人名。其事多不詳，唯知黃難

後曾任上饒令，宋明帝之初，被以鄧琬爲首的反叛勢力所殺。

　　世祖臨崩，師伯受遺詔輔幼主，尚書中事專以委之。廢帝即位，[1]復還即真，[2]領衛尉。[3]師伯居權日久，天下輻輳，[4]游其門者，爵位莫不踰分。多納貨賄，家產豐積，伎妾聲樂，盡天下之選。園池第宅，冠絕當時，驕奢淫恣，爲衣冠所嫉。[5]又遷尚書僕射，[6]領丹陽尹。廢帝欲親朝政，發詔轉師伯爲左僕射，加散騎常侍，以吏部尚書王景文爲右僕射。奪其京尹，又分臺任，師伯至是始懼。尋與太宰江夏王義恭、柳元景同誅，時年四十七。[7]六子並幼，皆見殺。

　　[1]廢帝：即前廢帝劉子業。宋孝武帝長子。本書卷七有紀。

　　[2]即真：官制用語。顏師伯前被黜領（暫代）職，今又恢復正式官職。

　　[3]衛尉：官名。專掌宮禁及京城防衛。三品。

　　[4]天下輻輳：如車輻湊集於車輪中心車轂一樣，天下游士集聚於其周圍。輻輳，集中，聚集。

　　[5]衣冠：古代士以上等級方可戴冠，故借指士大夫、縉紳。

　　[6]又遷尚書僕射："尚書僕射"各本並作"尚書右僕射"，《南史》無"右"字。按是時但置尚書僕射，不分立左右。中華本據《南史》刪"右"字，今從之。

　　[7]時年四十七：丁福林《校議》云《建康實錄》卷一四作"四十四"。

　　弟師仲，中書郎，[1]晉陵太守。[2]師叔，司徒主簿，南康相。[3]太宗即位，詔曰："故散騎常侍、僕射、領丹陽尹、平都縣子師伯，昔逢代運，[4]豫班榮賞。遭罹厄會，隕命淫刑，宗嗣殄絶，良用矜悼。但其心瀆貨，[5]宜貶贈典，可紹封社，[6]以慰冤魂。謚曰荒子。"師仲子幹繼封。齊受禪，國除。

[1]中書郎：官名。中書通事郎、中書侍郎的省稱。爲中書令屬官，職閑官清。五品。

[2]晉陵：郡名。治所在今江蘇常州市。

[3]南康相：官名。南康王國的行政長官，職如太守。南康，王國名。治所在今江西贛州市章貢區東北。

[4]代運：漢高祖劉邦之子劉恒初封代王，後大臣誅諸呂，迎立他爲皇帝。此借指宋孝武帝劉駿由藩王而入嗣帝位事。

[5]瀆貨：貪污財物。

[6]可紹封社：可使其後代繼承原來的封地爵命。封社，即封地。古代謂土地神爲社。

沈慶之字弘先，吳興武康人也。[1]兄敞之，爲趙倫之征虜參軍、監南陽郡，[2]擊蠻有功，遂即真。

[1]吳興：郡名。治所在今浙江湖州市吳興區南下菰城。　武康：縣名。治所在今浙江德清縣。

[2]趙倫之：人名。字幼成，下邳僮（今安徽泗縣東北僮城）人。本書卷四六有傳。　監：官名。魏晉後，除中書、秘書、廷尉等官署設爲主官、屬官外，還有以較高官員監理某地區"諸軍事"者以統兵，是地區軍事長官。或有稱監某州、郡、縣者，即行使州刺史、郡守、縣令的職權。　南陽：郡名。治所在今河南南陽市。

慶之少有志力。孫恩之亂也，[1]遣人寇武康，慶之未冠，隨鄉族擊之，由是以勇聞。荒擾之後，鄉邑流散，慶之躬耕墾畝，勤苦自立。年三十，未知名，往襄陽省兄，倫之見而賞之。倫之子伯符時爲竟陵太守，[2]倫之命伯符版爲寧遠中兵參軍。[3]竟陵蠻屢爲寇，慶之爲設規略，每擊破之，伯符由此致將帥之稱。伯符去郡，又別討西陵蠻，[4]不與慶之相隨，無功而反。[5]

[1]孫恩：人名。琅邪人，世奉五斗米道，於東晉末年聚衆反晉，聲勢浩大，橫掃江浙數州。後戰敗自殺。《晉書》卷一〇〇有傳。

[2]伯符：人名。即趙伯符。曾爲寧遠將軍，領兵討蠻。本書卷四六有附傳。

[3]寧遠中兵參軍：官名。即寧遠將軍府中兵參軍。軍府僚屬之一，掌本府中兵曹事務，兼備參謀咨詢。宋或爲中直兵參軍，兼領中兵、直兵二曹。

[4]西陵蠻：古族名。指散布於今湖北西部以巴人爲主的少數民族。

[5]反：同“返”。

永初二年，[1]慶之除殿中員外將軍，又隨伯符隸到彥之北伐。[2]伯符病歸，仍隸檀道濟。[3]道濟還白太祖，稱慶之忠謹曉兵，上使領隊防東掖門，[4]稍得引接，出入禁省。出戍錢唐新城，[5]及還，領淮陵太守。[6]領軍將軍劉湛知之，[7]欲相引接，謂之曰：“卿在省年月久，比當相論。”慶之正色曰：“下官在省十年，自應得轉，不復以此仰累。”尋轉正員將軍。[8]及湛被收之夕，上開門召慶之，慶之戎服履鞵縛絝入，[9]上見而驚曰：“卿何意乃爾急裝?"慶之曰:"夜半喚隊主,不容緩服。"遣收吳郡太守劉斌,^[10]殺之。遷始興王濬後軍行參軍,^[11]員外散騎待郎。^[12]

[1]永初:宋武帝劉裕年號(420—422)。

[2]又隨伯符隸到彥之北伐:到彥之北伐在文帝元嘉七年,非永初二年,故此"又"字前應有元嘉七年字樣。到彥之,人名。彭城武原人,宋初著名武將,曾率軍伐北魏,但以失敗告終。本書卷四六有傳目而闕文,《南史》卷二五有傳。

[3]仍:副詞。同"乃"。因而,於是。 檀道濟:人名。高平金鄉(今山東嘉祥縣南)人。本書卷四三有傳。

[4]東掖門:都城建康皇宮正門東邊的邊門。

[5]錢唐新城:城名。在今浙江杭州市西靈隱山下。

[6]淮陵:郡名。治所在今安徽明光市東北。

[7]劉湛:人名。字弘仁,南陽涅陽人。本書卷六九有傳。又各本作"劉湛之"。錢大昕《考異》云:"之字衍。"錢說是,今刪去。

[8]正員將軍:官名。此指正式編制內的殿中將軍。定員二十人,此外又添授若干殿中員外將軍。

[9]縛絝:謂扎緊套褲腳管,以便騎乘。絝,即褲。實際相當於後代的"套褲"。爲了便於行動,出征時在膝下用帶子繫結,成爲縛褲。

[10]吳郡:治所在今江蘇蘇州市。 劉斌:人名。與劉湛同宗,曾在劉義康屬下任司徒左長史。其聯結朋黨,欲在宋文帝死後推劉義康爲帝,被宋文帝誅殺。

[11]始興王:王爵名。王國在今廣東韶關市東南蓮花嶺下。濬:人名。即劉濬。宋文帝次子。本書卷九九有傳。

[12]員外散騎待郎:官名。隸集書省,掌文學侍從,收納章

奏，諫諍糾劾。員四人。此爲正員之外添授，故稱員外。

元嘉十九年，雍州刺史劉道産卒，群蠻大動，征西司馬朱脩之討蠻失利，以慶之爲建威將軍，率衆助脩之。脩之失律下獄，慶之專軍進討，大破緣沔諸蠻，禽生口七千人。[1]進征湖陽，[2]又獲萬餘口。遷廣陵王誕北中郎中兵參軍，[3]領南東平太守，[4]又爲世祖撫軍中兵參軍。[5]世祖以本號爲雍州，隨府西上。時蠻寇大甚，水陸梗礙，世祖停大隄不得進。[6]分軍遣慶之掩討，大破之，降者二萬口。世祖至鎮，而驛道蠻反，殺深式，[7]遣慶之又討之。[8]王玄謨領荆州，王方回領臺軍並會，[9]平定諸山，獲七萬餘口。郾山蠻最强盛，[10]魯宗之屢討不能克，[11]慶之剪定之，禽三萬餘口。還京師，復爲廣陵王誕北中郎中兵參軍，加建威將軍、南濟陰太守。[12]

[1]生口：俘虜、奴隸。

[2]湖陽：縣名。治所在今河南唐河縣西南湖陽鎮。

[3]廣陵王：王爵名。王國在今江蘇揚州市西北蜀崗上。　北中郎中兵參軍：官名。即北中郎將府中兵參軍事。爲主要僚屬之一。

[4]南東平：郡名。改東平國置，治所在今山東東平縣西北。時北魏亦有東平郡，治所在今河南范縣東南。故以南、北分稱。一説南朝宋僑置於今江蘇句容市北，屬南徐州。

[5]撫軍中兵參軍：官名。即撫軍將軍府中兵參軍事。時劉駿爲撫軍將軍。

[6]大隄：城名。在今湖北宜城市，時爲僑置華山郡治所。

[7]深式：人名。其事不詳。

　　[8]遣慶之又討之："遣"各本作"還"，孫虨《考論》云："還當作遣。"按孫説是，今從中華本改。

　　[9]王方回：人名。其父王叡佐劉裕克桓玄，遇害，追封安復縣侯。王方回襲爵，迭任兖州刺史、青冀二州刺史等職。事見本書卷九五《索虜傳》。本書卷五《文帝紀》作"王方俳"，但《南史》及本書他處均爲"王方回"。

　　[10]鄖山蠻：古族名。指散布於湖北西部大洪山（即鄖山）一帶的少數民族。

　　[11]魯宗之：人名。扶風郿人。宋初隨宋武帝劉裕四出征伐，任雍州刺史等職，以功封南陽郡公。後舉家北奔入羌。本書卷七四有附傳。其孫魯爽、魯秀復入宋爲將，有名。丁福林《校議》認爲魯宗之於義熙十一年（415）已北奔姚興，沈慶之討鄖山蠻在元嘉二十二年（445），相隔三十年，且《晋》《宋》二書亦未記魯宗之有討蠻之事。考上文及本書卷七六《朱脩之傳》皆云朱脩之討蠻失利，此云"魯宗之屢討不能克"，恐爲"朱脩之屢討不能克"之訛。

　　[12]南濟陰：郡名。僑置在今江蘇鎮江市一帶。

　　雍州蠻又爲寇，慶之以將軍、太守復與隨王誕入沔。既至襄陽，率後軍中兵參軍柳元景、隨郡太守宗慤、振威將軍劉顒、司空參軍魯尚期、安北參軍顧彬、馬文恭、左軍中兵參軍蕭景嗣、前青州別駕崔目連、安蠻參軍劉雍之、奮威將軍王景式等二萬餘人伐沔北諸山蠻。[1]宗慤自新安道入太洪山，[2]元景從均水據五水嶺，[3]文恭出蔡陽口取赤係鄔，[4]景式由延山下向赤圻阪，[5]目連、尚期諸軍八道俱進。慶之取五渠，頓破鄔以爲衆軍節度。[6]

[1]劉顗：人名。其事不詳。 魯尚期：人名。曾任安西參軍等職，參加過元嘉十九年（442）的宋、魏仇池之戰，立有戰功。事見本書卷九八《氐胡傳》。 顧彬：人名。後以軍功任寧朔將軍，封陽新縣侯。按本書卷七九《竟陵王誕傳》、卷九九《劉勔傳》及《南史》皆作"顧彬之"，疑其名爲"顧彬之"，此處漏一"之"字。 馬文恭：人名。扶風人，長期爲劉駿僚屬，以功封泉陵縣子。孝武帝時官至游擊將軍。本書卷四五有附傳。 蕭景嗣：人名。其事不詳。 別駕：官名。即別駕從事、別駕從事史。爲州部佐吏之右，主吏員選舉。多六品。 崔目連：人名。其事不詳。安蠻參軍：官名。即安蠻校尉府參軍事。時南平王劉鑠任安蠻校尉，掌南北交界地區少數民族事務。 劉雍之：人名。一作"劉雍"。曾任兗州刺史徐遺寶長史，後參加魯爽之叛。 奮威將軍：官名。雜號將軍中地位較高者。四品。 王景式：人名。其事不詳。 沔北：即今漢江以北地區。

[2]新安道：道路名。即從今湖北南漳縣西東進大洪山的一條道路。此處一度設置新安縣。 太洪山：山名。一名滍山，即今湖北中部偏北的大洪山，時爲蠻族所據。

[3]均水：水名。上、中游即今河南淅河，下游即匯合淅河以後的丹江。 五水嶺：地名。確址待考。疑即"五水關"，在今湖北隨州市東北。

[4]蔡陽口：地名。在今湖北棗陽市西南蔡陽鎮。 赤係隖：地名。確址待考。

[5]延山：山名。確址待考。 赤圻阪：地名。確址待考。

[6]五渠：地名。確址待考。 破隖：地名。確址待考。

前後伐蠻，皆山下安營以迫之，故蠻得據山爲阻，於矢石有用，以是屢無功。慶之乃會諸軍於茹丘山下，[1]謂衆曰："今若緣山列施以攻之，則士馬必損。去歲蠻田大稔，積穀重巖，未有饑弊，卒難禽剪。今令諸軍各率所領以營于山上，出其不意，諸蠻必恐。恐而乘之，可不戰而獲也。"於是諸軍並斬山開道，不與蠻戰。鼓譟上山，衝其腹心，先據險要，諸蠻震擾，因其懼而圍之，莫不奔潰。自冬至春，因糧蠻穀。[2]

[1]茹丘山：山名。確址待考。

[2]因糧蠻穀：奪取蠻人糧穀以爲軍糧。

頃之，南新郡蠻帥田彥生率部曲十封六千餘人反叛，[1]攻圍郡城。慶之遣元景率五千人赴之。軍未至，郡已被破，焚燒城内倉儲及廨舍蕩盡，并驅略降户，屯據白楊山。元景追之至山下，衆軍悉集，圍山數重。宗愨率其所領先登，衆軍齊力急攻，大破之，[2]威震諸山，群蠻皆稽顙。[3]慶之患頭風，好著狐皮帽，群蠻惡之，號曰"蒼頭公"。每見慶之軍，輒畏懼曰："蒼頭公已復來矣。"慶之引軍自茹丘山出檢城，[4]大破諸山，斬首三千級，虜生蠻二萬八千餘口，[5]降蠻二萬五千口，牛馬七百餘頭，米粟九萬餘斛。隨王誕築納降、受俘二城於白楚。[6]

[1]南新郡：按本書《州郡志》無此郡名，疑記載有誤。《中國歷史地圖集》南朝"郢州"有"南新陽左郡"，治所在南新陽，即今湖北京山縣北，正爲此次軍事行動的中心地。　田彥生：人名。其事不詳。　封：爲荊、豫蠻族的村落組織。

[2]大破之：各本並脱"之"字，中華本據《元龜》卷三五

一、《御覽》卷二七九引文補，今從之。

　　[3]稽顙：古代一種跪拜禮。屈膝下拜，以額觸地，表示恭敬虔誠。

　　[4]檢城：城名。確址待考。

　　[5]生蠻：古時對南方未入州城定居而保持原來風貌的少數民族的蔑稱。

　　[6]白楚：所指不詳。

　　慶之復率衆軍討幸諸山犬羊蠻，[1]緣險築重城，施門櫓，[2]甚峻。山多木石，積以爲礌。[3]立部曲，建旌旗，樹長帥，鐵馬成群。慶之連營山下，營中開門相通，[4]又命諸軍各穿池於營內，朝夕不外汲，兼以防蠻之火。頃之風甚，蠻夜下山，人提一炬以燒營。營內多幔屋及草菴，火至輒以池水灌滅，諸軍多出弓弩夾射之，蠻散走。慶之令諸軍斬山開道攻之，而山高路險，暑雨方盛，乃置東岡、蜀山、宜民、西柴、黃徽、上夌六戍而還。[5]蠻被圍守日久，並饑乏，自後稍出歸降。慶之前後所獲蠻，並移京邑，以爲營户。[6]

　　[1]幸諸山：山名。確址待考。　犬羊蠻：南方少數民族的一支，以崇敬物犬和羊爲族之標識圖騰。《通鑑》作“大羊蠻”。

　　[2]緣險築重城，施門櫓：丁福林據《通鑑》卷一二五考證，認爲“緣”字前佚一“蠻”字，甚是。重城，外城之中又築內城，層層防禦。門櫓，城門上的望樓。

　　[3]礌：自高處投擊敵人的木、石物。

　　[4]慶之連營山下，營中開門相通：各本並脫“下營”二字，中華本據《南史》補，今從之。

[5]六戍：六個做防守監視用的駐軍營壘或哨所。

[6]營戶：魏晉南北朝時期，統治者將所虜之民配置各地，歸軍隊管轄，另編戶籍，稱爲營戶。其身份地位低下，世代在軍中服役，不能隨意遷徙或改變身份。

二十七年，遷太子步兵校尉。[1]其年，太祖將北討，慶之諫曰："馬步不敵，爲日已久矣。請舍遠事，且以檀、到言之。道濟再行無功，[2]彥之失利而返。[3]今料王玄謨等未踰兩將，六軍之盛，不過往時。將恐重辱王師，難以得志。"上曰："小醜竊據，河南修復，王師再屈，自別有以；亦由道濟養寇自資，彥之中塗疾動。虜所恃唯馬，夏水浩汗，[4]河水流通，泛舟北指，則磧磝必走，[5]滑臺小戍，[6]易可覆拔。克此二戍，館穀弔民，[7]虎牢、洛陽，[8]自然不固。比及冬間，城守相接，虜馬過河，便成禽也。"慶之又固陳不可。丹陽尹徐湛之、吏部尚書江湛並在坐，[9]上使湛之等難慶之。慶之曰："治國譬如治家，耕當問奴，織當訪婢。陛下今欲伐國，而與白面書生輩謀之，事何由濟？"上大笑。

[1]太子步兵校尉：官名。東宮侍從武官，爲太子三校之一。掌步兵，亦稱東宮步兵校尉。

[2]道濟再行無功：檀道濟曾於東晉末義熙十二年（416）和宋初元嘉八年（431）兩度率軍北伐，終未能達到戰略目標。

[3]彥之失利而返：到彥之曾於元嘉七年（430）率軍北伐，奪取滑臺、虎牢等地，但在北魏軍反攻之下復失。再加上本人患眼疾，敗退而下獄。

[4]浩汗：水盛無邊無際貌。

［5］碻磝：黄河渡口名。在今山東茌平縣西南古黄河上，南岸有碻磝城，時爲南北必争的軍事要地。此指駐在碻磝的北魏守軍。

［6］滑臺：城名。在今河南滑縣東舊滑縣，北臨古黄河，時爲南北必争的軍事要地。

［7］館穀弔民：駐軍就食，撫慰百姓。館穀，打敗敵人而居其館、食其穀。《左傳》僖公二十八年：“晋師三日館穀。”杜注：“館，舍也。食楚軍穀三日。”弔，哀悼死者，慰問喪家或遭遇不幸者。

［8］洛陽：古都名。在今河南洛陽市東漢魏故城。時爲中原重鎮，不久後北魏孝文帝遷都於此。

［9］徐湛之：人名。字孝源，東海郯（今山東郯城縣）人。本書卷七一有傳。　江湛：人名。濟陽考城人。宋文帝時在朝中掌機密，後被劉劭所殺。本書卷七一有傳。

　　及北討，慶之副玄謨向碻磝。戍主棄城走，玄謨圍滑臺，慶之與蕭斌留碻磝，仍領斌輔國司馬。[1]玄謨攻滑臺，積旬不拔。虜主拓跋燾率大衆南向，斌遣慶之率五千人救玄謨。慶之曰：“玄謨兵疲衆老，虜寇已逼，各軍營萬人，乃可進耳。少軍輕往，必無益也。”斌固遣令去。會玄謨退，斌將斬之，慶之固諫乃止。太祖後問：“何故諫斌殺玄謨？”對曰：“諸將奔退，莫不懼罪。自歸而死，將至逃散。且大兵至，未宜自弱，故以攻爲便耳。”

［1］輔國司馬：官名。即輔國將軍府司馬，管府中武職。時蕭斌爲輔國將軍。

蕭斌以前驅敗績，欲死固碻磝。慶之曰：“夫深入寇境，規求所欲，[1]退敗如此，何可久住。今青、冀虛弱，而坐守窮城，若虜衆東過，清東非國家有也。[2]碻磝孤絕，復作朱脩之滑臺耳。”[3]會詔使至，不許退，諸將並謂宜留，斌復問計於慶之。慶之曰：“閫外之事，[4]將所得專，詔從遠來，事勢已異。節下有一范增而不能用，[5]空議何施。”斌及坐者並笑曰：“沈公乃更學問。”慶之厲聲曰：“衆人雖見古今，不如下官耳學也。”[6]玄謨自以退敗，求戍碻磝，斌乃還歷城，[7]申坦、垣護之共據清口。[8]慶之乘驛馳歸，未至，上驛詔止之，使還救玄謨。會虜已至彭城，[9]不得向北，太尉江夏王義恭留領府中兵參軍。拓跋燾至卯山，[10]義恭遣慶之率三千拒之，慶之以爲虜衆強，往必見禽，不肯行。太祖後謂之曰：“河上處分，[11]皆合事宜，惟恨不棄碻磝耳。卿在左右久，偏解我意，正復違詔濟事，亦無嫌也。”

[1]規求：規劃謀求。

[2]清東：地區名。即清水以東地區。指泗水東，今魯南蘇北地區。

[3]復作朱脩之滑臺：指元嘉七年（430）朱脩之隨到彥之北伐，於滑臺被北魏圍困數月，次年元月城陷被俘。

[4]閫外：指京師或朝廷以外，亦指外任將吏駐守管轄的地域，與朝中、朝廷相對。此處有國境之外意。

[5]范增：人名。秦漢之際項羽謀士，善計謀，屢出奇策，但不爲項羽所用，憤而離去，病死於途中。此處沈慶之用以自喻。

[6]耳學：指僅憑聽聞所得的學問。語出《文子·道德》：“故上學以神聽，中學以心聽，下學以耳聽。”

［7］歷城：縣名。治所在今山東濟南市歷城區。

［8］申坦：人名。魏郡魏（今河北大名縣）人。本書卷六五有附傳。　清口：地名。在今山東梁山縣東南，即古汶水入濟水之口。此以下濟水即通稱清水。

［9］彭城：地名。在今江蘇徐州市。

［10］卯山：山名。確址待考。

［11］處分：調度，指揮。此句爲宋文帝自謂。

二十八年，^{［1］}使慶之自彭城徙流民數千家於瓜步，^{［2］}征北參軍程天祚徙江西流民於南州，^{［3］}亦如之。

［1］二十八年：各本並作“二十七年”。按上已有二十七年，下有二十九年，此當作“二十八年”。今從中華本改正。

［2］瓜步：山名。在今江蘇南京市六合區東南，即今瓜埠山。南臨長江，爲南北朝時軍事重地。

［3］征北參軍：官名。即征北將軍府參軍事。時始興王劉濬爲征北將軍、南徐兗二州刺史。　江西：魏晉南北朝時稱長江以北、淮水以南爲江西，包括今鄂、皖、蘇部分地區。　南州：地名。時以姑孰（今安徽當塗縣）爲南州。

二十九年，復更北伐，慶之固諫不從，以立議不同，不使北出。是時亡命司馬黑石、廬江叛吏夏侯方進在西陽五水，^{［1］}誑動群蠻，自淮、汝至于江沔，^{［2］}咸罹其患。十月，遣慶之督諸將討之，詔豫、荆、雍並遣軍，^{［3］}受慶之節度。三十年正月，世祖出次五洲，^{［4］}總統群帥。慶之從巴水出至五洲，^{［5］}諮受軍略。會世祖典籤董元嗣自京師還，^{［6］}陳元凶弑逆，世祖遣慶之還山引諸軍。慶之謂腹心曰：“蕭斌婦人不足數，[7]其餘將帥，並是所悉，皆易與耳。東宮同惡不過三十人，此外屈逼，必不爲用力。今輔順討逆，不憂不濟也。”衆軍既集，假慶之征虜將軍、武昌內史，[8]領府司馬。世祖還至尋陽，慶之及柳元景等並以天下無主，勸世祖即大位，不許。賊劭遣慶之門生錢無忌齎書說慶之解甲，[9]慶之執無忌白世祖。

[1]亡命：謂脫離户籍而逃亡在外的人。此特指鋌而走險不顧性命的逃亡者。命，名也，名籍。　司馬黑石：人名。曾竄入西陽蠻中，與智、安陽、續之等人結爲徒黨，共爲寇盜。後被蠻人縛送王玄謨處，斬之。　廬江：郡名。治所在今安徽舒城縣。　夏侯方進：人名。被司馬黑石推爲首領，改名李弘，後被王玄謨俘斬。事見本書卷七六《王玄謨傳》。

[2]自淮、汝至于江沔：從淮水、汝水到江漢流域。汝，古水名。上游即今河南北汝河，後會澧水（今洪河）、溵水（今沙河），此下即今南汝河及新蔡以下洪河，最後入淮水。

[3]豫：州名。僑置，治所不常。宋初曾分淮東爲南豫州，淮西爲豫州。後或分或合，治所曾在今安徽壽縣、當塗縣。

[4]五洲：地名。在今湖北浠水縣西南浠水口與巴河口之間的長江中。

[5]巴水：水名。即今湖北東部長江支流巴水。

[6]董元嗣：人名。原爲劉駿武陵國典書令，因通報宮廷情況，後被劉劭所殺。事見本書卷九四《恩倖傳》。

[7]蕭斌婦人：蕭斌像婦人一樣目光短淺而不識大體。　不足數：無關緊要，算不了什麼。

[8]假：官制用語。代理、兼攝之意。　武昌：王國名。在今湖北鄂州市。時宋文帝第十子劉渾爲武昌王。　內史：官名。諸侯

王國民政官，如郡守。五品。

　　[9]門生：依附於世族官僚門下，供其役使的人。　錢無忌：人名。其事不詳。

　　世祖踐阼，以慶之爲領軍將軍，加散騎常侍。尋出爲使持節、督南兗豫徐兗四州諸軍事、鎮軍將軍、南兗州刺史，[1]常侍如故，鎮盱眙。[2]上伐逆定亂，思將帥之功，下詔曰："朕以不天，有生罔二，泣血千里，志復深逆。[3]鞠旅伐罪，義氣雲踴，群帥仗節，指難如歸。[4]故曾未積旬，宗社載穆，遂以眇身，猥纂大統。[5]永念茂庸，思崇徽錫。[6]新除使持節、散騎常侍、都督南兗豫徐兗四州諸軍事、鎮軍將軍、南兗州刺史沈慶之，新除散騎常侍、領軍將軍柳元景，新除散騎常侍、右衛將軍宗愨，督兗州諸軍事、輔國將軍、兗州刺史徐遺寶，[7]寧朔將軍、始興太守沈法系，[8]驃騎諮議參軍顧彬之，[9]或盡誠謀初，宣綜戎略；或受命元帥，一戰寧亂；或禀奇軍統，協規效捷，偏師奉律，勢振東南。[10]皆忠國忘身，義高前烈，功載民聽，誠簡朕心。[11]定賞策勳，兹焉攸在，宜列土開邑，永蕃皇家。慶之可封南昌縣公，[12]元景曲江縣公，並食邑三千戶。愨洮陽縣侯，[13]食邑二千戶。遺寶益陽縣侯，[14]食邑一千五百戶。法系平固縣侯，[15]彬之陽新縣侯，[16]並食邑千戶。"又特臨軒召拜。又使慶之自盱眙還鎮廣陵。[17]

　　[1]鎮軍將軍：官名。主要爲中央軍職，但亦可出任地方軍政長官。三品。

〔2〕盱眙：縣名。在今江蘇盱眙縣東北。

〔3〕不天：不爲天所護佑。　有生罔二：有生命却心神恍惚，無所依據。罔二，同"罔兩"。昏亂憂悵。

〔4〕鞠旅：軍隊發出出征號令。猶誓師。鞠，告戒。　指難如歸：把赴難看作如歸家。形容不怕死。

〔5〕宗社：宗廟社稷。　載穆：開始和美清淳。　眇身：微細之身。古代帝王自謙之詞。　猥纂大統：謙詞。辱承帝業大位。纂，繼承。

〔6〕茂庸：豐功偉績。茂，盛。庸，功。　徽錫：光美的恩賜。徽，美，盛大。錫，賜予。

〔7〕輔國將軍：官名。將軍名號。三品。　徐遺寶：人名。高平金鄉人。軍功進身，後參與劉義宣之叛，兵敗被殺。本書卷六八有附傳。

〔8〕始興：郡名。治所在今廣東韶關市東南蓮花嶺下。　沈法系：人名。吳興武康人，沈慶之從弟。本卷有附傳。

〔9〕驃騎諮議參軍：官名。即驃騎將軍府諮議參軍。時隨郡王劉誕爲驃騎大將軍。　顧彬之：人名。見前"顧彬"條注。

〔10〕偏師奉律，勢振東南：按討伐劉劭之役，西路軍爲主戰場，由柳元景、宗愨、沈法系等軍在新亭激戰；東路軍由隨王劉誕率顧彬之等在曲阿奔牛塘開闢戰綫，稱爲"偏師"。

〔11〕簡：在，存留。

〔12〕南昌縣公：公爵名。公國在今江西南昌市。

〔13〕洮陽縣侯：侯爵名。侯國在今廣西全州縣西北。縣侯，即"開國縣侯"，位在縣公下，縣伯上。二品。

〔14〕益陽縣侯：侯爵名。侯國在今湖南益陽市。

〔15〕平固縣侯：侯爵名。侯國在今江西興國縣南。

〔16〕陽新縣侯：侯爵名。侯國在今湖北陽新縣南陽新鎮。

〔17〕廣陵：縣名。治所在今江蘇揚州市西北。

　　孝建元年正月，魯爽反，上遣左衛將軍王玄謨討之，軍泝淮向壽陽，[1]總統諸將。尋聞荆、江二州並反，[2]徵慶之入朝，率所領屯武帳崗，[3]甲仗五十人入六門。[4]魯爽先遣弟瑜進據蒙蘢，[5]歷陽太守張幼緒率軍討瑜，[6]值爽至，衆散而反。乃遣慶之濟江討爽。爽聞慶之至，連營稍退，自留斷後。慶之與薛安都等進與爽戰，安都臨陣斬爽。進慶之號鎮北大將軍，[7]進督青、冀、幽三州，[8]給鼓吹一部。前軍破賊，轉位等後至追躓一階。[9]尋與柳元景俱開府儀同三司，辭。改封始興郡公，户邑如故。

[1]泝：逆水流而上。　壽陽：縣名。治所在今安徽壽縣。

[2]荆、江二州並反：時荆州刺史爲南郡王劉義宣，與江州刺史臧質聯合反叛宋孝武帝。江，州名。治所在今湖北黄梅縣西南。

[3]武帳崗：地名。在今江蘇南京市内。

[4]六門：指臺城六門，即大司馬門、萬春門、東華門、西華門、太陽門、承明門。

[5]蒙蘢：城名。確址待考。

[6]歷陽：郡名。治所在今安徽和縣歷陽鎮。　張幼緒：人名。除討魯爽外，餘事不詳。

[7]鎮北大將軍：官名。職掌同鎮北將軍，唯資歷深者得任此職。歷代不常置。二品。

[8]幽：州名。按本書《州郡志》，宋没有幽州建制，此爲軍事意義上的虛職。

[9]轉位等後至追躓一階：此句費解，疑有訛。

　　慶之以年滿七十，固請辭事。上嘉其意，許之。以爲侍中、左光禄大夫、開府儀同三司，又固讓，上不許。表疏數十上，又面陳曰：“張良名賢，[1]漢高猶許其退。臣有何用，必爲聖朝所須。”乃至稽顙自陳，言輒泣涕。上不能奪，聽以郡公罷就第，月給錢十萬，米百斛，衛史五十人。大明元年，又申前命，復固辭。

[1]張良：人名。西漢初大臣，爲漢高祖劉邦開國前後的重要謀士，以功封留侯。後急欲退身，說“願棄人間事”，學道而閉門不出。《漢書》卷四〇有傳。

三年，司空竟陵王誕據廣陵反，復以慶之爲使持節、都督南兖徐兖三州諸軍事、車騎大將軍、開府儀同三司、南兖州刺史，[1]率衆討之。至歐陽，[2]誕遣客慶之宗人沈道愍齎書説慶之，[3]餉以玉鐶刀。慶之遣道愍反，數以罪惡。慶之至城下，誕登樓謂之曰：“沈君白首之年，何爲來？”慶之曰：“朝廷以君狂愚，不足勞少壯，故使僕來耳。”上慮誕北奔，使慶之斷其走路。慶之移營白土，[4]去城十八里。又進新亭，[5]誕果出走，不得去，還城，事在《誕傳》。慶之進營洛橋西，[6]焚其東門，值雨不克。慶之兄子僧榮，[7]時爲兖州刺史，鎮瑕丘，[8]遣子懷明率數百騎詣受慶之節度。慶之塞壍，造攻道，立行樓土山，并諸攻具。[9]時夏雨，不得攻城，上使御史中丞庾徽之奏免慶之官以激之，[10]詔無所問。誕餉慶之食，提挈者百餘人，出自北門。慶之不問，[11]悉焚之。誕於城上授函表，倩慶之爲送。[12]慶之曰：“我奉詔討賊，不得爲汝送表。汝必欲歸死朝廷，自應開門遣使，吾爲汝送護之。"每攻城，輒身先士卒。上戒之曰："卿爲統任，當令處分有方，何蒙楯城下，身受矢石邪？脱有傷挫，爲損不少。"自四月至于七月，乃屠城斬誕。進慶之司空，又固讓。於是與柳元景並依晋密陵侯鄭袤故事，朝會慶之位次司空，元景在從公之上，給恤吏五十人，門施行馬。[13]

[1]車騎大將軍：官名。與驃騎、車騎、衛三將軍皆爲重號將軍，高於諸名號將軍，多加於元老功臣。一品。

[2]歐陽：埭名。在今江蘇儀徵市東古運河上。

[3]沈道愍：人名。其事不詳。

[4]白土：地名。在今江蘇揚州市西北甘泉山一帶。

[5]又進新亭："又"北監本、毛本、殿本、局本作"夕"，三朝本作"夂"。中華本據《元龜》卷三五一和《通鑑》宋孝武帝大明三年改，今從之。新亭，地名。《通鑑》胡三省注曰："此新亭在廣陵城外，非建康之新亭也。"按此説是。

[6]洛橋：橋名。在今江蘇揚州市西北。

[7]僧榮：人名。即沈僧榮。本卷有附傳。

[8]瑕丘：縣名。治所在今山東兗州市東北。

[9]塞壍：填平城濠。　攻道：進攻的通道。　行樓：又名轒轀車。可以移動的樓車。人躲在有皮甲圍護的車廂中，到城下後，再竪起車頂的雲梯，可攀梯攻城，也可在下面掘城墙，挖地道。

[10]庾徽之：人名。潁川鄢陵人，士族出身，喜侈華。後曾任北中郎長史、南東海太守等職。事見本書卷八四《孔覬傳》。

[11]不問：丁福林《校議》引《南史》卷三七《沈慶之傳》作"不開"，《通鑑》卷一二九作"不開視"，甚是。

[12]函表：臣下給皇帝的奏章。　倩：請别人代自己做事。

[13]從公：品秩與"公"同。《通鑑》卷一二九胡三省注：

"晋制：文官光禄三大夫，武官驃騎、車騎、衛將軍及諸大將軍開府者，位從公。" 恤吏：皇帝賜給功臣的吏員。 行馬：攔阻人馬通行的木架。一木横中，兩木互穿以成四角，施之於官署或貴族門前，以爲路障。是當時一種榮崇的待遇。

　　四年，西陽五水蠻復爲寇，慶之以郡公統諸軍討之。攻戰經年，皆悉平定，獲生口數萬人。居清明門外，[1]有宅四所，室宇甚麗。又有園舍在婁湖，[2]慶之一夜攜子孫徙居之，以宅還官。悉移親戚中表於婁湖，[3]列門同閈焉。[4]廣開田園之業，每指地示人曰："錢盡在此中。"身享大國，家素富厚，產業累萬金，奴僮千計。再獻錢千萬，穀萬斛。以始興優近，求改封南海郡，[5]不許。妓妾數十人，並美容工藝。慶之優游無事，盡意歡愉，非朝賀不出門。每從遊幸及校獵，據鞍陵厲，不異少壯。太子妃上世祖金鏤匕箸及杆杓，[6]上以賜慶之，曰："卿辛勤匪殊，歡宴宜等，且觴酌之賜，宜以大夫爲先也。"上嘗歡飲，普令群臣賦詩。慶之手不知書，眼不識字。上逼令作詩，慶之曰："臣不知書，請口授師伯。"上即令顏師伯執筆，慶之口授之曰："微命值多幸，得逢時運昌。朽老筋力盡，徒步還南崗。辭榮此聖世，何媿張子房。"[7]上甚悦，衆坐稱其辭意之美。

　　[1]清明門：《建康實録》作"西明門"。爲建康外城門之一。按：漢晋之例，清明門爲東面中間城門，西明門則爲西面中間城門。從形勢看，以"清明門"爲是。
　　[2]婁湖：湖泊名。在今江蘇南京市東南。

[3]中表：指與祖父、父親的姐妹的子女的親戚關係，或與祖母、母親的兄弟姐妹的子女的親戚關係。

[4]閈（hàn）：里巷的大門。此指里巷。

[5]南海郡：治所在今廣東廣州市。始興在今廣東韶關市東南，故較之優近。

[6]匕：古代取食用具，曲柄淺斗，狀類後代羹匙。　箸：筷子。　杅杓：即杓子。盛湯漿的器物。杅，盛湯器皿。

[7]張子房：人名。即漢初謀士張良。字子房。

世祖晏駕，慶之與柳元景等並受顧命，遺詔若有大軍旅及征討，悉使委慶之。前廢帝即位，加慶之几杖，給三望車一乘。[1]慶之每朝賀，常乘豬鼻無幰車，[2]左右從者不過三五人。騎馬履行園田，政一人視馬而已。[3]每農桑劇月，或時無人，遇之者不知三公也。及加三望車，謂人曰："我每遊履田園，有人時與馬成三，無人則與馬成二。今乘此車，安所之乎？"及賜几杖，並固讓。

[1]几杖：坐几（坐時憑依的小桌）和手杖。皆老者所用，古代常借用爲敬老的象徵物。　三望車：六朝時王公大臣所乘之車，有窗可望，分四望、三望、夾望等等級。三望即三面可窺望。

[2]豬鼻無幰車：古代車名。轂如豬鼻，分出六輻，車上無帷簾。幰，車帷。

[3]政：通"正"。祇，就。

廢帝狂悖無道，衆並勸慶之廢立。及柳元景等連謀，以告慶之。慶之與江夏王義恭素不厚，發其事，帝

誅義恭、元景等，以慶之爲侍中、太尉，封次子中書郎
文季建安縣侯，[1]食邑千户。義陽王昶反，[2]慶之從帝度
江，總統衆軍。少子文耀，年十餘歲，善騎射。帝愛
之，又封永陽縣侯，[3]食邑千户。帝凶暴日甚，慶之猶
盡言諫爭，帝意稍不説。及誅何邁，[4]慮慶之不同，量
其必至，乃閉清谿諸橋以絶之。[5]慶之果往，不得度而
還。帝乃遣慶之從子攸之齎藥賜慶之死，[6]時年八十。
是年初，慶之夢有人以兩匹絹與之，謂曰："此絹足
度。"謂人曰："老子今年不免。兩匹，八十尺也。足
度，無盈餘矣。"及死，賜與甚厚，追贈侍中，太尉如
故，給鸞輅轀輬車，[7]前後羽葆、鼓吹，謚曰忠武公。
未及葬，帝敗。太宗即位，追贈侍中、司空，謚曰
襄公。

[1]建安：縣名。治所在今福建建甌市。

[2]義陽王：王爵名。王國在今河南信陽市南。

[3]永陽：縣名。治所在今湖北廣水市應山北。

[4]何邁：人名。廬江灊（今安徽霍山縣）人。父何瑀爲宋武
帝幼女婿，姐何令婉爲前廢帝皇后。何邁娶宋文帝第十女新蔡公主
爲妻。廢帝與公主淫亂，懷疑何邁不滿，遂誅之。本書卷四一有
附傳。

[5]青谿諸橋：建康城東有青谿，連接燕雀湖與秦淮河。據
《南齊書》，上有青溪中橋、青溪大橋、青溪檀橋等。在今江蘇南京
市東。

[6]攸之：人名。即沈攸之。字仲達，吳興武康人。本書卷七
四有傳。

[7]鸞輅（lù）：天子王侯所乘之車。以銅鑄鸞鳥在車衡，飾以

金，謂之鸞輅。　輼輬車：古代的卧車，亦用作喪車。《史記》卷八七《李斯列傳》："置始皇居輼輬車中。"《集解》引孟康曰："如衣車，有窗牖，閉之則温，開之則涼，故名之'輼輬車'也。"

長子文叔，歷中書黄門郎，[1]景和末，爲侍中。慶之之死也，不肯飲藥，攸之以被揜殺之。文叔密取藥藏録。或勸文叔逃避，文叔見帝斷截江夏王義恭支體，慮奔亡之日，帝怒，容致義恭之變，乃飲藥自殺。子秘書郎昭明，[2]亦自縊死。泰始七年，[3]改封蒼梧郡公。[4]元徽元年，[5]還復先封。時改始興爲廣興，[6]昭明子曇亮，襲廣興郡公。齊受禪，國除。[7]

[1]中書黄門郎：官名。按中書郎和黄門郎應爲兩職。中書郎又名中書通事郎，爲中書令屬官。章奏經黄門郎署名後，由中書郎進呈皇帝，並讀奏章，或代皇帝批閲意見。黄門郎即給事黄門郎，爲門下省次官，職在平省尚書奏事，可出入禁中。

[2]秘書郎：官名。東漢始置，魏晋後專掌藝文圖籍，多爲世族起家之官。六品。

[3]泰始：宋明帝劉彧年號（465—471）。

[4]蒼梧：郡名。治所在今廣西梧州市。

[5]元徽元年：各本並脱"元徽"二字，中華本據《南史》補。元徽，宋後廢帝劉昱年號（473—477）。

[6]廣興：郡名。宋泰豫元年（472）以始興郡改名，治所仍在今廣東韶關市東南。

[7]受禪：一作"受嬗"。王朝和平更迭，新皇帝承受舊帝讓給的帝位。　國除：取消封邑爵名。

慶之弟劭之，元嘉中，爲廬陵王紹南中郎行參軍，[1]討建安揭陽諸賊，[2]病卒。兄子僧榮，敞之之子也。孝建初，爲安成相。[3]荆、江反叛，發兵拒臧質，質遣其安成相臧眇之討僧榮，[4]擊破之。大明中，爲兗州刺史。景和中，徵爲黃門郎，未還，卒。子懷明，太宗泰始初居父憂，起爲建威將軍，東征南討有功，封吳興縣子，[5]食邑四百户。歷位黃門侍郎，再爲南兗州刺史。元徽初，丁母艱，[6]去職。桂陽王休範爲逆，[7]起爲冠軍將軍，統水軍防固石頭，朱雀失守，[8]懷明委軍奔走，頃之憂卒。

[1]廬陵王：王爵名。王國在今江西吉水縣東北。　紹：人名。即劉紹。宋文帝劉義隆第五子，嗣繼劉義真爲廬陵王，曾出任南中郎將、江州刺史。本書卷六一有附傳。

[2]建安：郡名。治所在今福建建甌市。　揭陽：縣名。時已改名陂陽縣。治所在今江西石城縣西。

[3]安成相：官名。即安成國相，地位職掌同郡太守。安成，原爲郡，治所在今江西安福縣東南平都鎮。宋明帝第三子劉準（即後來的宋順帝）曾被封爲安成王。

[4]臧眇之：人名。其事不詳。

[5]吳興：縣名。治所在今福建浦城縣。

[6]丁母艱：即丁母憂。遭逢母親喪事。舊制，父母死後，子女要守喪，三年内不做官，不婚娶，不赴宴，不應考。

[7]桂陽王：王爵名。王國在今湖南郴州市。　休範：人名。即劉休範。宋文帝第十八子。本書卷七九有傳。

[8]朱雀：城門名。一名“大航門”。見前注“朱雀門”條。

　　慶之從弟法系字體先，亦有將用。初爲趙伯符將佐，後隨慶之征五水蠻。世祖伐逆，以爲南中郎參軍，[1]加寧朔將軍，領三千人前發，與柳元景旦至新亭。元景居中營，宗悫居西營，法系居東營。東營據岡，賊攻元景，法系臨射之，所殺甚衆。法系塹外樹悉伐之令倒，賊劭來攻，緣樹以進，彭排多開隙。[2]選善射手，的發無不中，[3]死者交橫。事平，以爲寧朔將軍、始興太守，討蕭簡於廣州。[4]聞臺軍將至，簡誑其衆曰：“臺軍是賊劭所遣。”[5]並信之。前征北參軍顧邁被賊徙在城内，[6]善天文，云：“荆、江有大兵。”城内由此固守。初，世祖先遣鄧琬圍簡，[7]唯治一攻道。法系至，曰：“宜四面並攻。若守一道，何時可拔。”琬慮功不在己，不從。法系曰：“更相申五十日。”日盡又不克，乃從之。八道俱攻，一日即拔，斬蕭簡，廣州平。封庫藏付鄧琬而還。官至驍騎將軍、尋陽太守，[8]新安王子鸞北中郎司馬。[9]劭之子文秀，別有傳。[10]慶之群從姻戚，由之在列位者數十人。

　　[1]南中郎參軍：官名。即南中郎將府參軍。時劉駿爲南中郎將、江州刺史。

　　[2]彭排：即“旁排”。防禦箭矢刀劍的盾排。　　開隙：此指彭排因碰撞樹身而開縫斷裂。

　　[3]的發：對準目標發射。的，箭靶的中心。

　　[4]蕭簡：人名。南蘭陵人。曾任長沙内史、南海太守等職，在劉劭、劉駿帝位之爭中，因對抗劉駿，兵敗被殺。事見本書卷七八《蕭斌傳》。　　廣州：治所在今廣東廣州市。

[5]臺軍：六朝時對中央政府軍的稱謂。臺，古代指中央政府的官署。

[6]顧邁：人名。吳郡人。長期爲始興王劉濬幕僚，任主簿、征北將軍府行參軍等職。後因泄密引起劉濬不滿，被貶徙廣州。事見本書卷四二《劉瑀傳》。

[7]鄧琬：人名。字元琬，豫章南昌人。本書卷八四有傳。

[8]驍騎將軍：官名。雜號將軍，可統兵出征。四品。

[9]新安王：王爵名。王國在今浙江淳安縣。　子鸞：人名。即劉子鸞。宋孝武帝第八子。本書卷八〇有傳。

[10]文秀，別有傳：本書卷八八有《沈文秀傳》。

　　史臣曰：張釋之云，[1]用法一偏，天下獄皆隨輕重。縣衡於上，[2]四海共稟其平；法亂於朝，民無所措手足。[3]師伯藉寵代臣，勢震朝野，傾意廝臺，[4]情以貨結，自選部至于局曹，[5]莫不從風而靡。曲徇私請，因停詔敕，[6]天震賈怒，[7]仆者相望。師伯任用無改，而王、謝免職。[8]君子謂是舉也，豈徒失政刑而已哉！[9]

[1]張釋之：人名。南陽堵陽（今河南方城縣）人。西漢初名臣，法律學家。他曾任廷尉，要求漢文帝嚴格按法處刑，認爲"法者，天子所與天下公共也"，而廷尉爲"天下之平"，執法不能任意高下。時人說："張釋之爲廷尉，天下無冤民。"

[2]縣（xuán）：同"懸"。懸挂。　衡：秤，秤杆。比喻法律爲處理天下事物的準繩。

[3]措：放置，安放。此意爲刑罰不當，則老百姓會無所適從。

[4]傾意廝臺：指顏師伯强舉寒人張奇爲公車令事。廝臺，廝役，賤人。

[5]選部：官署名。指吏部，掌管選舉事務。　局曹：指尚書

臺的官署機構。"二十四司分六局"，六局即六曹。

　　[6]因停詔敕：因此而不執行皇帝詔旨。指諸令史在公車令人選上，不用孝武帝指定的蔡道惠，而硬以顏師伯的私人張奇代之。

　　[7]賈（yǔn）：降下，墜落。

　　[8]王、謝：指吏部尚書王曇生和謝莊。

　　[9]政刑：政令和刑罰。古人認爲政刑一失，將會失去人心，失去民衆擁護，進而失去天下。

宋書　卷七八

列傳第三十八

蕭思話　劉延孫

　　蕭思話，南蘭陵人，[1]孝懿皇后弟子也。[2]父源之字君流，歷中書黃門郎，[3]徐、兗二州刺史，[4]冠軍將軍、南琅邪太守。[5]永初元年卒，[6]追贈前將軍。[7]

　　[1]南蘭陵：郡名。宋以蘭陵郡改名，治所在今江蘇常州市武進區西北萬綏鎮。

　　[2]孝懿皇后：即宋武帝劉裕的繼母蕭文壽，生劉道憐、劉道規。宋朝建立，先後爲皇太后、太皇太后，去世後謚爲孝懿皇后。按《謚法》："慈惠愛親曰孝。""温柔賢善曰懿。"

　　[3]中書黃門郎：官名。按中書郎和黃門郎應爲兩職。中書郎又名中書通事郎，爲中書令屬官。章奏經黃門郎署名後，由中書郎進呈皇帝，並讀奏章，代皇帝批閱意見。黃門郎即給事黃門郎，爲門下省次官，職在平省尚書奏事，可出入禁中。

　　[4]徐：州名。宋永初二年（421）以北徐州改名，治所在今江蘇徐州市。　兗：州名。治所在今山東兗州市。

[5]冠軍將軍：官名。將軍名號。三品。　南琅邪：郡名。宋以琅邪郡改名，治所在今江蘇句容市西北。

[6]永初：宋武帝劉裕年號（420—422）。

[7]追贈：官制用語。指王公大臣死後追加的名譽官職。　前將軍：官名。軍府名號，用作加官。三品。

　　思話年十許歲，未知書，以博誕遊遨爲事，好騎屋棟，打細腰鼓，[1]侵暴鄰曲，莫不患毒之。自此折節，數年中，遂有令譽。好書史，善彈琴，能騎射。高祖一見，[2]便以國器許之。年十八，除琅邪王大司馬行參軍，[3]轉相國參軍。父憂去職。[4]服闋，[5]拜羽林監，[6]領石頭戍事，[7]襲爵封陽縣侯，[8]轉宣威將軍、彭城沛二郡太守。[9]涉獵書傳，頗能隸書，解音律，便弓馬。元嘉元年，[10]謝晦爲荊州，[11]欲請爲司馬，[12]思話拒之。

[1]細腰鼓：打擊樂器名。亦名腰鼓。大者用瓦製，小者用木製。鼓首大而腰細，故名。南朝俗於臘日“村人並擊細腰鼓”（南朝梁宗懍《荆楚歲時記》）。

[2]高祖：宋武帝劉裕廟號。

[3]琅邪王：王爵名。即司馬德文。初封琅邪王，任大司馬。晋安帝死後，繼位爲帝，即晋恭帝。不久禪位於劉裕。　大司馬行參軍：官名。即大司馬府行參軍事。東晋公府置參軍多員，爲諸曹長官，協助治理府事，職任頗重。由朝廷除授者爲參軍，府主自行板除者爲行參軍。

[4]父憂：遭逢父親喪事。舊制，父母死後子女要守喪三年，不允許做官、婚娶、宴享等。

[5]服闋：服喪期滿。闋，止息。

[6]羽林監：官名。掌宿衛送從。五品。

[7]石頭：城名。在今江蘇南京市西清涼山。其城負山面江，控扼江險，南臨秦淮河口，爲建康軍事重鎮。

[8]襲爵：子孫繼承先人爵位。按：孝懿皇后父蕭卓被追封封陽縣侯，蕭源之和蕭思話先後承襲之。　封陽：縣名。治所在今廣西賀州市東南信都鎮。　縣侯：侯爵名。即開國縣侯。位在開國縣公下，開國縣伯上。二品。

[9]宣威將軍：官名。爲雜號將軍。　彭城：郡名。治所在今江蘇徐州市。　沛：郡名。治所在今江蘇沛縣。

[10]元嘉：宋文帝劉義隆年號（424—453）。　元年：各本並作"三年"。孫彪《考論》云："謝晦爲荆州乃元嘉元年。"今從之，改正。

[11]謝晦：人名。字宣明，陳郡陽夏（今河南太康縣）人。本書卷四四有傳。　荆州：治所在今湖北荆州市荆州區。按此指謝晦爲荆州刺史。

[12]司馬：官名。州郡軍府佐官，軍職。時州郡長官多帶將軍名號開軍府，皆置司馬爲幕僚，主軍務。

　　五年，[1]遷中書侍郎，[2]仍督青州徐州之東莞諸軍事、振武將軍、青州刺史，[3]時年二十七。亡命司馬朗之、元之、可之兄弟，[4]聚黨於東莞發干縣，[5]謀爲寇亂。思話遣北海太守蕭汪之討斬之，[6]餘黨悉平。八年，除竟陵王義宣左軍司馬、南沛郡太守。[7]未及就徵，索虜南寇，[8]檀道濟北伐，[9]既而迴師。思話懼虜大至，乃棄鎮奔平昌。[10]思話先使參軍劉振之戍下邳，[11]聞思話奔，亦委城走。虜定不至，[12]而東陽積聚，[13]已爲百姓所焚，由是徵下廷尉，仍繫尚方。[14]初在青州，常所用銅斗，覆在藥厨下，忽於斗下得二死雀。[15]思話曰："斗覆而雙雀殞，其不祥乎？"既而被繫。

[1]五年：按本書卷五《文帝紀》記此事爲："（三年）十二月癸丑，以中書侍郎蕭思話爲青州刺史。"疑本卷有誤。

[2]中書侍郎：官名。中書省次官。南朝中書省實權由中書舍人掌握，侍郎職閑官清。五品。

[3]督諸軍事：官名。南朝以督某州諸軍事爲該地區軍政長官，位在都督或監某州諸軍事之下，統兵。　青州：宋明帝之前治所在今山東青州市，之後移治今江蘇連雲港市東雲臺山一帶。　東莞：郡名。治所在今山東莒縣。　振武將軍：官名。五武將軍之一。四品。

[4]亡命：本指削除户籍的逃亡者，後也指鋌而走險不顧性命的人。　司馬朗之、元之、可之：皆人名。事皆不詳。

[5]東莞發干縣：錢大昕《考異》云："按《州郡志》，發干屬東安，不屬東莞。"發干，縣名。治所在今山東沂水縣西北。

[6]北海：郡名。治所在今山東昌樂縣。　蕭汪之：人名。《南齊書》作"蕭汪"。後曾爲寧朔將軍，統軍入益州平叛，餘事不詳。

[7]竟陵王：王爵名。王國在今湖北鍾祥市。　義宣：人名。即劉義宣。宋武帝劉裕第六子。本書卷六八有傳。　左軍司馬：官名。即左將軍府司馬。　南沛：郡名。僑置，治所在今江蘇鎮江市京口區西。

[8]索虜：又稱索頭、索頭虜。南人對北魏的蔑稱。北方少數民族編髮爲辮，故以索稱。

[9]檀道濟：人名。高平金鄉人。本書卷四三有傳。

[10]平昌：縣名。治所在今山東諸城市西北。

[11]劉振之：人名。其事不詳。　下邳：縣名。在今江蘇睢寧

縣西北古邨鎮東。

　　[12]定：停，止息。

　　[13]東陽：城名。時爲青州治所。在今山東青州市。

　　[14]廷尉：官名。亦作爲官府機構名。爲中央最高司法審判機構長官，文武大臣有罪，由其直接審理收獄，重大案件則由皇帝派人會審。三品。　　仍：乃，於是。　　尚方：官署名。掌製造帝王所用器物，因多以役徒服勞作，故也爲繫罪囚的詔獄之所。

　　[15]藥厨：此指盛裝藥物的櫃子。厨，同"橱"。　　忽於斗下得二死雀：各本並脱"忽於斗下"四字，中華本據《南史》、《建康實録》、《御覽》卷九二二引補。

　　九年，[1]仇池大饑，[2]益、梁州豐稔，[3]梁州刺史甄法護在任失和，[4]氐帥楊難當因此寇漢中。[5]乃自徒中起思話督梁南秦二州諸軍事、橫野將軍、梁南秦二州刺史。[6]既行，聞法護已委鎮北奔西城，[7]遣司馬、建威將軍、南漢中太守蕭承之五百人前進，[8]又遣西戎長史蕭汪之係之。[9]承之緣路收合士衆，得精兵千人。十年正月，進據磝頭。[10]難當焚掠漢中，引衆西還，留其輔國將軍、梁秦二州刺史趙溫守梁州，[11]魏興太守薛健據黃金。[12]承之進屯磝頭，遣陰平太守蕭坦赴黃金。[13]薛健副姜寶據鐵城。[14]鐵城與黃金相對，去一里，斫樹塞道。坦進攻二戍，拔之。二月，趙溫又率薛健及其寧朔將軍、馮翊太守蒲旱子來攻坦營，[15]坦奮擊，大破之。坦被創，賊退保西水。[16]承之司馬錫文祖進據黃金，[17]蕭汪之步騎五百相繼而至。平西將軍臨川王義慶遣龍驤將軍裴方明三千人赴，[18]承之等進黃金，旱子、健等退保下桃。[19]思話先遣行參軍王靈濟率偏軍出洋川，[20]因向南城。[21]偽陵江將軍趙英堅守險,[22]靈濟擊破之,生禽英。南城空虛,因資無所,[23]復引軍還與承之合。

[1]九年:丁福林《校議》據本書卷五《文帝紀》、卷九八《氐胡傳》,《南史》卷二《宋本紀中》,《建康實錄》卷一二,《通鑑》卷一二二考證,認爲楊難當寇漢中在元嘉十年,此記"九年"乃"十年"之誤。

[2]仇池:地區名。因有仇池山（一名翟堆、百頃山）而得名,在今甘肅成縣至文縣一帶,時爲氐族聚居地。

[3]益:州名。治所在今四川成都市。　梁:州名。治所在今陝西漢中市東。

[4]甄法護:人名。中山無極（今河北無極縣）人,後因棄職罪死於獄中。本卷有附傳。

[5]楊難當:人名。略陽清水氐族豪帥,初奉宋爲藩臣,被任命爲秦州刺史、武都王。後屢叛屢服,終被宋文帝擊敗,投奔北魏。事見本書卷九八《氐胡傳》。　漢中:郡名。治所在今陝西漢中市。

[6]"自徒中起思話"至"梁南秦二州刺史":丁福林《校議》據本書《文帝紀》、《氐胡傳》、《通鑑》卷一二二考證,證明蕭思話任梁南秦二州刺史在是年四月,楊難當寇漢中在是年九月,本文所記前後倒置。徒,服刑的犯人。南秦,州名。按本書《州郡志》無南秦州,《輿地表》:"僑置南秦州於南鄭。"南鄭在今陝西漢中市。橫野將軍,官名。雜號將軍中地位較低者。八品。

[7]委:拋棄,舍棄。　西城:郡名。治所在今陝西安康市漢濱區西北。

[8]建威將軍:官名。五威將軍之一。四品。　南漢中:郡名。僑立,屬益州,寄治成都。　蕭承之:人名。南蘭陵人。宋文帝時武將,屢有戰功,封晉興縣男,遷右軍將軍。後因其子蕭道成爲南

齊開國皇帝，被追謚爲宣皇帝。事見《南齊書》卷一《高帝紀上》。

[9]西戎長史：官名。即西戎校尉府長史。諸公、位從公者及爲名號大將軍府皆置長史，爲幕僚長。　係之：繼之。

[10]十年正月，進據碻頭：丁福林《校議》考證，此"十年"者，乃"十一年"之訛也。碻頭，城名。一作"敖頭城"。在今陝西石泉縣東南漢江東岸。

[11]輔國將軍：官名。將軍名號。三品。此爲楊難當以武都王私封官號。　趙溫：人名。其事不詳。

[12]魏興：郡名。治所在今陝西安康市漢濱區西北。　薛健：人名。其事不詳。　黃金：山名。在今陝西洋縣東北，時爲重要軍事戍所。

[13]陰平：郡名。按本書《州郡志》梁州有北陰平郡和南陰平郡，益州又有南陰平郡，皆爲僑置，治所在今四川江油市東北。蕭坦：人名。其事不詳。

[14]姜寶：人名。其事不詳。　鐵城：城堡名。在今陝西洋縣東北黃金山上。

[15]寧朔將軍：官名。多爲駐北方幽州軍政長官。四品。此爲楊難當私封官號。　馮翊：郡名。按各本作"馮冀"，今據中華本改正。按本書《州郡志》秦州有馮翊郡，"三輔流民出漢中，文帝元嘉二年僑立"，即此郡。治所在今湖北宜城市東南。　蒲早子：人名。其事不詳。

[16]西水：水名。即西漢水，指今嘉陵江上游陝西和甘肅段。

[17]錫文祖：人名。其事不詳。

[18]平西將軍：官名。四平將軍之一，多爲持節都督或刺史兼理軍務的加官。三品。　臨川王：王爵名。王國在今江西撫州市臨川區西。　義慶：人名。即劉義慶。宋宗室，長沙王劉道憐次子，出繼臨川王劉道規。著《世說新語》八卷。本書卷五一有附傳。龍驤將軍：官名。將軍名號，地位較高。三品。　裴方明：人名。

河東人。屢有軍功，曾任潁川、南平昌太守，因在仇池之戰中侵吞財貨善馬，下獄死。本書卷四七有附傳。

〔19〕下桃：城名。在今陝西漢中市東。

〔20〕王靈濟：人名。其事不詳。　洋川：水名。即今陝西南部漢江支流西鄉河。

〔21〕南城：地名。在今陝西漢中市東。

〔22〕陵江將軍：官名。將軍名號。五品。　趙英：人名。其事不詳。

〔23〕因資無所：無法得到軍需物資。因，憑借，依靠。

　　三月，承之率衆軍進據峨公固。[1]難當遣其子和率趙溫、蒲早子及左衛將軍呂平、寧朔將軍司馬飛龍，[2]步騎萬餘，跨漢津結柴，[3]其間立浮橋，悉力攻承之，合圍數十重，短兵接戰，弓矢無復用。賊悉衣犀革，戈矛所不能加。承之乃截稍長數尺，以大斧椎之，一稍輒貫十餘賊。賊不能當，因大敗，燒柴奔走，退據大桃。[4]閏月，承之及方明臺軍至，[5]龍驤將軍楊平興、幢主殿中將軍梁坦直入角弩追之，[6]賊又敗走，殺傷虜獲甚多。漢中平，悉收没地，置戍葭萌水。[7]

　　〔1〕峨公固：地名。《南齊書》卷一《高帝紀上》作“峨公山”，在今陝西南鄭縣南。

　　〔2〕和：人名。即楊和。楊難當世子。後楊難當自立爲大秦王，立楊和爲太子，任撫軍大將軍。兵敗後，父子同逃奔北魏。事見本書卷九八《氐胡傳》。　左衛將軍：官名。三國魏末置，負責宮禁宿衛，爲禁衛軍主要統帥之一，亦統兵出征。四品。　呂平：人名。其事不詳。　司馬飛龍：人名。本爲流民，名許穆之。投靠楊

難當，改姓司馬，自稱晋之宗室。楊難當以兵力資助，使入蜀爲寇亂。後被益州刺史劉道濟擊斬。事見本書卷四五《劉道濟傳》、卷九八《氐胡傳》。

[3]漢津：水名。即沔水（漢江北源）。　柴：防守的營寨。

[4]大桃：戍所名。在今陝西略陽縣東。

[5]臺軍：六朝時對中央政府軍的稱謂。臺，古代指中央政府的官署。

[6]楊平興：人名。其事不詳。　幢主：官名。爲幢的主將，所領人數與隊主相近，主要用於儀衛，必要時也參加作戰。　殿中將軍：官名。爲侍衛武職，不典兵。六品。　梁坦：人名。宋武將，曾參加北伐、攻滅仇池、擊敗劉劭等多次戰役，任梁、南秦二州刺史。　角弩：地名。一稱角弩谷。在今陝西略陽縣西。

[7]葭萌水：水名。即今四川廣元市南北嘉陵江河段。

先是，桓玄篡晋，[1]以桓希爲梁州。[2]希敗走。[3]氐楊盛據有漢中，[4]刺史范元之、傅歆悉治魏興，[5]唯得魏興、上庸、新城三郡。[6]其後索邈爲刺史，[7]乃治南城。[8]爲賊所焚燒不可固，思話遷鎮南鄭，[9]加節，[10]進號寧朔將軍，徵承之爲太子屯騎校尉。[11]法護，中山無極人，[12]過江寓居南郡。[13]弟法崇，元嘉十年，[14]自少府爲益州刺史。[15]法護委鎮之罪，統府所收，於獄賜死。太祖以法崇受任一方，[16]令獄官言法護病卒。太祖使思話上平定漢中本末，下之史官。

[1]桓玄：人名。譙國龍亢（今安徽懷遠縣）人。東晋將領，士族代表人物，桓溫之子。長期據有長江上游，任荆、江二州刺史。率兵攻破建康，於晋安帝元興二年（403）自立爲帝，改國號

楚。不久被劉裕擊敗，於江陵被殺。《晉書》卷九九有傳。

[2]桓希：人名。被桓玄任命爲梁州刺史，鎮漢中。後被東晉益州刺史毛璩所攻殺。事見《晉書・桓玄傳》。

[3]希敗走："希"各本並作"布"，中華本據《晉書》卷八一《毛璩傳》、《通鑑》宋文帝元嘉十一年改。

[4]氐：中國古代族名。殷周至南北朝分布在今陝西、甘肅、四川等省。漢魏以後，長期與漢人雜居，大量吸收漢文化。兩晉南北朝時曾建立仇池、前秦、後涼等政權。　楊盛：人名。仇池氐族首領，楊難當之父。曾被東晉安帝封爲武都王、仇池公。桓希敗後，楊盛委派楊撫、苻宣等人爲梁州刺史，進據漢中。

[5]范元之：人名。其事不詳。　傅歆：人名。北地泥陽人，曾任東晉梁州刺史、散騎常侍。《晉書》作"傅歆之"。　悉治魏興：都把魏興郡（今陝西安康市漢濱區）作爲梁州治所。

[6]上庸：郡名。治所在今湖北竹山縣西南。　新城：郡名。治所在今湖北房縣。

[7]索邈：人名。晉末宋初武將，曾追隨宋武帝劉裕北伐慕容超，南討盧循，官至寧朔將軍、淮陵內史。其任梁州刺史在晉安帝義熙九年（413）。

[8]乃治南城：各本"乃"上有"氐"字。按本書卷九八《氐胡傳》及《州郡志》，索邈爲梁州刺史，治南城，非氐治南城。今從中華本刪"氐"字。

[9]思話遷鎮南鄭：各本"思話"上並有一"即"字，"南鄭"並作"南城"，今從中華本改正。南鄭，縣名。治所在今陝西漢中市東。

[10]節：符節。使臣所持憑信。魏晉以後，軍事長官出征或出鎮一方時，加持皇帝授予的節杖，以擁有更大威權。加節有假節、持節、使持節的不同等級，權力亦有不同。

[11]太子屯騎校尉：官名。東宮侍從武官，掌騎兵。太子三校之一。

[12]中山：郡名。治所在今河北定州市。　無極：縣名。治所在今河北無極縣。

[13]南郡：治所在今湖北荆州市荆州區。

[14]元嘉十年：丁福林《校議》據本書卷五《文帝紀》、《通鑑》卷一二二考證，此“十年”乃“九年”之訛也。

[15]少府：官名。秦漢時爲皇帝私府，掌帝室財政，位列九卿。魏晋南朝時原隸屬的尚書、侍中、宦者等署各自獨立，其職主要管理宫廷手工業。三品。

[16]太祖：宋文帝劉義隆廟號。

十四年，遷使持節、臨川王義慶平西長史、南蠻校尉。[1]太祖賜以弓琴，[2]手敕曰：“丈人，[3]頃何所作？事務之暇，故以琴書爲娱耳，所得不日義邪。眷想常不忘情，想亦同之。前得此琴，云是舊物，亦有名京邑，今以相借。因是戴顒意於彈撫，[4]響韻殊勝，直爾嘉也。[5]并往桑弓一張，[6]材理乃快，[7]先所常用。既久廢射，又多病，略不能制之，便成老公，令人嘆息。良材美器，宜在盡用之地，丈人真無所與讓也。”

[1]使持節：官名。魏晋以後，凡重要軍事長官出征或出鎮時，加使持節之號，可誅殺二千石以下官員，以示權力和尊崇。　平西長史：官名。即平西將軍府長史。時臨川王劉義慶爲平西將軍、荆州刺史。　南蠻校尉：官名。亦稱護南蠻校尉。治江陵，掌荆、江州少數民族事務，地位重要。四品。

[2]弓琴：樂器名。弓和琴。

[3]丈人：對親戚長輩的通稱。因孝懿皇后的關係，蕭思話與宋文帝的父親爲姑表兄弟。

[4]戴顒：人名。譙郡銍（今安徽宿州市西南）人。家傳善彈

琴，隱逸山林，屢徵不仕。本書卷九三有傳。

[5]殊勝：特別優美。　直爾嘉也：值得你喜歡呀。直，值得，應該。嘉，嘉許，喜愛。

[6]桑弓：桑木做的弓。亦泛指强弓、硬弓。

[7]材理：製弓材料的質地紋理。《周禮·考工記·弓人》："弓人爲弓，取六材必以其時……角長二尺有五寸，三色不失理。"

乃快：就是好。

十六年，衡陽王義季代義慶，[1]又除安西長史，[2]餘如故。十九年，徵爲侍中，[3]領前軍將軍。[4]未就徵，復先職。明年，遷持節、監雍州梁南北秦四州荆州之南陽竟陵順陽襄陽新野隨六郡諸軍事、寧蠻校尉、雍州刺史、襄陽太守。[5]二十二年，除侍中，領太子右率。[6]二十四年，改領左衛將軍。嘗從太祖登鍾山北嶺，[7]中道有磐石清泉，上使於石上彈琴，因賜以銀鍾酒，謂曰："相賞有松石間意。"[8]又領南徐州大中正。[9]明年，復監雍梁南北秦四州荆州之竟陵隨二郡諸軍事、右將軍，[10]寧蠻校尉、雍州刺史如故。

[1]衡陽王：王爵名。王國在今湖南株洲縣西南。　義季：人名。即劉義季。宋武帝劉裕第七子。本書卷六一有傳。

[2]安西長史：官名。即安西將軍府長史。

[3]侍中：官名。門下之侍中省長官，常侍衛皇帝左右，平議尚書奏事，兼統宮廷內侍諸署。三品。

[4]領：官制用語。謂已有本官本職，又暫行他官他職。有暫攝之義。　前軍將軍：官名。掌宮禁宿衛。四品。

[5]雍州：僑置，治所在今湖北襄陽市襄城區。丁福林《校

議》認爲"監雍州梁南北秦四州", "雍州"之"州"字應删, 否則"非沈約史法"。　南秦: 州名。治所在今陝西漢中市。　北秦: 州名。宋以仇池爲北秦州, 不入宋版圖。　南陽: 郡名。治所在今河南南陽市。　竟陵: 郡名。治所在今湖北鍾祥市。　順陽: 郡名。治所在今河南淅川縣。　襄陽: 郡名。治所在今湖北襄陽市襄城區。　新野: 郡名。治所在今河南新野縣。　隨: 郡名。治所在今湖北隨州市。　寧蠻校尉: 官名。掌管雍州的少數民族事務, 領兵, 設府於襄陽。多由雍州刺史兼任。四品。

[6]太子右率: 官名。即太子右衛率。西晉武帝分太子衛率置, 宿衛東宮, 亦任征伐, 地位重要。五品。

[7]鍾山: 山名。即今江蘇南京市中山門外紫金山。

[8]松石: 松與石。借指隱逸山林。

[9]南徐州: 僑置, 治所在今江蘇鎮江市京口區。　大中正: 官名。負責評定門閥士族內部品第高下, 出任者皆爲本州內鄉品二品的士族高門。

[10]復監雍梁南北秦四州荆州之竟陵隨二郡諸軍事: 各本並脱"四"字, 中華本據張元濟《校勘記》補, 今從之。　右將軍: 官名。漢朝爲重號將軍之一, 或典禁兵, 或爲中朝官參與朝政。魏晉南北朝權位漸低, 成爲軍府名號, 不典禁兵, 不與朝政。三品。

　　二十六年, 徵爲吏部尚書。[1]詔思話曰: "沈尚書暴病不救,[2]其體業貞審,[3]立朝盡公, 年時尚可, 方相委任, 奄忽不永, 痛惋特深。[4]銓管要機,[5]通塞所寄,[6]丈人才用體國, 二三惟允。"[7]思話以去州無復事力, 倩府軍身九人。[8]太祖戲之曰: "丈人終不爲田父於里間,[9]何應無人使邪?"未拜。二十七年, 遷護軍將軍。[10]

　　[1]吏部尚書：官名。尚書臺（省）吏部曹長官，職掌官吏考選任免，位居列曹尚書之上。三品。

　　[2]沈尚書：即沈演之。字臺真，吳興武康人。本書卷六三有傳。

　　[3]體業：處理事務。　貞審：正直審慎。

　　[4]奄忽：疾速。常指死亡。　痛惋：痛心惋惜。

　　[5]銓管：對人才進行品量和管理，指掌管選授官職的府署。銓，選也。　要機：具有關鍵性的重要之處。

　　[6]通塞所寄：關係著朝野上下渠道的通暢或者阻塞。

　　[7]才用：才能，才幹。　體國：治理國家。　二三惟允：反復多次必求誠信公正。二三，反復無定。允，誠實，公平。

　　[8]事力：供役使的人，僕役。　倩：請求。　軍身：服兵役有軍籍的人。

　　[9]田父：老農。　里閭：里巷，鄉里。泛指民間。

　　[10]護軍將軍：官名。掌督護京師以外諸軍，權任頗重。三品。

　　是年春，虜攻懸瓠，[1]太祖將大舉北討，朝士僉同，莫或異議。思話固諫，不從。乃領精甲三千，助鎮彭城。虜退，即代世祖爲持節、監徐兗青冀四州豫州之梁郡諸軍事、撫軍將軍、兗徐二州刺史。[2]二十九年，統揚武將軍、冀州刺史張永衆軍圍碻磝。[3]初，鎮軍諮議參軍申坦與王玄謨圍滑臺，[4]不克，免官。青州刺史蕭斌板坦行建威將軍、濟南平原二郡太守，[5]守歷城。[6]令任仲仁又爲坦副，並前鋒入河。[7]五月，發沿口，[8]永司馬崔訓、建武將軍齊郡太守胡景世率青州軍來會。[9]七月，思話及衆軍並至碻磝，治三攻道。太祖遣員外散騎侍郎徐爰宣旨督戰。[10]張永、胡景世當東攻道，申坦、任仲仁西攻道，崔訓南攻道。賊夜地道出，燒崔訓樓及𧎮車，[11]又燒胡景世樓及攻具，尋又毀崔訓攻道，城不可拔。思話馳來，退師。攻城凡十八日，解圍還歷下。[12]崔訓以樓見燒，又不能固攻道，被誅於磧磝，[13]永、坦並繫獄。詔曰："得撫軍將軍思話啓事，磧磝不拔，士卒疲勞，且班師清濟，[14]更圖進討。此鎮山川嚴阻，控臨河朔，[15]形勝之要，擅名自古。宜除其授，以允望實。[16]思話可解徐州爲冀州，餘如故。彭城文武，復量分配，即鎮歷城。"尋爲江夏王義恭所奏免官。[17]

[1]懸瓠：城名。一作"懸壺"。在今河南汝南縣。時爲南北軍事要地，皆置重兵戍守。

[2]世祖：宋孝武帝劉駿廟號。時爲徐州刺史鎮彭城。　冀：州名。僑置，治所在今山東濟南市。後地入北魏，宋明帝時與青州合僑置於今江蘇連雲港市東雲臺山一帶。　豫州：治所在今安徽壽縣。　梁郡：治所在今安徽碭山縣。　撫軍將軍：官名。與中軍、鎮軍等位比四鎮將軍。三品。

[3]揚武將軍：官名。五武將軍之一，統兵出征。四品。　張永：人名。字景雲。吳郡吳人。身歷六位皇帝，屢任要職，多有才能。本書卷五三有附傳。　磧磝：津渡名。一作"磧磝津"。在今山東茌平縣西南古黃河上，南岸有磧磝城。時爲軍事要地，爲南北所必爭。

[4]鎮軍諮議參軍：官名。即鎮軍將軍府諮議參軍。王府、公府、位從公府、州軍府皆置爲僚屬，掌顧問諫議，位在列曹參軍上。時劉駿因軍敗汝陰，降號鎮軍將軍。　申坦：人名。魏郡魏人。出征多有敗績，宋孝武帝時幾被誅殺，後病卒。本書卷六五有

附傳。　王玄謨：人名。字彥德。太原祁人。本書卷七六有傳。
滑臺：城名。在今河南滑縣東舊滑縣城。北臨古黃河，時爲南北必
爭的軍事要地。

[5]板：官制用語。指不由吏部正式任命，而由地方軍政長官
自行選用，由州府户曹行板文委派。　濟南：郡名。治所在今山東
濟南市。　平原：郡名。治所在今山東平原縣。

[6]歷城：縣名。治所在今山東濟南市歷城區。

[7]令：縣令。　任仲仁：人名。其事不詳。　入河：進入黃
河附近地區。時歷城瀕臨濟水，而黃河又在其北。

[8]沿口：地名。確址待考。

[9]崔訓：人名。其事不詳。　建武將軍：官名。五武將軍之
一。四品。　齊郡：治所在今山東淄博市臨淄區。　胡景世：人
名。豫章南昌人。父胡藩爲宋初功臣，本人曾任車騎參軍、新興太
守，亦因弟胡誕世罪被徙遠州。事見本書卷五〇《胡藩傳》。

[10]員外散騎侍郎：官名。初爲正員之外添差之散騎侍郎，無
員數，後成爲定員官。西晉武帝始置，後沿置。南朝多以公族、功
臣子充任，爲閑散之職。　徐爰：人名。南琅邪開陽人，宋初即入
宮，尤爲宋文帝所信任，常銜旨督軍。明習朝議，善於逢迎，在宮
中久盛不衰。後被宋明帝流徙廣州。本書卷九四有傳。

[11]樓：此指樓車。一種上設望樓，用以瞭望敵人動態的戰
車。　蟆車：一名蛤蟆車。原爲古代一種播種的車，後用以攻城作
戰。本書卷八七《殷琰傳》：“乃作大蝦蟆車載土，牛皮蒙之，三
百人推以塞塹。”

[12]歷下：城名。在今山東濟南市歷下區。

[13]被誅於碻磝：各本並脱“於”字，中華本據《元龜》卷
四五〇補。

[14]清濟：地區名。古濟水下游別名清水。此泛指西起梁山，
經濟南東至博興的今山東中部地區。

[15]河朔：地區名。泛指黃河以北，並特指黃河下游南北

一帶。

[16]以允望實：以使名聲和實際相符合。望，聲名威望。

[17]江夏王：王爵名。王國在今湖北武漢市武昌區。　義恭：人名。即劉義恭。宋武帝劉裕第五子。本書卷六一有傳。

元凶弒立，[1]以爲使持節、監徐青兗冀四州豫州之梁郡諸軍事、徐兗二州刺史，將軍如故。思話即率部曲還彭城，起義以應世祖。遣使奉牋曰："下官近在歷下，始奉國諱，[2]所承使人，不知闊狹。[3]既還在路，漸有所聞，猶謂人倫無容有此，私懷感慨，未敢在言。奉被今教，[4]果出慮表，[5]重增哀悷，不能自勝。此實天地所不覆載，人神所不容忍，率土民氓，[6]莫不憤咽，況下官蒙荷榮渥，義兼常志。[7]此月五日，被驛使追命騎還朝，[8]切齒拊心，[9]輒已鍾疾，[10]雖百口在都，一非所顧。正欲遣啓受規略，會奉今旨，悲懼兼情。伏承司徒英圖電發，[11]殿下神武霜斷，[12]臧質忠義並到，[13]不謀同時。仗順沿流，席卷江甸，前驅風邁，已應在近。下官復練始集，遣輔國將軍申坦、龍驤將軍梁坦二軍，分配精甲五千，申坦爲統，便以即日水陸齊下。下官悉率文武，駱驛繼發。憑威策懦，[14]勢同振朽，[15]開泰有期，[16]悲欣交集。"世祖至新亭，[17]坦亦進克京口。[18]

[1]元凶：罪大惡極的人。此指宋文帝劉義隆長子劉劭。本書卷九九有傳。

[2]國諱：即國喪。

[3]不知闊狹：原義爲不知距離遠近。此謂不知朝宮的真實情

况，不知劉劭弑父之事。

[4]奉被今教：今天承接到您的文告。教，諸侯王公的文告。

[5]慮表：思慮所不及之處。猶意外。

[6]率土："率土之濱"之省。謂境域之内。

[7]蒙荷榮渥：承受厚恩。　義兼常志：更應該有超出常人的報忠之志。

[8]驛使：傳送公文、書信的人。此指京城派來的欽差使者。追：逼迫。

[9]切齒拊心：咬牙拍胸。表示悲憤哀痛。

[10]鍾：匯聚，集中。　疾：痛，怒。

[11]司徒：官名。此指南郡王劉義宣。元嘉三十年（453）遷司徒、中軍將軍、揚州刺史，但未及就職，即發生劉劭宮變，從荆州率兵討伐之，順流而攻建康。　英圖電發：英明謀劃，疾速進發。

[12]殿下：漢魏以後對諸侯王、太子的尊稱。此指武陵王劉駿。

[13]臧質：人名。東莞莒人。本書卷七四有傳。

[14]憑威策懦：憑借皇天神威，督促怯懦不進者。

[15]振朽：敲擊腐朽之物。

[16]開泰：再見光明，重又亨通安泰。

[17]新亭：地名。在今江蘇南京市南。地近江濱，依山築壘，爲軍事和交通重地。

[18]京口：地名。在今江蘇鎮江市京口區。六朝時爲長江下游軍事重鎮。

　　上即位，徵爲散騎常侍、尚書左僕射，[1]固辭，不受拜。改爲中書令、丹陽尹，[2]常侍如故。時京邑多有劫掠，二旬中十七發，引咎陳遜，[3]不許。明年，出爲使持節、都督徐兗青冀幽五州豫州之梁郡諸軍事、安北將軍、徐州刺史，[4]加鼓吹一部。[5]未行而江州刺史臧質反，[6]復以爲使持節、都督江州豫州之西陽晉熙新蔡三郡諸軍事、江州刺史。[7]事平，分荆、江、豫三州置郢州，[8]復都督郢湘二州諸軍事、鎮西將軍、郢州刺史，持節、常侍如故，鎮夏口。[9]

[1]散騎常侍：官名。集書省長官，侍從左右，掌圖書文翰，諫諍拾遺，以收納轉呈文書奏事爲主。三品。　尚書左僕射：官名。尚書令副貳，但南朝尚書令爲宰相之任，位尊權重，不親庶務，尚書省由僕射主持。左僕射又領殿中、主客二郎曹，居右僕射上。三品。

[2]中書令：官名。中書省長官之一。時中書省權歸中書舍人，中書監、令多作爲重臣加官。三品。　丹陽尹：官名。京城所在郡府長官，掌京城行政諸務並詔獄，地位頗重要。亦稱“京尹”。

[3]陳遜：要求退讓，即辭職。

[4]幽：州名。兩漢時在今河北北部及遼寧一帶，治所在今北京市西南。按本書《州郡志》宋未置幽州。　安北將軍：官名。四安將軍之一，多爲出鎮北方某地區的軍事長官，權任很重。三品

[5]鼓吹：演奏鼓吹樂的樂隊。本用於軍中，後成爲皇帝賜予有功大臣的一種禮遇。

[6]江州：治所在今湖北黃梅縣西南。

[7]西陽：郡名。治所在今湖北黃岡市黃州區東南。　晉熙：郡名。治所在今安徽潛山縣。　新蔡：郡名。僑置，治所在今河南固始縣東北。

[8]郢州：治夏口城，在今湖北武漢市。

[9]湘：州名。治所在今湖南長沙市。　鎮西將軍：官名。四鎮將軍之一，多爲出鎮方面的持節都督。二品。　夏口：城名。在

今湖北武漢市黃鵠山上，爲歷代兵家爭奪之地。

孝建二年卒，[1]時年五十。[2]追贈征西將軍、開府儀同三司，[3]持節、常侍、都督、刺史如故，謚曰穆侯。思話宗戚令望，[4]夙見任待，[5]凡歷州十二，杖節監、都督九焉。所至雖無皦皦清節，亦無穢黷之累。[6]愛才好士，人多歸之。長子惠開嗣，別有傳。[7]次子惠明，亦有世譽，歷黃門郎、御史中丞、司徒左長史、吳興太守。[8]後廢帝元徽末，[9]卒官。第四子惠基，順帝昇明末，[10]爲侍中。

[1]孝建：宋孝武帝劉駿年號（454—456）。

[2]時年五十：中華本引殿本《考證》云：“按思話年十八，除琅邪王大司馬行參軍；踰年，父源之卒，是爲永初元年。至元嘉五年，任青州刺史，稱年二十七是也。自元嘉六年己巳，至孝建二年乙未，又歷二十七年。思話卒時，年五十四，今云五十，蓋脫四字。”孫彪《考論》云：“按思話任青州，依本紀實元嘉三年，年二十七。若五年年二十七，則其年十八時，當晉恭帝元熙元年，琅邪王已爲帝，何自除琅邪王大司馬參軍邪？以此推之，思話卒年蓋五十六也。”中華本以爲“五十六”是。

[3]征西將軍：官名。四征將軍之一，多授予出鎮方面的持節都督，地位顯要。三品，若爲持節都督則進爲二品。　開府儀同三司：官名。大臣加號，意謂與三司即太尉、司徒、司空禮制、待遇相同，許開設府署，自辟僚屬。

[4]宗戚：泛稱皇室親族。　令望：原指儀容善美，使人景仰，引申爲美好的名聲。

[5]夙：通“早”。　任待：信賴器重。

[6]皦皦：光亮潔白，光明磊落。　穢黷：鄙俗貪求。

[7]別有傳：見本書卷八七《蕭惠開傳》。

[8]御史中丞：官名。亦稱南司。專掌監察、執法。四品。司徒左長史：官名。位在司徒右長史上，二者並爲司徒府僚之長，佐司徒總管府内諸曹。或不設司徒，其府則常置，管理州郡農桑户籍、官吏考課。六品。　吳興：郡名。治所在今浙江湖州市吳興區。

[9]後廢帝：即劉昱。公元 472 年至 477 年在位。本書卷九有紀。　元徽：宋後廢帝劉昱年號（473—477）。

[10]順帝：即宋末帝劉準。公元 477 年至 479 年在位，後被迫遜位於南齊高帝蕭道成。　昇明：宋順帝劉準年號（477—479）。

源之從父弟慕之，丹陽尹，追贈征虜將軍。[1]子斌，亦爲太祖所遇。彭城王義康鎮豫章，[2]以爲大將軍諮議參軍、豫章太守。[3]歷南蠻校尉、侍中、輔國將軍、青冀二州刺史。元嘉二十七年，統王玄謨等衆軍北伐。斌遣將軍崔猛攻虜青州刺史張淮之於樂安，[4]淮之棄城走。先是，猛與斌參軍傅融分取樂安及磝磟，[5]樂安水道不通，先并定磝磟，至是又克樂安。既而攻圍滑臺不拔，斌追還歷下，事在《王玄謨傳》。

[1]征虜將軍：官名。統兵武官，也作爲高級文職官員的加官。三品。

[2]彭城王：王爵名。王國在今江蘇徐州市。　義康：人名。即劉義康。宋武帝劉裕第四子。本書卷六八有傳。　豫章：郡名。治所在今江西南昌市。

[3]大將軍諮議參軍：官名。即大將軍府諮議參軍。時劉義康至豫章仍保留大將軍號。

〔4〕崔猛、張淮之：皆人名。事皆不詳。　樂安：郡名。治所在今山東廣饒縣北。

〔5〕傅融：人名。其事不詳。

二十八年，亡命司馬順則詐稱晋室近屬，[1]自號齊王，聚衆據梁鄒城。[2]又有沙門自稱司馬百年，[3]號安定王。亡命秦凱之、祖元明等各據村屯以應順則。[4]初，梁鄒戍主、宣威將軍、樂安渤海二郡太守崔勳之出州，[5]故順則因虛竊據。勳之司馬曹敬會拒戰不敵，[6]出走。斌即遣勳之率行建威將軍、濟南平原二郡太守申坦，長流參軍羅文昌等諸軍討順則，[7]攻之不克。勳之等始謂城内出於逼附，軍至即應奔逃，而並爲賊堅守，殺傷官軍甚多。斌又遣府司馬、建武將軍、齊郡太守龐秀之總諸軍。祖元明又據安丘城，[8]斌更遣振武將軍劉武之及軍主劉回精兵千人，[9]討司馬百年，斬之。順則既失據，衆稍離阻。文昌遣道連僞投賊，[10]賊信納之，潛以官賞格示衆，城内賊黨李繼叔等並有歸順心。[11]道連謀泄，爲賊所殺，繼叔踰城出降，賊黨於是大離。乃四面進攻，衝車所衝，[12]輒三五丈崩落。時南門樓上擲下一級，[13]并垂繩鈎取外人。外人上，賊並放仗，[14]云向已斬順則，所投首是也。秦凱之走河北。斌坐滑臺退敗，免官。久之，復起爲南平王鑠右軍長史。[15]其後事迹在《二凶傳》。

〔1〕司馬順則：人名。其事不詳。

〔2〕梁鄒：縣名。治所在今山東鄒平縣東北。

[3]沙門：即和尚。佛教僧侣。　司馬百年：人名。其事不詳。

[4]秦凱之、祖元明：皆人名。事皆不詳。

[5]戍主：官名。戍的主將，掌守防捍禦之事，間或干預民政財政。多以郡太守、縣令等官兼領。　渤海：郡名。治所在今山東高青縣東南。　崔勳之：人名。原爲冀州刺史張永軍府司馬，宋文帝時參加過北伐。在臧質、劉義宣之亂中，爲王玄謨部將，戰死，追贈通直郎。事見本書卷五三《張永傳》、卷七四《臧質傳》。出州：離職任赴州。

[6]曹敬會：人名。其事不詳。

[7]長流參軍：官名。亦稱長流賊曹參軍事。東晋末劉裕丞相府分賊曹而置長流賊曹，後成爲公府、將軍府屬曹，長官即長流參軍，掌盜賊徒流事。　羅文昌：人名。其事不詳。

[8]安丘：縣名。治所在今山東安丘市西南。

[9]劉武之：人名。其事不詳。　軍主：官名。軍的主將。所統兵力無定員，自數百人至萬人以上不等。　劉回：人名。其事不詳。

[10]道連：人名。其事不詳。

[11]李繼叔：人名。其事不詳。

[12]衝車：古兵車名。《淮南子》高誘注曰：“衝車，大鐵著其轅端，馬被甲，車被兵，所以衝于敵城也。”主要用於衝城攻堅。

[13]一級：一被斬頭顱。秦制，戰爭中斬敵一首，賜爵一級，故稱爲首級。後以“級”爲所斬之首的量詞。

[14]仗：弓、矛、劍、戟等兵器的總稱。

[15]南平王：王爵名。王國在今湖北公安縣。　鑠：人名。即劉鑠。宋文帝劉義隆第四子。本書卷七二有傳。　右軍長史：官名。即右軍將軍府長史。

斌弟簡，歷位長沙内史。[1]廣陵王誕爲廣州，[2]未之鎮，以簡爲安南諮議參軍、南海太守，[3]行府州事。[4]東海王褘代誕，[5]簡仍爲前軍諮議，太守如故。世祖入討元凶，遣輔國將軍、南海太守鄧琬討簡，[6]固守經時，城陷伏誅。斌、簡諸子並誅滅。

[1]長沙：王國名。治所在今湖南長沙市。宋初武帝劉裕的弟弟劉道憐被封爲長沙王。　内史：官名。西晉改諸王國相爲内史，掌民政。五品。

[2]廣陵王：王爵名。王國在今江蘇揚州市西北蜀崗上。　誕：人名。即劉誕。宋文帝劉義隆第六子。本書卷七九有傳。丁福林《校議》據本書卷五《文帝紀》、卷六《孝武帝紀》、卷七九《竟陵王誕傳》考證，劉誕當時應爲隨郡王，而非廣陵王。　廣州：治所在今廣東廣州市。此指廣州刺史之位。

[3]安南諮議參軍：官名。即安南將軍府諮議參軍。宋文帝時劉誕爲安南將軍、廣州刺史。　南海：郡名。治所在今廣東廣州市。

[4]行：官制用語。指官缺未補，暫由他官兼攝其事。此係劉誕未赴鎮所，暫由官級較低的蕭簡代行州和軍府事務。

[5]東海王：王爵名。王國在今山東蒼山縣南。　褘：人名。即劉褘。宋文帝劉義隆第八子。本書卷七九有傳。

[6]鄧琬：人名。豫章南昌人。本書卷八四有傳。各本並作"劉玩"，中華本據本書《鄧琬傳》等改正，今從之。

龐秀之，河南人也。[1]以斌故吏，賊劭甚加信委，以爲游擊將軍。[2]奔世祖於新亭。時劭諸將未有降者，唯秀之先至，事平，以爲梁州刺史。秀之子弟爲劭所殺者將十人，而酣謔不廢，[3]坐免官。後又爲徐州刺史，太子右衛率。孝建元年卒，追贈本官，加散騎常侍。子彌之，順帝昇明末，廣興公相。[4] 秀之弟況之，太宗世，[5] 亦爲始興相。[6]

[1]河南：郡名。治所在今河南洛陽市東北。

[2]游擊將軍：官名。禁軍將領，與驍騎將軍分領中虎賁，掌宿衛之任。四品。

[3]酣讌：亦作"酣宴"。縱情飲宴。古代家有喪而飲宴，被認爲是有違禮制的失德之舉。

[4]廣興：公國名。治所在今廣東韶關市東南蓮花嶺下。　公相：官名。郡公府相。時沈曇亮襲爵爲廣興郡公。

[5]太宗：宋明帝劉彧廟號。

[6]始興：王國名。即後來的廣興，宋泰豫元年（472）改名。齊復名始興。治所在今廣東韶關市東南蓮花嶺下。

劉延孫，彭城呂人。[1] 雍州刺史道産子也。[2] 初爲徐州主簿，[3] 舉秀才，彭城王義康司徒行參軍，[4] 尚書都官郎，[5] 爲錢唐令，[6] 世祖撫軍、廣陵王誕北中郎中兵參軍、南清河太守。[7] 世祖爲徐州，補治中從事史。[8] 時索虜圍縣瓠，分軍送所掠民口在汝陽，[9] 太祖詔世祖遣軍襲之。議者舉延孫爲元帥，固辭無將用，舉劉泰之自代。[10] 泰之既行，太祖大怒，免延孫官。爲世祖鎮軍、北中郎中兵參軍，南中郎諮議參軍，領錄事。[11] 世祖伐逆，府缺上佐，轉補長史、尋陽太守，行留府事。[12]

[1]呂：縣名。治所在今江蘇銅山縣東南呂梁集。

[2]道産：人名。即劉道産。宋初迭任要職，於地方大員中善

於協調王朝與少數民族的關係，政績突出。後病死於雍州刺史任上。本書卷六五有傳。

[3]主簿：官名。漢朝中央及州郡官府均置，典領文書簿籍，經辦事務。雖非掾史之首，但地位較高。後沿之。南朝其品位秩級隨府官長地位高下而異。

[4]司徒行參軍：官名。即司徒府行參軍事，幕僚之職。彭城王劉義康曾官司徒。

[5]尚書都官郎：官名。尚書省都官曹長官通稱，亦稱都官郎中。職掌刑獄，亦佐督軍事，隸都官尚書。六品。

[6]錢唐：縣名。治所在今浙江杭州市。

[7]世祖撫軍、廣陵王誕北中郎中兵參軍：兩官名。即分別爲武陵王劉駿的撫軍將軍府中兵參軍和廣陵王劉誕的北中郎將府中兵參軍。北中郎將爲四中郎將之一，地位重要。多以宗室任之。四品。中兵參軍，官名。爲諸公、軍府僚屬之一，也作"中兵參軍事"。掌本府中兵曹事務，兼備參謀咨詢。後兼直兵曹，掌本府親兵。　南清河：郡名。僑置，在今江蘇常州市一帶。屬南徐州。

[8]治中從事史：官名。簡稱治中。掌州府衆曹文書事。六品。

[9]汝陽：縣名。治所在今河南商水縣西北。

[10]劉泰之：人名。爲安北將軍劉駿參軍，受命率五軍輕騎襲擊北魏南下軍於汝陽，初勝後敗，被魏軍所殺。事見本書卷九五《索虜傳》。

[11]世祖鎮軍、北中郎中兵參軍：官名。劉駿在徐州刺史任上，因兵敗由安北將軍降號鎮軍將軍，又由鎮軍降爲北中郎將。劉延孫雖一直爲中兵參軍，但隨軍府的改變而官稱亦變。　南中郎諮議參軍：官名。即南中郎將府諮議參軍。劉駿後改任江州刺史，軍府號爲南中郎將。　録事：官名。即録事參軍。録事曹長官，掌總録衆曹文簿，舉彈善惡，位在列曹參軍上。公府、將軍府、州刺史開軍府者皆置。七品。

[12]尋陽：郡名。治所在今江西九江市西南。　留府：官名。

即留府長史。諸公、軍府府主出征，則權置留府長史，掌留守府事。

世祖即位，以爲侍中，領前軍將軍。下詔曰：“朕藉群能之力，雪莫大之恥，以眇眇之身，[1]託于王公之上，思所以策勳樹良，永寧世烈。[2]新除侍中、領前軍將軍延孫率懷忠敏，器局沈正，協贊義初，誠力俱盡。[3]左衛將軍竣立志開亮，[4]理思清要，茂策忠謨，經綸惟始，俾積基更造，咸有勤焉。[5]宜顯授龜社，大啓邦家。[6]延孫可封東昌縣侯，[7]竣建城縣侯，[8]食邑各二千戶。”其年，侍中改領衛尉。[9]

[1]眇眇之身：謙詞。細微之身。

[2]策勳：記功勳於策書之上。　永寧世烈：安寧天下，不令後世再有禍患。烈，禍害。《漢書》卷五八《公孫弘傳》：“若湯之旱，則桀之餘烈也。”

[3]率懷忠敏：身爲表率，忠心勤敏。　器局：度量，器量。沈正：穩重正直。　協贊義初：從義舉之始就輔佐協助。　誠力：忠心和能力。

[4]竣：人名。即顏竣。琅邪臨沂人。本書卷七五有傳。　開亮：開通明達。

[5]理思清要：考慮問題清楚簡要。理思，思辨力。清要，清簡得要。　忠謨：忠心之謀。　經綸：治理國家的抱負和才能。俾：使。　積基更造：締造基礎，天下更始。此借指新王朝受命開基，除舊布新。

[6]龜：官印的代稱。古代印章多爲龜形紐，故稱。　社：古代謂土地神，此代指封土。　啓：啓土。謂分封土地。　邦家：邦

和家。古代諸侯的封地爲邦，卿大夫的封地爲家。

　　[7]東昌：縣名。治所在今江西吉安市吉州區東南。

　　[8]建城：縣名。治所在今江西高安市。

　　[9]衛尉：官名。專掌宮禁及京城防衛。三品。

　　孝建元年，遷丹陽尹。臧質反叛，上深以東土爲憂，出爲冠軍將軍、吳興太守，置佐史。事平，徵爲尚書右僕射，[1]領徐州大中正。遣至江陵，分判枉直，行其誅賞。三年，[2]又出爲南兗州刺史，[3]加散騎常侍。仍徙爲使持節、監雍梁南北秦四州郢州之竟陵隨二郡諸軍事、鎮軍將軍、寧蠻校尉、雍州刺史，[4]以疾不行。留爲侍中、護軍，又領徐州大中正。素有勞患，[5]其年增篤，詔遣黃門侍郎宣旨問疾。[6]

　　[1]尚書右僕射：官名。尚書省次官，並置左、右。南朝尚書令爲宰相之任，位尊權重，不親庶務，尚書省由僕射主持，諸曹奏事由左、右僕射審議聯署。右僕射與祠部尚書通職，位左僕射下。三品。

　　[2]三年：丁福林《校議》據本書卷六《孝武帝紀》、《通鑑》卷一二八考證，此“三年”乃“二年”之訛。

　　[3]南兗州：治所初在今江蘇鎮江市。宋文帝元嘉八年（431）移治今江蘇揚州市西北蜀崗上。

　　[4]鎮軍將軍：官名。位比四鎮將軍。三品。

　　[5]勞患：病名。即癆病。中醫對肺結核病的指稱。

　　[6]黃門侍郎：官名。給事黃門侍郎的省稱。爲侍中省或門下省次官。五品。

大明元年，[1]除金紫光禄大夫，[2]領太子詹事，[3]中正如故。其年，又出爲鎮軍將軍、南徐州刺史。先是高祖遺詔，京口要地，去都邑密邇，自非宗室近戚，不得居之。延孫與帝室雖同是彭城人，別屬吕縣。劉氏居彭城縣者，又分爲三里：[4]帝室居綏輿里，左將軍劉懷肅居安上里，[5]豫州刺史劉懷武居叢亭里，[6]及吕縣凡四劉。雖同出楚元王，[7]由來不序昭穆。[8]延孫於帝室本非同宗，不應有此授。時司空竟陵王誕爲徐州，[9]上深相畏忌，不欲使居京口，遷之於廣陵。[10]廣陵與京口對岸，欲使腹心爲徐州，[11]據京口以防誕，故以南徐授延孫，而與之合族，[12]使諸王序親。

[1]大明：宋孝武帝劉駿年號（457—464）。

[2]金紫光禄大夫：官名。初光禄大夫，授銀章青綬。如加賜金章紫綬，則爲金紫光禄大夫。二品。

[3]太子詹事：官名。管理太子宫庶務，兼掌警衞、刑獄、食邑車馬等事。時比其職爲朝廷之尚書令和領軍將軍。三品。

[4]里：古代地方行政組織。各代制度不一，由每里二十五家到一百一十家不等。同里的人家聚在一處，進行封閉式管理，設有里長。有時還規定鄰里間同罪連坐，進行嚴密控制。

[5]左將軍：官名。軍府名號，用作加官，不典禁兵，不與朝政。三品。　劉懷肅：人名。爲宋武帝劉裕從母兄。本書卷四七有傳。

[6]劉懷武：人名。其事不詳。

[7]楚元王：即劉交。西漢高祖劉邦同父異母弟，被立爲楚王。子孫繁衍，分爲各個支系。《漢書》卷三六有傳。

[8]昭穆：禮制用語。按古代宗法制度，宗廟或宗廟中神主的

排列次序，始祖居中，以下父子（祖、父）遞爲昭穆，左爲昭，右爲穆。此亦指宗族關係中子孫親疏遠近之次序。

[9]竟陵王誕爲徐州：丁福林《校議》據本書卷六《孝武帝紀》、卷七九《竟陵王誕傳》，《通鑑》卷一二八考證，劉誕應爲南徐州刺史，"徐州"前佚"南"字。

[10]廣陵：縣名。治所在今江蘇揚州市西北。同時爲南兗州和廣陵郡治所。

[11]欲使腹心爲徐州：丁福林《校議》認爲"此又於'徐州'前佚'南'字"。

[12]合族：即聯宗。謂同姓而非一族的人聯合爲一族。

　　三年，南兗州刺史竟陵王誕有罪，不受徵，延孫馳遣中兵參軍杜幼文率兵起討。[1]既至，誕已閉城自守，乃還。誕遣使劉公泰齎書要之，[2]延孫斬公泰，送首京邑。復遣幼文率軍渡江，受沈慶之節度。[3]其年，進號車騎將軍，[4]加散騎常侍，給鼓吹一部。

[1]杜幼文：人名。京兆杜陵（今陝西西安市長安區）人。後以軍功爲驍騎將軍，封邵陽縣男，出爲梁、南秦二州刺史。被後廢帝自率宿衛兵所殺。本書卷六五有附傳。

[2]劉公泰：人名。其事不詳。

[3]沈慶之：人名。吳興武康人。本書卷七七有傳。

[4]車騎將軍：官名。位次驃騎將軍，在諸名號大將軍上，多作爲軍府名號，以加授大臣或州郡長官。二品。

　　五年，詔延孫曰："舊京樹親，由來常準。[1]卿前出所有別議，今此防久弭，當以還授小兒。"[2]徵延孫爲侍中、尚書左僕射，領護軍將軍。延孫疾病，不任拜起，

上使於五城受封版，[3]乘船自青谿至平昌門，[4]仍入尚書
下舍。又欲以代朱脩之爲荆州，[5]事未行。明年，卒，
時年五十二。

[1]京：地名。即京口。在今江蘇鎮江市，南朝時南徐州治此。
樹親：以皇子爲鎮守大員。　常準：定法，原則。

[2]弭：消除，停止。　還授小兒：恢復舊法仍以皇子任南徐
州刺史，出鎮京口。據本書卷六《孝武帝紀》，是年以劉駿第八子
劉子鸞爲南徐州刺史。

[3]五城：地名。在今江蘇南京市城區南部。東晋明帝時王敦
黨羽錢鳳所築。　封版：授予官職的詔書。

[4]青谿：水名。在今江蘇南京市東。據《南齊書》，青谿在
建康城東，接燕雀湖而南入秦淮河。　平昌門：六朝都城建康城門
之一。據考證，爲南城牆自東向西第二門。

[5]朱脩之：人名。字恭祖，義陽平氏（今河南桐柏縣）人。
本書卷七六有傳。

上甚惜之，下詔曰：“故侍中、尚書左僕射、領護
軍將軍東昌縣開國侯延孫，風局簡正，[1]體識沈明，[2]綢
繆心膂，自蕃升朝，契闊唯舊，幾將二紀。[3]靈業中圮，
則首贊宏圖；[4]義令既舉，則任均蕭、寇。[5]器允棟幹，
勳實佐時。[6]歷事兩宮，[7]出内尹牧，[8]惠政茂績，著自
民聽；[9]忠謨令節，簡乎朕心。[10]方燮和台階，[11]永毗國
道，[12]奄至薨殞，震慟兼深。考終定典，宜盡哀敬。可
贈司徒，給班劍二十人，[13]侍中、僕射、侯如故。”有
司奏謚忠穆，詔爲文穆。又詔曰：“故司徒文穆公延孫，
居身寡約，家素貧虚，每念清美，良深悽嘆。葬送資

調，固當闕乏，可賜錢三十萬，米千斛。"子質嗣，太宗泰始中，[14] 有罪，國除。延孫弟延熙，義興太守，[15] 在《孔覬傳》。

[1] 風局：風度氣質。　簡正：嚴正。

[2] 體識：稟性和器識。　沈明：深沉明達。

[3] 綢繆：情意殷切。　心膂：心和脊骨。比喻皇朝的主要輔佐人員，即親信得力之人。　自蕃升朝：從蕃王府升爲朝廷要員。契闊：勞苦，勤苦。　幾將二紀：幾乎已有兩紀的時間。紀，十二年歲星一周，爲一紀。按：劉延孫於元嘉二十一年初入劉駿幕府，至大明六年去世，約十九年，故云幾將二紀。

[4] 靈業中圮：帝王之業中途衰微。圮，毀壞，坍塌。按：此指元凶劉劭弑父篡位事。　則首贊宏圖："宏"各本並作"出"，中華本據《元龜》卷四六一改，今從。贊，輔佐，輔助。

[5] 均：如同，同樣的。　蕭、寇：分指蕭何和寇恂。他們分別在西漢劉邦和東漢劉秀開創天下時，留守後方，轉輸兵員和糧草物資於前方，立有大功。

[6] 器允棟幹：其才能稱得起是一個棟梁幹才。允，得當。勳實佐時：其功勳足以輔佐當世之君治理國家。實，充足，堅實。

[7] 歷事兩宮：各本並作"及累司馬兩宮"，句費解。中華本據《元龜》卷四六一改。

[8] 尹：京尹。指延孫任丹陽尹。　牧：州牧。指延孫任諸州刺史。

[9] 惠政茂績："績"各本並作"課"，中華本據《元龜》卷四六一改。　民聽：民衆的聽聞。引申爲天下輿論。

[10] 忠謨令節：忠謀和美好的節操。　簡：存留。

[11] 爕和：協和。　台階：古人指三公之位或宰輔重臣。三台星亦稱台階，比之於三公之象。

[12]毗：輔佐，幫助。

[13]班劍：本指飾有花紋之劍。因其爲虎賁所持，故晉以後成爲隨從侍衛之代稱，且成爲皇帝對功臣之恩賜，可隨身進入宮殿。亦作爲喪禮時的儀仗。所賜人數自百二十人至十人不等。

[14]泰始：宋明帝劉彧年號（465—471）。

[15]義興：郡名。治所在今江蘇宜興市。

　　史臣曰：延孫接款蕃日，固出顏、袁矣。[1]風飆局力，[2]又無等級可言，[3]而隆名盛寵，必擇而後授，何哉？良以休運甫開，[4]沈疾方被，[5]雖宿恩内積，而安私外簡。夫侮因事狎，敬由近疏。疏必相思，狎必相厭。厭思一殊，榮禮自隔。遂得爲一世宗臣，蓋由此也。子曰：“事君數，斯疏矣。”[6]然乎！然乎！

　　[1]蕃日：指孝武帝劉駿尚任蕃王之時。　出：高出，超出。顏、袁：皆人名。指顏竣、袁粲。顏竣，字士遜，琅邪臨沂人。本書卷七五有傳。袁粲，字景倩，陳郡陽夏人。本書卷八九有傳。

　　[2]局力：度量和才幹。

　　[3]等級：按差異而定出高下級别。

　　[4]良：的確。　休運：盛世。休，美善。

　　[5]沈疾：即沉疾。重病。　被：蒙受，遭受。此似指孝武帝劉駿即位前後一直多病。

　　[6]事君數，斯疏矣：見《論語·里仁》，原文爲：“子游曰：‘事君數，斯辱矣；朋友數，斯疏矣。’”意思是説，如果三番五次地進諫君主，就會自招恥辱；如果三番五次地勸告朋友，就會自招疏遠。

宋書　卷七九

列傳第三十九

文五王

竟陵王誕　廬江王褘　武昌王渾　海陵王休茂　桂陽王
休範

　　竟陵王誕字休文，[1] 文帝第六子也。[2] 元嘉二十年，[3] 年十一，封廣陵王，[4] 食邑二千户。二十一年，監南兗州諸軍事、北中郎將、南兗州刺史，[5] 出鎮廣陵。尋以本號徙南徐州刺史。[6] 二十六年，出爲都督雍梁南北秦四州荆州之竟陵隨二郡諸軍事、後將軍、雍州刺史，[7] 以廣陵彫弊，改封隨郡王。[8]

　　[1]竟陵王：王爵名。王國在今湖北鍾祥市。
　　[2]文帝：即劉義隆。謚“文”。宋武帝劉裕第三子，公元424年至453年在位。本書卷五有紀。

〔3〕元嘉：宋文帝劉義隆年號（424—453）。

〔4〕廣陵王：王爵名。王國在今江蘇揚州市西北。

〔5〕監諸軍事：官名。簡稱監軍，爲某地區軍政長官，位在都督諸軍事下、督諸軍事上，職掌略同。　南兗州：治所在今江蘇揚州市西北。　北中郎將：官名。四中郎將之一，多以宗室任之，常兼徐、兗等州刺史，地位重要。

〔6〕南徐州：治所在今江蘇鎮江市京口區。

〔7〕都督諸軍事：官名。簡稱都督，領駐在州刺史，兼理民政。多帶將軍名號。　雍：州名。治所在今湖北襄陽市襄城區。　梁：州名。治所在今陝西漢中市東。　南秦：州名。治所在今陝西漢中市東。　北秦：州名。治所在今陝西略陽縣附近。　荊州：治所在今湖北荊州市荊州區。　竟陵：郡名。治所在今湖北鍾祥市。　隨：郡名。治所在今湖北隨州市。　後將軍：官名。軍府名號，用作加官。三品。

〔8〕隨郡王：王爵名。王國在今湖北隨州市。

上欲大舉北討，以襄陽外接關、河，[1]欲廣其資力，乃罷江州軍府，[2]文武悉配雍州，湘州入臺稅租雜物，[3]悉給襄陽。及大舉北伐，命諸蕃並出師，[4]莫不奔敗，唯誕中兵參軍柳元景先克弘農、關、陝三城，[5]多獲首級，關、洛震動，事在《元景傳》。會諸方並敗退，故元景引還。徵誕還京師，遷都督廣交二州諸軍事、安南將軍、廣州刺史，[6]當鎮始興。[7]未行，改授都督會稽東陽新安臨海永嘉五郡諸軍事、安東將軍、會稽太守，[8]給鼓吹一部。[9]

〔1〕襄陽：縣名。治所在今湖北襄陽市襄城區，時爲雍州州治。

關：指函谷關，在今河南靈寶市。　河：即黃河。

［2］江州：治所在今湖北黃梅縣西南，後徙治今江西九江市。

［3］湘州：治所在今湖南長沙市。　入臺：解送中央臺省。臺，南朝爲朝廷禁省及中央政權機構的代稱。

［4］諸蕃：諸王。

［5］中兵參軍：官名。亦作中兵參軍事，諸公、軍府僚屬之一，掌本府中兵曹事務，兼備參謀咨詢。其品位隨府主地位高低不等。　柳元景：人名。字景仁，河東解（今山西臨猗縣）人。本書卷七七有傳。　弘農：縣名。治所在今河南靈寶市。　陝：縣名。治所在今河南陝縣。

［6］廣：州名。治所在今廣東廣州市。　交：州名。治所在今越南北寧省仙遊縣東。　安南將軍：官名。爲出鎮南方地區的軍事長官，四安將軍之一。三品。

［7］始興：縣名。治所在今廣東韶關市東南蓮花嶺下。

［8］會稽：郡名。治所在今浙江紹興市。　東陽：郡名。治所在今浙江金華市。　新安：郡名。治所在今浙江淳安縣。　臨海：郡名。治所在今浙江臨海市。　永嘉：郡名。治所在今浙江溫州市。　安東將軍：官名。東漢末始置，後沿之。爲四安將軍之一。三品。

［9］鼓吹：演奏鼓吹樂的樂隊。本用於軍中，後成爲皇帝賜與臣下的一種禮遇。

元凶弒立，[1]以揚州浙江西屬司隸校尉，[2]浙江東五郡立會州，[3]以誕爲刺史。世祖入討，[4]遣沈慶之兄子僧榮間報誕，[5]又遣寧朔將軍顧彬之自魯顯東入，受誕節度。[6]誕遣參軍劉季之與彬之并勢，[7]自頓西陵，[8]以爲後繼。劭遣將華欽、庾導東討，[9]與彬之等相逢於曲阿之奔牛塘，[10]路甚狹，左右皆悉入菰葑。[11]彬之軍人多齎籃屐，^[12]於菰葑中夾射之，欽等大敗。事平，徵誕爲持節、都督荆湘雍益寧梁南北秦八州諸軍事、衛將軍、開府儀同三司、荆州刺史。^[13]誕以位號正與濬同，^[14]惡之，請求回改。乃進號驃騎將軍，^[15]加班劍二十人，^[16]餘如故。南譙王義宣不肯就徵，^[17]以誕爲侍中、驃騎大將軍、揚州刺史，^[18]開府如故。改封竟陵王，^[19]食邑五千戶。顧彬之以奔牛之功，封陽新縣侯，^[20]食邑千戶；季之零陽縣侯，^[21]食邑五百戶。

[1]元凶：指劉劭。宋文帝劉義隆長子。本書卷九九有傳。

[2]揚州：領丹陽、會稽、吳興、吳郡、淮南、宣城、東陽、臨海、永嘉、新安九郡，包括今浙江、江蘇、安徽部分地區，治所建康，在今江蘇南京市。　浙江：水名。即今浙江錢塘江、富春江，自西南流向東北。　司隸校尉：官名。漢代爲京師及王畿地區行政長官，兼有糾察京師百官的重任。後或置或廢，宋孝武帝後不再設置。三品。

[3]會（kuài）州：即東揚州。領會稽、臨海、永嘉、東陽、新安五郡，治所在今浙江紹興市。

[4]世祖：宋孝武帝劉駿廟號。

[5]沈慶之：人名。字弘先，吳興武康（今浙江德清縣）人。本書卷七七有傳。　僧榮：人名。即沈僧榮。本書卷七七有附傳。　間報：私下報告。

[6]寧朔將軍：官名。將軍名號。四品。　顧彬之：人名。或作“顧彬”。曾任安北參軍、驃騎諮議參軍等職，以平亂之功被封陽新縣侯。　魯顯：地名。各本並作“曾顯”。孫彪《考論》云：“曾當作魯。《鄧琬傳》曰：太宗恐劉胡步向京邑，使廣德令王蘊防魯顯。按《方輿紀要》，寧國宣城縣南有魯山，其下爲魯顯水。”

按此説是，今從中華本改正。　受誕節度：宋本、弘治本、北監本、毛本無"誕節度"三字，殿本、局本有"節度"二字，無"誕"字，中華本據《南史》補，從之。

[7]劉季之：人名。曾參與平定臧質反叛的梁山之役，以功封零陽縣侯。後任寧朔將軍、司州刺史，因是劉誕舊部被討斬。事見本卷。

[8]西陵：地名。本名固陵，在今浙江杭州市蕭山區西北西興鎮。宋設有西陵牛埭，即此。

[9]華欽：人名。本書卷九九《劉劭傳》作"燕欽"。時任劉劭殿中將軍。　庾導：人名。《南史》作"庾遵"。時官任太保參軍。

[10]與彬之等相逢於曲阿之奔牛塘："等"各本皆作"弟"，中華本據張森楷《校勘記》改正，今從之。曲阿，縣名。治所在今江蘇丹陽市。奔牛塘，地名。在今江蘇常州市武進區西北奔牛鎮，濱臨運河東岸。

[11]菰葑：一種植物的根。菰，菰菜，即茭白。葑，即菰根，茭白根。《珠叢》云："菰草叢生，其根盤結，名曰葑。"按：此實指菰草叢。

[12]藍屐：用竹、藤、柳條類編成的木底鞋。

[13]持節：官名。官員外出持有皇帝授予的節杖，以示權位與尊崇，平時可殺無官位之人，戰時則有誅殺二千石以下官員的權力。　寧：州名。治所在今雲南曲靖市西。　衛將軍：官名。軍府名號，位在諸名號大將軍之上。二品。開府者位從公，一品。　開府儀同三司：官名。大臣加號，意謂與三司即太尉、司徒、司空禮制、待遇相同，許開府自辟僚屬。

[14]濬：人名。即劉濬。宋文帝次子，曾參與其兄劉劭的篡弑陰謀，失敗被誅殺。文帝時任都督荊雍益梁寧南北秦七州諸軍事、衛將軍、開府儀同三司、荊州刺史，故言與劉誕此時"位號同"。本書卷九九有傳。

[15]驃騎將軍：官名。位居諸名號將軍之首，但僅作爲軍府名號加授大臣和重要州郡長官。二品。開府者位從公，一品。

[16]班劍：漢制朝服帶劍，晋代之以木，謂之班劍。因其爲虎賁所持，故晋以後成爲隨從侍衛之代稱，且成爲皇帝對功臣的恩賜，可隨身進入宫殿。人數自百二十人至十人不等。

[17]義宣：人名。即劉義宣。宋武帝劉裕第六子。本書卷六八有傳。　就徵：服從皇帝徵召之命由駐地返回京城。時劉義宣爲荆州刺史，駐江陵。

[18]侍中：官名。門下之侍中省長官，常侍衛皇帝左右，平議尚書奏事，兼統宫廷内侍諸署。三品。

[19]改封竟陵王：丁福林《校議》據本書卷六《孝武帝紀》、《通鑑》卷一二七、《南史》卷二《宋本紀中》考證，劉誕改封竟陵王在其任揚州刺史之前，此處反記在後，誤。

[20]陽新：縣名。治所在今湖北陽新縣西南陽新鎮。　縣侯：侯爵名。即開國縣侯。位在開國縣公下。二品。

[21]零陽：縣名。治所在今湖南慈利縣東。

　　明年，義宣舉兵反，有荆、江、兖、豫四州之力，[1]勢震天下。上即位日淺，朝野大懼，上欲奉乘輿法物，[2]以迎義宣。誕固執不可，然後處分。[3]帝加誕節，[4]仗士五十人，出入六門。[5]上流平定，誕之力也。初討元凶，與上同舉兵，有奔牛之捷，至是又有殊勳，上性多猜，頗相疑憚。而誕造立第舍，窮極工巧，園池之美，冠於一時。多聚才力之士，實之第内，精甲利器，莫非上品，上意愈不平。

[1]四州之力：時劉義宣自任荆州刺史，其黨徒臧質任江州刺史，魯爽任豫州刺史，徐遺寶任兖州刺史，他們聯合進攻建康。

[2]乘輿：宮廷專用的車駕。　法物：古代帝王用於儀仗、祭祀的器物。

[3]處分：調度，指揮。

[4]帝加誕節：三朝本、北監本、毛本無“帝加”二字，殿本有“加”字，無“帝”字。中華本據《元龜》卷二九〇補，從之。

[5]仗士：衛士。　六門：周一良《札記》云：六門“非建康城門，乃宮廷及中央官廨集中所在之臺城之門也。《通鑑》一六四記湘東王曰‘六門之內，自極兵威’。胡注釋之甚明確，‘臺城六門：大司馬門、萬春門、東華門、西華門、太陽門、承明門’”。

　　孝建二年，[1]乃出爲使持節、都督南徐兗二州諸軍事、太子太傅、南徐州刺史，[2]侍中如故。上以京口去都密邇，[3]猶疑之。大明元年秋，[4]又出爲都督南兗南徐兗青冀幽六州諸軍事、南兗州刺史，[5]餘如故。誕既見猜，亦潛爲之備，至廣陵，[6]因索虜寇邊，[7]修治城隍，[8]聚糧治仗。嫌隙既著，道路常云誕反。

[1]孝建：宋孝武帝劉駿年號（454—456）。

[2]使持節：官名。凡朝廷派重要軍事長官出征或出鎮時，加使持節，可誅殺二千石以下官員。其威權比持節更重。　太子太傅：官名。掌輔翼太子。三品。丁福林《校議》據本書卷五《文帝紀》、卷六《孝武帝紀》、卷六一《武三王傳》，《南史·宋本紀》，《通鑑》卷一二八考證，此時任太子太傅者爲江夏王義恭，而竟陵王誕時任司空，故此“太子太傅”乃“司空”之誤。

[3]京口：地名。在今江蘇鎮江市京口區，爲長江下游軍事重鎮，時南徐州治此。　密邇：貼近，靠近。

[4]大明：宋孝武帝劉駿年號（457—464）。

[5]兗：州名。治所在今山東兗州市。　青：州名。治所在今

山東青州市。　冀：州名。僑置，治所同青州。　幽：州名。按《宋志》二十二州無幽州，此爲虛領。

　　[6]廣陵：縣名。治所在今江蘇揚州市西北，時爲南兗州治所。

　　[7]索虜：南人對北魏的蔑稱。因鮮卑民俗男人編髮爲辮，故以索稱。

　　[8]城隍：城池。城墻和護城濠溝。

　　三年，建康民陳文紹上書曰：“私門有幸，亡大姑元嘉中蒙入臺六宮，[1]薄命早亡，先朝賜贈美人，[2]又聽大姑二女出入問訊。父饒，司空誕取爲府史，[3]恒使入山圖畫道路，勤劇備至，不敢有辭，不復聽歸，消息斷絕。姑二女去年冒啓歸訴，蒙陛下聖恩，賜敕解饒吏名。[4]誕見符至，[5]大怒，喚饒入交問：[6]‘汝欲死邪？訴臺求解。’饒即答：‘官比不聽通家信，[7]消息斷絕。若是姊爲啓聞，所不知。’誕因問饒：‘汝那得入臺？’饒被問，依實啓答。既出，誕主衣莊慶、畫師王強語饒：[8]‘汝今年敗，汝姊誤汝。官云小人輩敢持臺家逼我。’[9]饒因叛走歸，誕即遣王強將數人逐，突入家內縛錄，將還廣陵。至京口客舍，乃阤死井中，[10]託云‘饒懼罪自殺’。抱痛懷冤，冒死歸訴。”

　　[1]六宮：古代皇后寢宮，正寢一，燕寢五，合爲六宮。後用以稱后妃或其所居之地。

　　[2]先朝：指宋文帝劉義隆時。　美人：妃嬪的稱號。秩比千石以下。

　　[3]府史：吏名。官署中主管文書的佐吏。

　　[4]吏名：吏的名籍。吏在秦漢時作爲下級官吏，經過一個逐

漸分化的過程，到魏晉南北朝時淪爲一種職役性的社會階層，地位低下，受官府嚴密控制，另立户籍，稱爲"吏户"，身份世襲，世代服吏役，没有人身自由。非經特殊放免，除去吏名，不能免役。此處的陳饒即爲官府服雜役的低級文武吏。

〔5〕符：公文程式。晋以後尚書所下公文稱符，往往末云"符到奉行"。

〔6〕交問：對話訊問。

〔7〕比：每每。

〔8〕主衣：官名。掌御用衣服器玩，皇帝、後宮、東宮、諸王均置，多用左右親信充任。　莊慶：人名。其事不詳。　畫師：官府畫工。　王强：人名。其事不詳。

〔9〕官：指劉誕。　臺家：指皇帝。

〔10〕陊（duò）：墜落。

　　吴郡民劉成又詣闕上書，[1]告誕謀反。稱："息道龍昔伏事誕，[2]親見姦狀。又見誕在石頭城内，[3]修乘輿法物，習倡警蹕。[4]道龍私獨憂懼，向伴侣言之。語頗漏泄，誕使大吏令監内執道龍。[5]道龍逸走，誕怒鞭殺監，又捕殺道龍。"又豫章民陳談之上書訴枉，[6]稱："弟詠之昔蒙誕采録，[7]隨從歷鎮，[8]大駕南下，爲誕奉送牋書，[9]經涉危險，時得上聞。聖明登祚，恩澤周普，回改小人，使命微勤，賜署臺位。[10]詠之恒見誕與左右小人莊慶、傅元祀潛圖姦逆，[11]言詞醜悖，每云：'天下方是我家有，汝等不憂不富貴。'又常疏陛下年紀姓諱，[12]往巫鄭師憐家祝詛。[13]詠之既聞此語，又不見其事，[14]恐一旦事發，横罹其罪，密以告建康右尉黄宣達，[15]并有啓聞，希以自免。元祀弟知詠之與宣達來往，自嫌言語漏泄，即具以告誕。誕大怒，令左右飲詠之酒，逼使大醉，因言詠之乘酒罵詈，遂被害。自顧冤枉，事有可哀。”

[1]吳郡：治所在今江蘇蘇州市。

[2]息：兒子。　道龍：人名。即劉成的兒子劉道龍。事見本卷，餘事不詳。

[3]石頭城：在今江蘇南京市西清涼山。本楚威王所置金陵邑，東漢末孫權重築改名。一名石首城，簡稱石城。時其城負山面江，形勢險固，爲軍事重鎮，置重兵於此。

[4]警蹕：古代皇帝出入時，於所經路途侍衞警戒，清道止行，謂之“警蹕”。此極言劉誕冒僭天子之制。

[5]大吏令監：官名。管理府内佐吏的官員。

[6]豫章：郡名。治所在今江西南昌市。

[7]采録：選取録用。

[8]歷鎮：歷經各個鎮守地。宋常派諸王出鎮地方，任要地軍政長官。

[9]牋書：一種文體，寫給尊貴者的書信。

[10]聖明：代指皇帝的頌贊之辭。此謂宋孝武帝。　登阼：登基。阼，帝位。　署：委任，任命。　臺位：指任職於中央政府機構。

[11]傅元祀：人名。《南史》卷一四《宋宗室及諸王傳下》作“傅元禮”。其事不詳。

[12]疏：分條寫下。　姓諱：姓氏和名字。諱，帝王或尊長的名字。

[13]鄭師憐：人名。其事不詳。　祝詛：祝告鬼神，使加禍於别人。

[14]又不見其事：丁福林《校議》云：“上文云竟陵王誕‘又

常疏陛下年紀姓諱，往巫鄭師憐家祝詛'。《通鑑》卷一二九亦云詠之'見誕書陛下年紀姓諱，往巫鄭師憐家祝詛'，則是詠之既聞誕醜悖之語，又見誕悖逆巫蠱之事也。而此云詠之'既聞此語，又不見其事'，前後相悖，與事實亦不相合。即此'又不見其事'者，恐爲'又見其事'之訛。"

[15]建康右尉：官名。即建康縣右尉。縣尉專司治安，大縣置二人，次縣小縣各一人。建康爲京師畿縣，則置六部尉，右尉爲其一，又稱右部尉。　黃宣達：人名。其事不詳。《南史·宋宗室及諸王傳下》作"黃達"。

　　其年四月，上乃使有司奏曰：[1]

　　　　臣聞神極尊明，大儀所以貞觀；[2]皇天峻邈，玄化所以幽宣。[3]故能經緯甿俗，大庇黔首。[4]庶道被八紘，不遺疏賤之賞；[5]威格天區，豈漏親貴之罰。[6]此不刊之鴻則，古今之恒訓。[7]

[1]有司：官吏。古代設官分職，各有專司，故稱。

[2]神極尊明：天地間的神靈十分聖明。　大儀：儀範，大法。貞觀：以正道示人。貞，正，常。觀，示。

[3]峻邈：崇高遠大。　玄化：聖德教化。　幽宣：由隱微變爲暢達。幽，深沉。宣，通暢。

[4]經緯：規劃治理。　甿俗：民風民俗。甿，同"氓"。老百姓。　庇：庇護。　黔首：平民。

[5]庶：庶幾，冀望。　被：施及。　八紘：八方極遠之地。泛指天下。　疏賤：疏遠微賤之人。

[6]格：到。　天區：謂上下四方。　親貴：皇親貴戚。

[7]不刊：不改變。　鴻則：大的法則。　恒訓：永恒的準則和規範。

　　謹按元嘉之末，天綱崩褫，[1]人神哀憤，含生喪氣。司空竟陵王誕義兼臣子，任居藩維。[2]進不能泣血提戈、忘身徇節；[3]退不能閉關拒險、焚符斬使。[4]遂至拜受僞爵，欣承榮寵，沈淪姦逆，肆于昏放。以妻故司空臣湛之女，[5]誅亡餘類，單舟遄遣，披猖千里，事哀行路，賊忍無親，莫此爲甚。[6]故山陰令傅僧祐，[7]誠亮國朝，義均休戚。重門峻衛，不能拒折簡之使，[8]巖險千里，不能庇匹夫之身。乃更助虐憑凶，抽兵勒刃，遂使頓仆牢穽，死不旋踵，妻子播流，[9]庭筵莫立，[10]見之者流涕，聞之者含嘆。及神鋒首路，檻槍東指，風卷四嶽，電埽三江。[11]誕猶持疑兩端，陰規進退。[12]陛下頻遣書檄，[13]告譬殷勤，[14]方改姦圖，末乃奉順。分遣弱旅，永塞符文，[15]宴安所苞，[16]身不越境，悖禮忘情，不顧物議，[17]彎弧躍馬，務是畋游，[18]致奔牛有崩碎之陳，新亭無獨克之術。[19]假威義銳，乞命皇旅，竟有何勞，而論功伐。[20]

[1]天綱：朝廷的綱經秩序。　崩褫（chǐ）：崩壞廢弛。此指宋文帝突然遇害去世。

[2]義兼臣子：按倫理大義，既是大臣，又是兒子。　藩維：屏障中央的諸侯王國。

[3]泣血：泪盡血出，形容極度悲傷。　提戈：手持兵器。喻報仇拼命。　徇節：爲志節而死。徇，同“殉”。

[4]焚符斬使：焚燒符命，斬殺來使。形容劉誕應該與“元

凶”劉劭決斷。

[5]湛之：人名。即徐湛之。本書卷七一有傳。

[6]誅亡餘類：徐湛之全家爲劉劭誅殺幾盡，其女爲劉誕妻在外，得免。 遄遣：疾速遣送。遄，疾速。 披猖：狼狽之相。賊忍：殘忍。

[7]故山陰令傅僧祐：各本並脫“令”字，今補。張森楷《校勘記》云：“脫令字，據《臧燾傳》，僧祐是山陰令。”傅僧祐，人名。祖父傅弘仁爲宋武帝劉裕表弟，屢任顯官。僧祐任山陰令時被劉劭視爲徐湛之黨，被殺。本書卷五五有附傳。

[8]折簡之使：帶有劉劭書札的使節。折簡，亦作“折柬”。折半之簡，言其禮輕，代指書札或信箋。

[9]妻子播流：妻兒遷徙。

[10]庭筵莫立：喻家破人亡。庭，庭堂院落。筵，以席子鋪設坐席。

[11]神鋒首路：指宋孝武帝劉駿首先起兵討伐劉劭。 欃(chán)槍：彗星的別名。古人認爲是凶星，所指方位不吉。 四嶽：泰山、華山、衡山、恒山的總稱。 三江：古代各地衆多水道的總稱。按以上“四嶽”“三江”皆泛指，形容廣大地區。

[12]陰規：暗中謀求。 進退：前進與後退。此指預留後路，模棱兩可。

[13]書檄：書信和檄文。檄，古代用來徵召、聲討的文書。

[14]殷勤：頻繁，反復。

[15]永塞：一直敷衍塞責。

[16]宴安：逸樂。 莅：治理。

[17]物議：衆人的議論。

[18]畋游：打獵游玩。

[19]崩碎之陳：敗壞不整的陣勢。陳，同“陣”。 新亭：地名。在今江蘇南京市西南。地近江濱，依山建城壘，爲當時軍事和交通重地。時劉駿派遣柳元景等人在此擊潰了劉劭的軍事主力，爲

決定形勢的關鍵一役。

[20]義銳：精銳的義軍。　功伐：功勞伐閱的簡稱。從漢代起就建立的官吏升遷的考核制度。凡官吏升官遷職，必根據功勞大小和伐閱（資歷）時限來決定。詳見朱紹侯《軍功爵制研究》一書下編七《西漢的功勞、閥閱制度》。

既荗祲廓清，大明升曜，幽顯宅心，遠邇雲集。[1]誕忽星行之悲，違開泰之慶，遲回顧望，淹踰旬朔。[2]逆黨陳叔兒等，[3]泉寶鉅億，資貨不貲，誕收籍所得，不歸天府，辭稱天軍，實入私室。[4]又太官東傳，舊有獻御，喪亂既平，猶加斷遏，珍羞庶品，回充私膳。[5]於號諱之辰，遽甘滋之品，當惟新之始，絕苞苴之貢。[6]忠孝兩忘，敬愛俱盡。乃徵引巫史，[7]潛考圖緯，[8]自謂體應符相，富貴可期，悖意醜言，不可勝載。遂復遙諷朝廷，占求官爵，侮蔑宗室，詆毀公卿，不義不昵，人道將盡。[9]荷任神州，方懷姦慝，每闕向宸御，妄生規幸，多樹淫祀，顯肆荗詛。[10]遂在石頭，潛修法物，傳警稱蹕，[11]擬則天行，[12]皆已駭暴觀聽，彰布朝野。昔內難甫寧，珍瑋散佚，有御刀利刃，擅價諸夏，天府禁器，歷代所珍。[13]誕密加購賞，頓藏私室。賊義宣初平，餘黨逃命，誕含縱罔忌，私竊招納，名工細巧，悉匿私第。又引義宣故將裴興爲己腹心，[14]事既彰露，猶執欺罔，公文面啓，矯稱舊隸。加以營宇制館，[15]僭擬天居，引石徵材，專擅興發，驅迫士族，役同輿皁，殫木土之姿，窮吞并之勢。[16]故會稽宣長公主受遇二祖,[17]禮級尊崇,臣湛之亡身徇國,追榮典軍。[18]誕以廣拓宅宇,地妨蓺植,輒逼遺孤,頓相驅徙。[19]遂令神主宵遷,改卜委巷。[20]宗戚含傷,行路掩涕。又緣谿兩道,積代通衢,誕拓宇開垣,擅斷其一。[21]致使徑塗擁隔,川陸阻礙,神怒民怨,毒徧幽顯。故丞相臨川烈武王臣道規,[22]名德茂親,勳光常策,異禮殊榮,受自先旨者。[23]嗣王臣義慶受任西夏,靈寢暫移,[24]先帝親枉鑾輿,拜辭路左,恩冠終古,事絕常班。[25]誕又以廟居宅前,固請毀換,詔旨不許,怨懟彌極。[26]

[1]祅祲:一作"祅祲",不祥之氣,比喻寇亂。此指元凶劉劭。　大明:原指日月,代指君主,此指孝武帝。　幽顯:猶陰陽,此指朝野上下。　宅心:歸心。心悅誠服而歸附。　遠邇:遠近。

[2]忽:忽略,怠慢。　星行之悲:典出《後漢書》卷六三《杜喬傳》:杜喬被梁冀所害,暴尸洛陽城北,無人敢於收尸。杜喬故吏楊匡聽到消息,"號泣星行"趕到洛陽,收尸殯葬,後世傳爲忠義佳話。星行,連夜頂著星星趕路,形容急迫的心情。　開泰:開始亨通安泰。　遲回顧望:遲疑觀望。　淹:遲延停留。　旬朔:十天至一個月。旬,十日。朔,每月初一。

[3]陳叔兒:人名。原爲劉劭心腹軍官,曾參與入宮謀害宋文帝的行動,後被任爲龍驤將軍,賜錢二十萬,率軍東討。失敗後被殺。事見本書卷九九《劉劭傳》。

[4]泉寶:錢幣。　資貨:資財物品。　不貲:不可計數。天府:皇家府庫。　天軍:帝王的軍隊。　私室:個人私囊。

[5]太官：官名。即太官令。掌宮廷膳食及燕享之事。　獻御：指進獻食物給皇上。　斷遏：阻斷截留。

[6]號諱：指帝王去世。　苞苴：即蒲包。用葦或茅編織成的包裹魚肉之類食品的用具。此借指向皇帝進貢之物。

[7]巫史：古代從事求神占卜等活動的人叫“巫”，掌管天文、星象、曆數、史册的人叫“史”。此泛指從事迷信方術職業的人。

[8]圖緯：圖讖和緯書。皆爲方士們編造的關於帝王受命徵驗一類的書，多爲隱語、預言。

[9]人道：爲人之道。指人要遵循的社會倫理規範。

[10]宸御：比喻帝位。　規幸：謀求僥幸。　淫祀：不合禮制的祭祀，妄濫之祭。　荻詛：一作“祅詛”，邪惡的詛咒。

[11]傳警稱蹕：像皇帝一樣出行時沿途警戒，清止行人。

[12]天行：天命。指皇帝。一説指天子之行。

[13]珍瑋：珍寶。　擅價：享有身價。

[14]裘興：人名。其事不詳。

[15]營宇制館：“宇”各本作“于”，殿本作“干”。張元濟《校勘記》云：“于疑宇之訛。”按張校是，今從中華本改正。宇，屋宇。

[16]輿皂：古代十等人中兩個低微等級的名稱，泛指賤役或賤吏。　吞并：侵併別人的土地財物，據爲己有。

[17]會稽宣長公主：即宋武帝劉裕長女劉興弟。爲臧皇后所生，封會稽公主，後嫁給徐逵之，徐湛之是她的兒子。劉裕死後，身爲長嫡，對皇家事務極有發言權。事見本書卷七一《徐湛之傳》。

二祖：武帝劉裕死後尊廟號高祖，文帝劉義隆死後尊廟號太祖，並稱二祖。

[18]追榮典軍：徐湛之生前領護軍將軍，死後“門户荼酷，遺孤流寓”，孝武帝即位，特詔家屬“歸居本宅”。典軍，掌宿衛禁軍的官名。

[19]廣拓宅宇：“拓”各本並作“託”，今從中華本改正。

藝植：耕種，栽植花木。

　　[20]神主：古代爲死人做的牌位，用木或石製成，放於祠廟中供祭祀。　　委巷：彎曲僻巷。

　　[21]緣谿：沿著溪的兩邊。按建康城東南有青溪，疑指此。通衢：四通八達的道路。　　開垣：開擴圍墻。

　　[22]道規：人名。即劉道規。宋武帝劉裕少弟。本書卷五一有傳。

　　[23]名德茂親：德行高邁，尊美之親。　　勳光常策：功勳光射，遠過常人。　　先旨：先帝恩旨。按此處“者”疑爲衍字。

　　[24]義慶：人名。即劉義慶。襲封臨川王，曾任荆州刺史等重職。喜愛文辭，曾招聚文學之士，著《世說新語》八卷。本書卷五一有附傳。　　受任西夏：即出任荆州刺史。此據長江上游，故云“西夏”。　　靈寢暫移：嗣子在江陵，按例道規神主應隨家廟遷往江陵。

　　[25]先帝：指宋文帝劉義隆。　　親枉鑾輿：親自屈尊乘車前往。枉，屈尊。鑾輿，皇帝所乘之車。　　拜辭：向靈寢拜祭辭別。

　　[26]廟：劉道規神廟。按：劉義慶離職返京後，家廟例返建康。　　毀換：毀廟遷換他處。　　怨懟：怨恨，不滿。

　　有覦面目，[1]犲狼爲性，規牧江都，[2]希廣兵力，天德尚弘，甫申所請，仍謂應住東府，[3]宜爲中台，[4]貪冒無厭，人莫與比。雖聖慈全救，每垂容納，而虐戾不悛，姦詖彌甚。[5]受命還鎮，[6]猜怨愈深，忠規正諫，必加鴆毒，詔瀆膚躁，[7]是與比周。又矯稱符勅，設牓開募，事發辭寢，委罪自下。及録事徐靈壽以常署受坐，[8]將就囚執，舀韓近恭，[9]中護軍遣吏夏嗣伯密相屬請，[10]求寬桎梏。

且王僧達臨刑之啓事,[11]高闍即戮之辭,[12]皆稱潛驛往來,[13]遥相要契,[14]醜聲穢問,宣著遐邇,含識能言,[15]孰不憤嘆。又獲吳郡民劉成、豫章民陳談之、建康民陳文紹等並如訴狀,則姦情猜志,歲月增積。

[1]靦(miǎn):厚顏,不知羞愧。

[2]江都:縣名。治所在今江蘇揚州市西南。時南臨長江,爲江防軍事要地。

[3]東府:東晉、南朝都建康時丞相兼領揚州刺史的治所,在今江蘇南京市内。

[4]中台:星名。漢代以後以三台當三公之位,中台比司徒,成爲相府代稱。

[5]全救:全力救助。 姦詖(bì):奸詐邪僻。

[6]還鎮:指劉誕出爲南兗州刺史,駐廣陵。

[7]諂瀆膚躁:(對)巴結、褻瀆、輕浮狡猾的人勾結。

[8]録事:官名。即録事參軍。南朝公府、將軍府、州刺史開軍府者皆置,爲録事曹長官,掌總録衆曹文簿,舉彈善惡,位在列曹參軍上。七品。 徐靈壽:人名。其事不詳。 常署:日常簽發公文。

[9]舀韓近恭:《全宋文》卷五九嚴可均校云"舀當作諂"。

[10]中護軍:官名。掌督護京師以外地方諸軍。三品。 夏嗣伯:人名。其事不詳。

[11]王僧達:人名。琅邪臨沂人。本書卷七五有傳。

[12]高闍:人名。南彭城蕃縣人,與沙門釋曇標、道方、秣陵民藍宏期等一起,聯結殿中將軍苗允等人,計劃於大明二年武裝進攻皇宮,準備立高闍爲天子,事泄被捕殺。事見本書卷七五《王僧達傳》。

[13]潛驛：私下用驛馬傳送信息。

[14]要契：邀引約定。

[15]含識：佛教語。謂有意識、有感情的生物，即衆生。

　　昔周德初升，公旦有流言之釁；[1]魯道方泰，季子斷逵泉之誅。[2]近則淮厲覆車於前，[3]義康襲軌於後，[4]變發柴奇，禍成范、謝，[5]亦皆以義奪親，情爲憲屈。[6]況乃上悖天經，下誣政道，結釁於無妄之辰，[7]希幸於文明之日，皇穹所不覆，厚土所不容。[8]夫無禮之誡，臣子所宜服膺；[9]干紀之刑，有國所應慎守。臣等參議，宜下有司，絕誕屬籍，削爵土，收付廷尉法獄治罪。[10]諸所連坐，別下考論。伏願遠尋宗周之重，[11]近監興亡之由，割恩棄私，俯順群議，則卜世靈根，[12]於茲克固，鴻勳盛烈，永永無窮。陛下如復隱忍，未垂三思，則覆皇基於七百，[13]擠生民於塗炭。此臣等所以夙夜危懼、不敢避鈇鉞之誅者也。

[1]周德初升：指周朝初建。按古代“五德終始說”，德指一種相生相克循環不息，當運時能主宰天道人事的天然勢力，朝代或帝王得到它，可作爲受命之符。　公旦：人名。即西周初姬旦。周文王第四子，因采邑在周，又稱周公。他在成王年幼時攝政，管叔、蔡叔散布流言，與東方反周勢力聯合反叛。後周公東征殺管流蔡，穩定了局勢。事見《史記》卷四《周本紀》。

[2]逵泉之誅：據《左傳》莊公三十二年，魯莊公得病，爲確保兒子子般繼承君位，讓三弟季友以君命召二弟叔牙於鍼巫家，使鍼巫用毒酒毒死叔牙。叔牙喝了毒酒，回到逵泉就死了。後以此指

以弟殺兄。逵泉，春秋時魯國地名，在今山東曲阜市東南。

[3]淮厲：即西漢初淮南厲王劉長。劉邦少子，漢文帝之弟，被封爲淮南王。在漢文帝時圖謀叛亂，被拘押流放蜀郡，途中不食而死。謚厲王。時民謠曰："一尺布，尚可縫；一斗粟，尚可舂。兄弟二人不相容。"事見《漢書》卷四四《淮南厲王劉長傳》。

[4]義康：人名。即劉義康。宋武帝劉裕第四子，封彭城王，因受范曄謀反案牽連，免爵爲庶人，於獄賜死。本書卷六八有傳。

[5]柴奇：人名。西漢棘蒲侯柴武太子，曾受淮南厲王劉長指派，聯結七十人，準備以四十乘滿載兵器之車在谷口起事。後事敗露，導致劉長覆亡。　范、謝：人名。指范曄與謝綜。范曄，順陽人，謝綜爲其外甥。宋文帝時二人與孔熙先等相聯結，計劃發動宮廷政變，殺死文帝，擁立劉義康爲皇帝。後事泄，二人皆被處死。事見本書卷六九《范曄傳》。

[6]以義奪親：大義滅親。　情爲憲屈：親情讓位於法憲。

[7]結釁：構建罪惡。　無妄：謂邪道不行，不敢詐僞。

[8]皇穹：皇天。　厚土：土地。

[9]服膺：銘記在心，衷心信奉。

[10]屬籍：指宗室譜籍。　爵土：爵位和封土。　廷尉：官名。戰國秦始置，後沿置，爲中央最高司法審判機構長官。文武大臣有罪，由其直接審理收獄，重大案件由皇帝派人會審。南朝又置"建康三官"分掌刑獄，廷尉職權較前爲輕。三品。　法獄：監獄。

[11]宗周：西周王朝建有二都，東都洛邑爲成周，西都豐鎬爲宗廟所在，稱宗周。此借指宗廟。

[12]卜世：占卜預測傳國的世數。此泛指國運。　靈根：對祖先的敬稱。張衡《南都賦》："固靈根於夏葉，終三代而始蕃。"李周翰注："劉累自夏而遷於此，故云'固靈根於夏葉'，終于殷周秦三代，然後漢興乃蕃盛。"

[13]七百：《左傳》宣公三年："成王定鼎于郟鄏，卜世三十，卜年七百，天所命也。"後用"七百"稱揚古代王朝運祚綿長。

上不許，有司又固請，乃貶爵爲侯，遣令之國。

上將誅誕，以義興太守垣閬爲兗州刺史，[1]配以羽林禁兵，遣給事中戴明寶隨閬襲誕，使閬以之鎮爲名。[2]閬至廣陵，誕未悟也。明寶夜報誕典籤蔣成，[3]使明晨開門爲内應。成以告府舍人許宗之，[4]宗之奔入告誕。誕驚起，呼左右及素所畜養數百人，執蔣成，勒兵自衛。明旦將曉，明寶與閬率精兵數百人卒至，天明而門不開，誕已列兵登陴，自在門上斬蔣成，焚兵籍，[5]赦作部徒繫囚，[6]開門遣腹心率壯士擊明寶等，破之。閬即遇害，明寶奔逃，自海陵界得還。[7]

[1]義興：郡名。治所在今江蘇宜興市。　垣閬：人名。略陽桓道（今甘肅隴西縣）人，其父垣護之爲著名武將。本書卷五〇有附傳。

[2]羽林禁兵：扈衛宮廷的禁衛軍。　給事中：官名。侍從皇帝左右，獻納得失，收發傳達諸奏文書。五品。　戴明寶：人名。南東海丹徒（今江蘇鎮江市丹徒區）人。本書卷九四有傳。

[3]典籤：官名。原爲州府掌管文書的佐吏，因當時多以年幼皇子出鎮，皇帝委派親信擔任此職，以協助處理政事。多由寒人擔任，品階亦不高，但實權漸重。每州、府數員，一歲中輪番還都匯報，成爲皇帝控制地方和諸王的工具。　蔣成：人名。其事不詳。

[4]舍人：官名。王國、公府、將軍府皆設，掌文檄之事。許宗之：人名。其事不詳。

[5]兵籍：兵士的名籍。按：魏晉南北朝普遍實行世兵制，士兵另立戶籍，世代爲兵，無人身自由，社會地位很低。劉誕此時焚燒兵籍，即放免手下部衆爲民，是收買人心、讓兵衆爲其效力的

手法。

　　[6]作部：古代製作兵器的部門。　　徒繫囚：被判徒刑而罰作勞役的在押囚犯。徒也泛指服勞役的人。

　　[7]海陵：郡名。治所在今江蘇泰州市海陵區。

　　上乃遣車騎大將軍沈慶之率大衆討誕。[1]誕焚燒郭邑,[2]驅居民百姓,悉使入城,分遣書檄,要結近遠。時山陽内史梁曠家在廣陵,[3]誕執其妻子,遣使要曠,曠斬使拒之。誕怒,滅其家。誕奉表投之城外,曰："往年元凶禍逆,陛下入討,臣背凶赴順,可謂常節。及丞相構難,臧、魯協從,[4]朝野怳惚,[5]感懷憂懼,陛下欲建百官羽儀,[6]星馳推奉。臣前後固執,方賜允俞,[7]社稷獲全,是誰之力？陛下接遇慇懃,累加榮寵,驃騎、揚州,[8]旬月移授,恩秩頻加,復賜徐、兗,[9]仰屈皇儲,[10]遠相餞送。臣一遇之感,感此何忘,庶希偕老,永相娛慰。豈謂陛下信用讒言,遂令無名小人來相掩襲,不任枉酷,即加誅剪。[11]雀鼠貪生,仰違詔勑。今親勒部曲,鎮扞徐、兗。[12]先經何福,同生皇家；今有何怨,便成胡、越？[13]陵鋒奮戈,萬没豈顧,盪定之期,冀在旦夕。[14]右軍、宣簡,[15]爰及武昌,[16]皆以無罪,並遇枉酷,臣有何過,復致於此。陛下宫帷之醜,豈可三緘。[17]臨紙悲塞,不知所言。"世祖忿誕,左右腹心同籍朞親並誅之,[18]死者以千數。或有家人已死,方自城内叛出者。

　　[1]車騎大將軍：官名。重號將軍,多加於權臣元老,以示尊

崇。一品。

　[2]郭邑：外城之邑。郭，外城。邑，民人聚居之地。

　[3]山陽：郡名。治所在今江蘇淮安市。　内史：官名。西晉後改諸王國相爲内史，掌管民政，如郡太守。五品。　梁曠：人名。事見本卷。

　[4]丞相：指劉義宣，時官任丞相。　臧、魯：臧質和魯爽。時二人分任江州刺史和豫州刺史，與在荆州的劉義宣聯兵進攻建康，失敗俱被殺。本書卷七四有二人傳。

　[5]怳惚：亦作“恍惚”。謂迷離恍惚，神思不定。

　[6]陛下欲建百官羽儀：各本並脱“建”字，中華本據《魏書》卷九七《島夷劉裕傳》補，今從之。百官羽儀，指帝王衛隊。此謂孝武帝欲屈從而奉迎劉義宣爲天子。

　[7]允俞：允准，允諾。

　[8]驃騎：官名。即驃騎大將軍。　揚州：此代指揚州刺史。

　[9]徐、兗：皆州名。此代指南徐州刺史和南兗州刺史。

　[10]皇儲：指皇太子。時爲宋孝武帝長子劉子業。

　[11]不任：不能忍受。　枉酷：枉加的酷刑。　誅剪：誅殺。

　[12]部曲：軍隊，部屬。　鎮扞：亦作“鎮捍”。鎮守捍衛。

　[13]愆：過錯，差失。　胡、越：原義爲北方和南方的邊疆民族，相隔遼遠。後比喻疏遠或對立關係的雙方。

　[14]萬没：萬死。　盪定之期：“之”各本並作“以”，中華本據《魏書·島夷劉裕傳》改，今從之。

　[15]右軍：官名。此指南平王劉鑠。宋文帝第四子，屢出重鎮，後依附元凶，被宋孝武帝劉駿暗中毒殺。本書卷七二有傳。宣簡：建平王劉宏的謚號。劉宏爲宋文帝第七子。本書卷七二有傳。各本並作“宣蘭”，中華本據《魏書·島夷劉裕傳》改，今從之。

　[16]武昌：王爵名。指武昌王劉渾。宋文帝第十子。本卷有傳。

[17]宮幃之醜：宮門内男女淫亂。據載宋孝武帝貪婪女色，與叔父劉義宣諸女淫亂，以至於其醜行"流聞民間"。　三緘："三緘其口"的略語。指言語謹慎，少説或不説話。緘，封。

[18]同籍：同籍貫。　朞親：服喪一年，即比較疏遠的親屬。

　　車駕出頓宣武堂，内外纂嚴。[1]慶之進廣陵，誕幢主韓道元來降。[2]豫州刺史宗慤、徐州刺史劉道隆率衆來會。[3]誕中兵參軍柳光宗、參軍何康之、劉元邁、幢主索智朗謀開城北門歸順，[4]未期而康之所鎮隊主石貝子先衆出奔，[5]康之懼事泄，夜與智朗斬關而出。誕禽光宗殺之。光宗，柳元景從弟也。康之母在城内，亦爲誕所殺。

[1]車駕：帝王所乘的車。代指帝王。　宣武堂：殿堂名。在建康宫城中。　纂嚴：猶戒嚴。軍隊嚴裝、戒備。

[2]幢主：官名。爲幢的主將，所領人數與隊主相近，主要用於儀衛，亦參加作戰。　韓道元：人名。其事不詳。

[3]豫州：治所在今安徽壽縣。　宗慤：人名。南陽人。本書卷七六有傳。　徐州：治所在今江蘇徐州市。　劉道隆：人名。彭城人。曾任廬江太守、龍驤將軍等職，前廢帝時封永昌縣侯，宋明帝時被賜死。本書卷四五有附傳。

[4]柳光宗：人名。本書卷七七《柳元景傳》作"柳先宗"，爲著名武將柳元景從父弟。本書卷七七有附傳。　何康之：人名。後又任臨海王劉子頊中兵參軍，領宜都太守。事見本書卷八四《鄧琬傳》。　劉元邁：人名。其事不詳。　索智朗：人名。其事不詳。

[5]隊主：官名。軍事編制隊的主將，所領兵力自數十人至數百人不等。　石貝子：人名。其事不詳。

誕見衆軍大集，欲棄城北走，留中兵參軍申靈賜居守，[1]自將騎步數百人，親信並隨，聲云出戰，邪趨海陵道。[2]誕將周豐生馳告慶之，[3]慶之遣龍驤將軍武念追躡。[4]誕行十餘里，衆並不欲去，請誕還城。誕曰：“我還，卿能爲我盡力不？”衆皆曰：“願盡力。”左右楊承伯牽誕馬曰：[5]“死生且還保城，欲持此安之？速還尚得入，不然敗矣。”[6]慶之所遣將戴寶之單騎前至，[7]刺誕殆獲。[8]誕懼，乃馳還。武念去誕遠，未及至，故誕得向城。既至，曰：“城上白鬚，非沈公邪？”左右曰：“申中兵。”誕乃入。以靈賜爲驃騎府録事參軍，王瑴之爲中軍長史，[9]世子景粹爲中軍將軍，[10]州別駕范義爲中軍長史，[11]其餘府州文武，皆加秩。

[1]申靈賜：人名。時爲劉誕所倚重，後被誅。

[2]邪：同“斜”。偏斜。

[3]周豐生：人名。其事不詳。

[4]龍驤將軍：官名。三國魏始置，後沿之。宋三品。　武念：人名。新野人，郡將出身，時爲江夏王義恭太宰參軍，隸沈慶之攻廣陵。後於宋明帝初南陽太守任上，爲叛軍所殺。本書卷八三有附傳。　追躡：追擊，跟蹤。

[5]楊承伯：人名。其事不詳。

[6]死生：偏義複詞。指生存。　安之：往什麼地方去？安，疑問代詞。

[7]戴寶之：人名。其事不詳。

[8]殆：近於，幾乎。

[9]王瑴之：人名。琅邪人，時爲劉誕録事參軍，忠心於誕，後被誅。事見《南史》卷一四《竟陵王誕傳》。　中軍長史：官

名。南朝王國設三軍，中軍爲其一。長史領兵，爲幕僚長。丁福林
《校議》云："考是時誕爲驃騎大將軍，則王璵之所任應是驃騎長
史，此'中軍'乃'驃騎'之訛。"

　　[10]世子：諸王繼承人，猶皇帝之太子。　景粹：人名。即劉
景粹。後爲沈慶之捕殺。　中軍將軍：官名。王國三軍，上、中、
下各一將軍爲帥。

　　[11]別駕：官名。即別駕從事、別駕從事史。漢朝始置，後沿
之。南朝爲州佐吏，主吏員選舉。多六品。　范義：人名。濟陽考
城（今河南民權縣）人，早有世譽。其事多在本卷。

　　先是，右衛將軍垣護之、左軍將軍崔道固、屯騎校
尉龐孟虯、太子旅賁中郎將殷孝祖破索虜還，[1]至廣陵，
上並使受慶之節度。司州刺史劉季之，[2]誕故佐也，驍
果有膂力，[3]梁山之役又有戰功，增邑五百户。在州貪
殘，司馬翟弘業諫争甚苦，[4]季之積忿，置毒藥食中殺
之。少年時，宗愨共蒲戲，[5]曾手侮加愨，愨深銜恨。
至是愨爲豫州刺史，都督司州，[6]季之慮愨爲禍，乃委
官間道欲歸朝廷。會誕反，季之至盱眙，[7]盱眙太守鄭
瑗以季之素爲誕所遇，[8]疑其同逆，因邀道殺之，[9]送首
詣道隆。時誕亦遣間信要季之，及季之首至，沈慶之送
以示誕。季之缺齒，垣護之亦缺，誕謂衆曰："此垣護
之頭，非劉季之也。"太宗初即位，[10]鄭瑗爲山陽王休
祐驃騎中兵參軍。[11]豫州刺史殷琰與晋安王子勛同
逆，[12]休祐遣瑗及左右邢龍符説琰，[13]琰不受。鄭氏，
壽陽强族。[14]瑗即使琰鎮軍。[15]子勛責琰舉兵遲晚，琰
欲自解釋，乃殺龍符送首，瑗固争不能得。及壽陽城

降，瑗隨輩同出，龍符兄僧愍時在城外，^[16]謂瑗構殺龍符，^[17]輒殺瑗，即爲劉勔所録，後見原。^[18]僧愍尋擊虜於淮西戰死。此四人者，並由橫殺，旋受身禍，論者以爲有天道焉。^[19]

[1]右衛將軍：官名。西晉初分中衛將軍爲左、右衛將軍，負責宮禁宿衛，是禁衛軍主要統帥之一，後沿之。四品。　垣護之：人名。字彦宗，略陽桓道（今甘肅隴西縣）人。本書卷五〇有傳。　左軍將軍：官名。爲前、後、左、右四軍之一，掌宿衛。四品。　崔道固：人名。清河（今河北清河縣）人。本書卷八八有傳。屯騎校尉：官名。皇帝侍衛武官，不領營兵。四品。　龐孟虯：人名。曾任虎賁主、義陽内史等職，於宋明帝初投奔晉安王劉子勛，反叛朝廷，軍敗逃入蠻中。　太子旅賁中郎將：官名。掌隨從迎送太子，隸太子左、右衛率。　殷孝祖：人名。陳郡長平（今河南西華縣）人。本書卷八六有傳。

[2]司州：僑置，前期治所在懸瓠城（今河南汝南縣），後改在義陽（今河南信陽市）。

[3]驍果：勇猛剛毅。　膂力：體力。

[4]司馬：官名。州郡佐官，主軍務，武職。　翟弘業：人名。其事不詳。

[5]蒲戲：即樗蒲戲。古代的一種賭博游戲。

[6]都督司州：時宗愨爲豫州刺史，監五州諸軍事，其中包括司州，爲地區軍政長官。

[7]盱眙：郡名。治所在今江蘇盱眙縣東北。

[8]鄭瑗：人名。其事多見本卷，餘事不詳。

[9]邀道：半路攔截。

[10]太宗：宋明帝劉彧廟號。

[11]休祐：人名。即劉休祐。宋文帝第十三子。本書卷七二有

傳。　驃騎中兵參軍：官名。即驃騎大將軍府中兵參軍。時劉休祐任驃騎大將軍。

[12]殷琰：人名。陳郡長平人。本書卷八七有傳。　子勛：人名。即劉子勛。宋孝武帝第三子。本書卷八〇有傳。

[13]邢龍符：人名。其事不詳。

[14]壽陽：縣名。治所在今安徽壽縣。

[15]瑗即使琰鎮軍：中華本校勘記云：“句疑有誤。”

[16]僧愍：人名。即邢僧愍。其事不詳。

[17]構殺：將某些事情牽合在一起作爲罪狀殺害人。

[18]劉勔：人名。彭城人。本書卷八六有傳。　録：逮捕。原：赦免。

[19]天道：《老子》：“以道佐人主者，不以兵强天下，其事好還。”後人常以“天道好還”形容天道循環，報應不爽。

誕幢主公孫安期率兵隊出降。[1]誕初閉城拒使，記室參軍賀弭固諫再三，[2]誕怒，抽刃向之，乃止。或勸弭出降，弭曰：“公舉兵向朝廷，此事既不可從，荷公厚恩，又義無違背，唯當死明心耳。”乃服藥自殺。弭字仲輔，會稽山陰人也。[3]有文才。贈車騎參軍、山陽海陵二郡太守，長史如故。[4]幢主王璵之賞募數百人，從東門出攻龍驤將軍程天祚營，[5]斷其弩弦。天祚擊破之，即走還城。誕又加申靈賜南徐州刺史。軍主馬元子踰城歸順，[6]追及殺之。乃於城內建列立壇誓，[7]誕將歃血，[8]其所署輔國將軍孟玉秀曰：[9]“陛下親歃。”群臣皆稱萬歲。

[1]公孫安期：人名。其事不詳。

[2]記室參軍：官名。又稱記室參軍事。西晋始置，爲記室曹長官，掌文疏表奏。南朝時諸王府、公府、持節都督府皆置，品級自七品至九品不等。　賀弼：人名。事見本卷，餘事不詳。

[3]山陰：縣名。治所在今浙江紹興市。

[4]贈車騎參軍："參軍"各本並作"將軍"。孫彪《考論》云："當作參軍。"今據中華本改正。　長史如故：丁福林《校議》云："上文未見賀弼有任長史之事，但有在誕軍府任記室參軍的記載，此云'長史如故'，未知所屬，恐有誤。"

[5]程天祚：人名。廣平（今河南鄧州市東南）人。宋文帝時爲殿中將軍，於汝陽督戰被北魏所俘，拓拔燾封其南安公，後逃歸。宋明帝時以山陽太守反叛，兵敗投降。事見本書卷七七、八八等。

[6]軍主：官名。爲軍的主將，所統兵力無定員，自數百人以上不等。　馬元子：人名。其事不詳。

[7]壇誓：立壇盟誓。古代盟誓時，多以土石建成高臺，於此上舉行典儀。

[8]歃血：古代盟會中的一種儀式。盟約宣讀後，參加者用口微吸所殺牲之血，以示誠意。一説以指蘸血，塗於口旁。歃，飲也。

[9]輔國將軍：官名。將軍名號。三品。　孟玉秀：人名。廣陵（今江蘇揚州市）人，餘事不詳。

初，誕使黄門吕曇濟與左右素所信者，[1]將世子景粹藏於民間，謂曰："事若濟，斯命全脱；如其不免，可深埋之。"[2]分以金寶，齊送出門，並各散走。唯曇濟不去，攜負景粹，十餘日，乃爲沈慶之所捕得，斬之。

[1]黄門：指宦官。漢宫中有小黄門、中黄門、黄門令等宦官，

諸侯王府中亦同，魏晉後或徑稱黃門。後遂成爲對宦官的泛稱。

吕曇濟：人名。其事不詳。

[2]濟：成。　斯命全脱：完全脱離死亡的危險。斯，指示代詞。此。

　　誕所署平南將軍虞季充又出降書。[1]上使慶之於桑里置烽火三所。[2]誕又遣千餘人自北門攻强弩將軍苟思達營，[3]龍驤將軍宗越擊破之。[4]開東門掩攻劉道隆營，復爲殷孝祖及員外散騎侍郎沈攸之所破。[5]誕又加申靈賜左長史，[6]王璵之右長史，[7]范義左司馬、左將軍，[8]孟玉秀右司馬、右將軍。[9]范義母妻子並在城内，有勸義出降。義曰：“我人吏也，且豈能作何康活邪。”[10]義字明休，濟陽考城人也。[11]早有世譽。

[1]平南將軍：官名。四平將軍之一。三品。　虞季充：人名。其事不詳。　又出降書：丁福林《校議》云：“是時沈慶之攻廣陵，誕防守甚嚴，虞季充降朝廷，未容先出降書……疑此衍‘書’字。”

[2]桑里：地名。在今江蘇揚州市東南。　烽火：古代報警的烟火，多於地形高處築臺燃之，日則舉烟，夜則舉火。

[3]强弩將軍：官名。爲雜號將軍，多以軍功得之。五品。苟思達：人名。曾爲輔國將軍顏師伯中兵參軍，參與對抗北魏之戰。事見本書卷七七《顏師伯傳》。

[4]宗越：人名。南陽葉人。本書卷八三有傳。

[5]員外散騎侍郎：官名。爲正員之外添差之散騎侍郎，屬散騎省。　沈攸之：人名。字仲達，吳興武康（今浙江德清縣）人。本書卷七四有傳。

[6]左長史：官名。東漢末曹操爲丞相時分長史爲左、右，總領相府諸曹。南朝時相國、丞相、司徒府例置，其餘諸公唯置長史一員，加崇者方置左、右。秩千石。

[7]右長史：官名。職同左長史。位在左長史下。

[8]左司馬：官名。領兵武職。時州郡長官多帶將軍名號開軍府，司馬爲其主軍務之官，或分置左右，亦有置前後左右四部司馬，非常制。　左將軍：官名。爲軍府名號。三品。此爲劉誕僭冒設置之官。

[9]右司馬：官名。置例同左司馬。位在左司馬下。　右將軍：官名。爲軍府名號。三品。亦爲劉誕僭冒設置之官。

[10]何康：人名。即上文“何康之”。

[11]濟陽：郡名。西晉分陳留郡置，治所在今河南蘭考縣東北堌陽鎮。　考城：縣名。東漢改甾縣置，治所在今河南民權縣東北。

五月十九日夜，有流星大如斗杆，尾長十餘丈，從西北來墜城內，是謂天狗。[1]占曰：“天狗所墜，下有伏尸流血。”誕又遣二百人出東門攻劉道産營，[2]別遣疑兵二百人出北門。沈攸之於東門奮短兵接戰，大破之。門者又爲苟思達所破。[3]誕又遣數百人出東門攻寧朔司馬劉勔營，[4]攸之又破之。廣陵城舊不開南門，云開南門者，不利其主，至誕乃開焉。彭城邵領宗在城內，陰結死士，欲襲誕。[5]先欲布誠於慶之，乃説誕求爲間諜，見許。領宗既出，致誠畢，復還城內，事泄，誕鞭二百，考問不服，遂支解之。

[1]斗杆：斗柄。斗爲古代量器，前方形，後有柄。　天狗：

星名。《史記·天官書》："天狗，狀如大奔星，有聲，其下止地，類狗。"《集解》引孟康曰："星有尾，旁有短彗，下有如狗形者，亦太白之精。"太白主刑殺。

[2]劉道産：人名。彭城呂（今江蘇銅山縣東南）人。按本書卷六五《劉道産傳》，道産卒於宋文帝元嘉十九年（442）。此處記載明顯有誤，疑爲"劉道隆"。

[3]門者又爲苟思達所破：孫彪《考論》云："門者有脱文，蓋爲出北門者。"論是。

[4]寧朔司馬：官名。即寧朔將軍府司馬。時劉道隆爲寧朔將軍，司馬爲其府中武職。

[5]彭城：郡名。治所在今江蘇徐州市。　邵領宗：人名。其事不詳。　死士：敢死之士。

上遣送章二紐，其一曰竟陵縣開國侯，[1]食邑一千户，募賞禽誕；其二曰建興縣開國男，[2]三百户，募賞先登。若克外城，舉一烽；克内城，舉兩烽；禽誕，舉三烽。上又遣屯騎校尉譚金、前虎賁中郎將鄭景玄率羽林兵隸慶之。[3]誕復遣三百人自南門攻劉勔土山，爲勔所破。

[1]竟陵：縣名。治所在今湖北潛江市西北。

[2]建興：縣名。治所在今湖南武岡市東北。　開國男：男爵名。初指男爵中開國置官食封者，後僅爲爵位名。食邑爲縣，故爵前常冠以所封縣名，位在開國子下。二品。

[3]譚金：人名。荒中傖人，初隨薛安都征討，每有戰功。前廢帝時爲皇帝心腹爪牙，封平都縣男。後被宋明帝處死獄中。事見本書卷八三《宗越傳》。　虎賁中郎將：官名。漢始置，主宿衛，或領兵出征。後沿之，宋屬領軍，無營兵。五品。　鄭景玄：人

名。後曾任郢州軍主，率軍參與劉子勛、鄧琬等反叛宋明帝的作戰行動。事見本書卷八四《鄧琬傳》。

慶之填塹治攻道，[1]值夏雨，不得攻城。上每璽書催督之，前後相繼。及晴，再怒，使太史擇發日，[2]將自濟江。太宰江夏王義恭上表諫曰：[3]“誕素無才略，畜養又寡，自拒王命，士庶離散。城內乏糧，器械不足，徒賴免兵、倉頭三四百人，造次相附，恩怨夙結。[4]臣始短慮，謂一旬可殄，而假息流遷，[5]七十餘日。上將受律，[6]群蕃岳峙，[7]銳卒精旅，動以萬計，大威所震，未有成功。臣雖凡怯，猶懷憤踊。陛下入翦封豕，出討長蛇，[8]兵不血刃，再興七百。而蕞爾小醜，遂延晷漏，致皇赫斯怒，將動乘輿。[9]此實臣下素食駑鈍之責，行留百司，莫不仰慚俯愧。[10]今盛暑被甲，日費千金，天威一麾，孰不幸甚。臣伏尋晉文王征淮南，淹師出二百日，方能制寇。[11]今誕糇糧垂竭，[12]背逆者多；慶之等轉悟遲重之非，[13]漸見乘機之利。且成旨頻降，必應旦夕夷殄。[14]愚又以廣陵塗近，人信易達，雖爲江水，約示不難。[15]且覩理者寡，闇塞者衆，[16]忽見雲旗移次，京都既當祇悚，四方之志，必有未達。[17]臣愚伏重思計，今寧不當計小醜，省生命，以安遐邇之情。又以長江險闊，風波難期，王者尚不乘危，況乃汎不測之水。[18]昔魏文濟江，[19]遂有遺州之名，今雖先天不違，動干休慶，龍舟所幸，理必利涉，然居安慮危，不可不懼。[20]私誠款款，冒啓赤心，追用悚汗，不自宣盡。”[21]

[1]塹：護城河，壕溝。 攻道：進攻的道路。

[2]太史：官名。一般既是官署名稱，又是太史令簡稱。源起殷周，一度權力很大，東漢以後成爲專司占候天文、修定曆法的大臣，與修史無涉。

[3]太宰：官名。用作贈官，以安置元老勳舊大臣，無職掌。一品。 義恭：人名。即劉義恭。宋武帝劉裕第五子。本書卷六一有傳。

[4]免兵：免除兵籍而爲庶民之人，即上言劉誕"焚兵籍"者。 倉頭：奴僕。古代奴僕以深青色布包頭，故稱。具體而言，即劉誕"敕作部徒繫囚"後，謂"官府之給賤役者"。 造次：輕率，隨便。

[5]假息：苟延殘喘。 流遷：（時間）遷移流動。

[6]上將受律：主帥按照用兵的準則而行事。律，規則，格式。

[7]群蕃岳峙：各個分封的諸侯王作爲國家屏障，如高山聳立。蕃，通"藩"。

[8]封豕、長蛇：指大豬與長蛇，比喻貪暴者。《左傳》定公四年："吳爲封豕長蛇。"杜預注："言吳貪害如蛇豕。"

[9]蕞爾：形容小。 晷漏：晷與漏。古代計時的儀器，此處指時間，時刻。 皇赫斯怒：帝王赫然發怒。皇，君主。 乘輿：特指帝王所乘坐的車子。

[10]素食：白食，不勞而食。指無功受禄。 駑鈍：低劣愚笨。 行留百司：行軍時滯留不進的官員。

[11]晋文王：即司馬昭。三國曹魏末，任大將軍，專斷國政。鎮東大將軍諸葛誕由淮南前綫反叛，衆請司馬昭速伐，他堅持多方調集兵力，以持重求全勝。戰爭由五月而延至次年二月結束。司馬昭後爲晋王，其子司馬炎稱帝後，尊他爲文帝。 淹：遲延。

[12]糇：乾糧。

[13]遲重：謹慎穩重，不浮躁。

[14]成旨：既定的旨令。　夷殄：鏟平消滅。

[15]約示：約束指示。

[16]覘理：探察道理。　闇塞：愚昧蔽塞。

[17]雲旗：畫有熊虎圖案的大旗。此借指皇帝親征。　次：臨時駐紮和住宿之處。　袛悚：恭敬惶恐。　四方之志：指經營天下或安邦定國的遠大志向。

[18]期：期望，估計。　乘危：登上或踏上危險之地，猶言冒險。《漢書》卷四九《爰盎傳》曰：“聖主不乘危，不徼幸。”

[19]魏文：指魏文帝曹丕。於黃初五年（224）七月興軍伐吳，九月大浮舟艦於長江，“帝御龍舟，會暴風漂蕩，幾至覆没”，無功而退。次年，復以舟師征吳，魏尚書蔣濟表言水道難通，“又上《三州論》以諷帝”，曹丕不從。十月抵廣陵，舟不得入江，遂退，夜於途中爲吳將孫韶截擊，曹丕失副車、羽蓋而還。

[20]不違：事事依從。　休慶：嘉慶。　利涉：順利渡河。

[21]款款：誠懇，懇切。　冒：冒昧。　悚（sǒng）汗：因惶愧而汗出。　不自宣盡：未能把自己的意思表達充分。

七月二日，[1]慶之率衆軍進攻，剋其外城，乘勝而進，又剋小城。誕聞軍入，與申靈賜走趨後園。隊主沈胤之、義征客周滿、胡思祖馳至，[2]誕執玉鐶刀與左右數人散走，胤之等追及誕於橋上，誕舉刀自衛，胤之傷誕面，因墜水，引出殺之，傳首京邑。時年二十七。因葬廣陵，貶姓留氏。[3]同黨悉誅，殺城内男爲京觀，[4]死者數千，女口爲軍賞。[5]誕母殷、妻徐，[6]並自殺。追贈殷長寧園淑妃。[7]嘉梁曠誠節，擢爲後將軍。封周滿山陽縣侯，[8]食邑四百五十户，胤之耒陽子，[9]食邑三百五十户。胡思祖高平縣男，[10]食邑二百户。臨川内史羊璿之以先協附誕伏誅。[11]

[1]七月二日：丁福林《校議》據本書卷六《孝武帝紀》、《南史》卷二《宋本紀中》、《建康實錄》考證，乃"七月三日"之形訛。

[2]沈胤之：人名。除本卷所載，餘事不詳。　義征客：以私人賓客身份從征的人。　周滿、胡思祖：皆人名。事皆不詳。

[3]貶姓：貶抑而改換姓氏。歷史上常有統治階級成員因犯罪或政治鬥爭失敗，而被削除宗族之籍，改易低等級姓。

[4]京觀（guàn）：古代戰爭中，勝者爲炫耀武功，收集敵方屍首，封土而成高冢，謂之京觀。

[5]軍賞：軍中的賞賜。或以財物，或以男女俘虜。

[6]誕母殷：宋文帝妃嬪殷修華，生竟陵王劉誕，文帝死後，隨子至封國。　妻徐：劉誕的妻子徐氏。

[7]長寧園淑妃：死後追贈的嬪妃號。長寧園，陵園號。淑妃，宋後宮九嬪之第一級。

[8]山陽：縣名。治所在今江蘇淮安市。

[9]耒陽：縣名。治所在今湖南耒陽市。　縣子：子爵名。又作"開國子"，食邑爲縣，位在開國伯下。

[10]高平：縣名。治所在今湖南隆回縣東北。　縣男：男爵名。又作"開國男"，食邑爲縣。

[11]臨川：王國名。王國在今江西撫州市臨川區。宋初追封宋武帝劉裕少弟劉道規爲臨川王，由其侄劉義慶襲封。此時臨川王爲劉義慶子劉緯。　羊璿之：人名。字曜瑤，泰山南城人，與謝靈運交游甚密，爲"四友"之一。事見本書卷六七《謝靈運傳》。各本並作"羊濬之"，中華本據《通鑑》宋孝武帝大明三年改。

誕爲南徐州刺史，在京夜，[1]大風飛落屋瓦，城門鹿牀倒覆，[2]誕心惡之。及遷鎮廣陵，入城，[3]衝風暴起揚塵，晝晦。又中夜閑坐，有赤光照室，見者莫不怪愕。左右侍直，眠中夢人告之曰："官須髮爲矟耗。"[4]既覺，已失髻矣，如此者數十人，誕甚怪懼。大明二年，發民築治廣陵城，誕循行，有人干輿揚聲大罵曰：[5]"大兵尋至，何以辛苦百姓！"誕執之，問其本末，答曰："姓夷名孫，家在海陵。天公去年與道佛共議，欲除此間民人，道佛苦諫得止。大禍將至，何不立六慎門。"[6]誕問："六慎門云何？"答曰："古時有言，禍不入六慎門。"誕以其言狂悖，殺之。又五音士忽狂易見鬼，[7]驚怖啼哭曰："外軍圍城，城上張白布帆。"誕執錄二十餘日，[8]乃赦之。[9]城陷之日，雲霧晦暝，白虹臨北門，亙屬城內。[10]

[1]京：城名。又稱京口，在今江蘇鎮江市京口區，時爲南徐州治所。

[2]鹿牀：即坐榻。古代一種坐具。

[3]入城：《南史》卷一四《宋宗室及諸王傳下》作"將入城"。

[4]矟（shuò）耗（ěr）：矛頭上以鳥羽或獸毛做成的裝飾物。矟，同"槊"，長矛。

[5]干輿：衝犯坐車。

[6]六慎門：六慎本指國君所應謹慎對待的六種事，見《韓非子·外儲說右上》，後泛指立身處世的箴言。而此處語涉迷信虛妄，其義不明。

[7]五音士：指宮廷樂工。五音，中國古代五聲音階中的五個音級，即宮、商、角、徵、羽，也泛指音樂。

[8]執錄：捉拿拘捕。

[9]乃赦之：《南史·宋宗室及諸王傳下》作"乃殺之"。從劉誕當時的狀況分析，"乃殺之"方符合事實。

[10]白虹：日月周圍的白色暈圈。古人迷信，以爲是刀兵之象，不祥。　亘屬：橫貫。

八年，前廢帝即位，[1]義陽王昶爲征北將軍、徐州刺史，[2]道經廣陵，上表曰："竊聞淮南中霧，眷求遺緒；[3]楚英流殰，愛存丘墓，[4]並難結兩臣，義開二主，法雖事斷，禮或情申。[5]伏見故賊劉誕，稱戈犯節，自貽逆命，膏斧嬰戮，在憲已彰。[6]但尋屬忝皇枝，位叨列辟，一以罪終，魂骸莫赦。[7]生均宗籍，死同匹豎，旅寋委雜，封樹不修。[8]今歲月愈邁，愆流釁往，踐境興懷，感事傷目。[9]陛下繼明升運，咸與惟新，大德方臨，哀矜未及。[10]夫樂布哭市，[11]義犯雷霆；田叔鉗赭，[12]志於夷戮。況在天倫，何獨無感。伏願稽若前准，降申丹志，乞薄改楄柎，微表窀穸，則朽骨知榮，窮泉識荷。[13]臨紙哽慟，辭不自宣。"[14]詔曰："征北表如此，省以慨然。誕及妻女，並可以庶人禮葬，并置守衛。"太宗泰始四年，[15]又更改葬，祭以少牢。[16]

[1]前廢帝：即劉子業。宋孝武帝劉駿長子。本書卷七有紀。

[2]昶：人名。即劉昶。宋文帝劉義隆第九子。本書卷七二有傳。　征北將軍：官名。四征將軍之一，多爲出鎮一方的持節都督。三品。

[3]淮南中霧（méng），眷求遺緒：西漢淮南王劉長因圖謀叛亂，被廢王號，謫徙蜀郡，途中不食而死。漢文帝"憐淮南王"，

封其四子皆爲列侯，後又將其中三人封爲諸侯王。事見《漢書》卷四四《淮南王傳》。霧，通"蒙"。昏暗。眷，關懷，寵愛。遺緒，殘餘的世系。

[4]楚英流痤，愛存丘墓：東漢光武劉秀第六子楚王劉英於漢明帝時交結方士，信奉佛老，圖謀不軌，被廢王號，自殺，葬於流放處丹陽涇縣。漢章帝封其子爲楚侯，又派員改葬劉英於彭城，如王禮儀。事見《後漢書》卷四二《楚王英傳》。丘墓，墳墓。

[5]法雖事斷：雖然依法而斷事。 禮或情申：或者可以依禮伸張人情。

[6]稱戈：指動用武力，發動戰爭。稱，舉起。 犯節：違背皇命。節，符節。 膏斧：以肉身沾染刀斧。借指受死。

[7]屬忝皇枝：愧辱屬於皇族血統。 位叨列辟：一度爲諸王之位。辟，諸侯。 魂骸莫赦：魂靈尸骨也得不到赦免。

[8]匹竪：匹夫僮僕。 旅窆（biǎn）：謂客死葬於他鄉。窆，埋葬。 委雜：雜亂拋棄。 封樹：加土培育樹木。引申爲聚土築墳。

[9]邁：時光消逝。 踐境興懷：脚踏境地，心緒起動。 傷目：眼見令人傷感。

[10]升運：指皇帝即位掌政。運，世運，國運。 咸與惟新：又作"咸與維新"。語出《尚書·胤征》，謂對一切受惡習影響或犯罪的人都准予改過自新或革故圖新。

[11]樂布：人名。秦漢之際與彭越交好，後劉邦以謀反罪處死彭越，懸首於洛陽市，並禁人收尸。樂布"祠而哭之"，被捕。劉邦要殺他，樂布以不義指責劉邦，劉邦對他釋罪任官。《史記》卷一〇〇有傳。

[12]田叔：人名。漢初任趙王張敖郎中。劉邦因貫高謀刺事逮捕趙王，並言"有敢隨王，罪三族"。田叔等人穿上囚徒赭衣，戴上刑具鐵鉗，隨趙王至長安，終於洗刷趙王罪名。劉邦也召見田叔，拜他爲漢中守。《漢書》卷三七有傳。

　　[13]稽若：考察而遵從。　楄（pián）柎（fù）：一作“楄部”。古代棺中墊尸體的長方木板。　窀（zhūn）穸（xī）：墓穴。亦指埋葬。　窮泉：人死後埋葬的地方。指陰間。　識荷：知道承受恩德。

　　[14]哽慟：哽咽悲哭。　宣：表達。

　　[15]泰始：宋明帝劉彧年號（465—471）。

　　[16]少牢：古代祭禮所用的犧牲，牛、羊、豕俱用爲太牢，祇用羊、豕二牲爲少牢。少牢是諸侯王所用祭禮的規格。

　　廬江王褘字休秀，[1]文帝第八子也。元嘉二十二年，年十歲，封東海王，[2]食邑二千户。二十六年，以爲侍中、後軍將軍，[3]領石頭戍事。遷冠軍將軍、南彭城下邳二郡太守、散騎常侍，[4]領戍如故。出爲會稽太守，將軍如故。二十九年，遷使持節、都督廣交二州荆州之始興臨賀始安三郡諸軍事、車騎將軍、平越中郎將、廣州刺史。[5]元凶弒立，進號安南將軍，未之鎮。世祖踐阼，復爲會稽太守，加撫軍將軍。[6]明年，徵爲秘書監，[7]加散騎常侍。尋出爲撫軍將軍、江州刺史，進號平南將軍，置吏。[8]大明二年，徵爲散騎常侍、中書令，[9]領驍騎將軍，[10]給鼓吹一部，常侍如故。又出爲南豫州刺史，[11]常侍、將軍如故。[12]以本號開府儀同三司，領國子祭酒，[13]常侍如故。五年，詔曰：“昔韓、衛異姓，宗周之明憲；[14]三封殊級，往晋之令典。[15]唯皇家創典，盡弘斯義。朕應天命，光宅四海，[16]思所以憲章前式，崇建懿親，永垂畫一，著于甲令。[17]諸弟國封，並可增益千户。”七年，進司空，[18]常侍、祭酒如故。前廢帝即位，加中書監。[19]太宗踐阼，進太尉，[20]加侍中、中書監，給班劍二十人。改封廬江王。

[1]廬江王：王爵名。王國在今安徽舒城縣。

[2]年十歲，封東海王：丁福林《校議》引《南史》卷一四《宋宗室及諸王傳下》作“年十一”，則此“十歲”乃“十一歲”之訛。東海王，王爵名。王國在今山東蒼山縣南。

[3]後軍將軍：官名。西晉置，爲四軍將軍之一。宋復置，掌宮禁宿衛。四品。

[4]冠軍將軍：官名。東漢末始置，魏晉南北朝沿之，宋爲將軍名號。三品。　南彭城：郡名。於南徐州下僑置。治所在今江蘇鎮江市一帶。　下邳：郡名。以下邳國改名，治所在今江蘇睢寧縣西北古邳鎮。　散騎常侍：官名。三國魏置散騎，合於中常侍，謂之散騎常侍。兩晉沿置，位比侍中，參掌機密，職任很重。南朝職輕事簡，地位驟降。三品。

[5]荆州之始興臨賀始安三郡：各本並作“荆州之始興臨安二郡”，中華本據錢大昕《考異》改，從之。始興，郡名。治所在今廣東韶關市東南蓮花嶺下。臨賀，郡名。治所在今廣西賀州市八步區東南。始安，郡名。治所在今廣西桂林市。　車騎將軍：官名。丁福林《校議》云：此“車騎將軍”恐爲“前將軍”之訛。　平越中郎將：官名。主管南越事務，設府置僚佐，治廣州，多兼任廣州刺史。四品。

[6]撫軍將軍：官名。與中軍、鎮軍將軍同比四鎮將軍。三品。

[7]秘書監：官名。爲秘書省長官，掌國史修撰並圖書經籍，領著作省。三品。

[8]置吏：官制用語。時將軍分爲兩種：一種爲名譽職銜，多用作諸王、大臣、地方長官加官，不開府不置僚屬。一種爲負實際職責的軍事統帥，統兵征伐，開設幕府，招攬人才爲僚屬。此爲

"將軍開府置吏"。

[9]中書令：官名。中書省長官之一，掌納奏、擬詔、出令等機要，後權歸中書舍人。中書監、令名爲長官，已無實權，多用作重臣加官。三品。

[10]驍騎將軍：官名。護衛皇帝宮廷的主要將領之一。四品。

[11]南豫州：宋永初二年（421）置，治所在今安徽和縣，後屢經遷治。

[12]將軍如故：丁福林《校議》云："此'將軍如故'，乃指衛將軍如故。"

[13]國子祭酒：官名。西晋武帝立國子學，祭酒一人爲長官，掌教授生徒，參議禮制，隸太常。宋國子學省置不常，而祭酒常置。

[14]韓、衛異姓，宗周之明憲：韓、衛兩國封後不同姓，是西周的嚴明法度。按：韓之先祖爲武王子，因封於韓原，而改姓韓。事見《史記》卷四五《韓世家》。衛之先祖康叔爲武王之弟，因封於衛，而改姓衛。事見《史記》卷三七《衛康叔世家》。此句本意是强調韓、衛都屬姬姓，分封後纔有韓、衛異氏之分。但從上下文意分析，此句是孝武帝要"崇建懿親"，爲大封諸弟找歷史根據。如從字面上理解"韓、衛異姓"，則與詔書本意不合。

[15]三封殊級，往晋之令典：按大國、次國、小國三等分封，等級懸殊，是過去晋朝的憲章法令。三封殊級分封制見《晋書·職官志》。

[16]光宅：廣有。光，廣。宅，居而有之。

[17]懿親：至親。特指皇室宗親。　畫一：（法度）整齊一律。　甲令：第一道法令。朝廷頒發的重要法令。《易·蠱卦》："先甲三日。"孔穎達疏："'甲者創制之令'者，甲爲十日之首，創造之令，爲在後諸令之首，故以創造之令謂之甲。故漢時謂令之重者謂之甲令，則此義也。"

[18]司空：官名。三公之一，名譽宰相，多爲大臣加官，無實

際職掌。一品。

[19]中書監：官名。中書省長官之一，職權變化同中書令。三品。

[20]太宗踐阼，進太尉：丁福林《校議》據本書卷八《明帝紀》、《南史》卷三《宋本紀下》、《通鑑》卷一三〇考證，太宗未踐阼時即以令書任東海王褘爲太尉，“則此云‘太宗踐阼’，非是”。太尉，官名。位列三公之首，爲名譽宰相，多爲大臣加官，無實際職掌。一品。

　　太祖諸子，[1]褘尤凡劣，諸兄弟蚩鄙之。南平王鑠蚤薨，鑠子敬淵婚，褘往視之，白世祖借伎。[2]世祖答曰：“婚禮不舉樂，且敬淵等孤苦，倍非宜也。”至是太宗與建安王休仁詔曰：[3]“人既不比數西方公，汝便爲諸王之長。”[4]時褘住西州，故謂之西方公也。泰始五年，河東柳欣慰謀反，[5]欲立褘，褘與相酬和。欣慰要結征北諮議參軍杜幼文、左軍參軍宋祖珍、前都令王隆伯等。[6]褘使左右徐虎兒以金合一枚餉幼文，[7]銅鉢二枚餉祖珍、隆伯。幼文具奏其事。

[1]太祖：宋文帝劉義隆廟號。

[2]敬淵：人名。即劉敬淵。南平王劉鑠次子，封南安縣侯，官至後軍將軍。後被前廢帝所殺。事見本書卷七二《南平穆王鑠傳》。　伎：同“妓”。歌女。

[3]休仁：人名。即劉休仁。宋文帝第十二子。本書卷七二有傳。

[4]比數：相提並論，相與同等看待。　諸王之長：宋文帝共十九男，到宋明帝時，除劉褘外，還活著的諸侯王以劉休仁爲長。

[5]河東：郡名。治所在今山西永濟市西南蒲州鎮。　柳欣慰：人名。河東解人，著名將帥柳元景從侄，因謀立劉褘被宋明帝所誅。其事分見本書卷七七《柳光世傳》及本卷。

[6]征北諮議參軍：官名。即征北將軍府諮議參軍。原義陽王劉昶爲征北將軍，時已逃奔北魏。　杜幼文：人名。京兆杜陵人。爲文帝時武將杜驥第五子，以軍功封邵陽縣男，累任輔國將軍、散騎常侍等職，後爲後廢帝誅殺。本書卷六五有附傳。　左軍參軍：官名。即左軍將軍府參軍。　宋祖珍：人名。其事不詳。　鄀令：官名。鄀縣縣令。鄀，縣名。治所在今湖北宜城市東南。　王隆伯：人名。其事不詳。

[7]徐虎兒：人名。其事不詳。　餉：饋贈。

上乃下詔曰：

　昔周室既盛，二叔流言，[1]漢祚方隆，七蕃迷叛，[2]斯實事彰往代，難興自古。雖聖賢御極，宇內紓患。[3]太尉廬江王藉慶皇枝，蚤升寵樹，幼無立德，長缺修聲，淡薄親情，厚結行路，狎昵群細，疏澀人士。[4]自朕撥亂定宇，受命應天，實尚敦睦，克敷友于，故崇殊爵，超居上台。[5]而公常懷不平，表於事迹。公若德深望重，宜膺大統，朕初平暴亂，豈敢當璧！[6]自然推符奉璽，天祚有歸。[7]且朕雖居尊極，不敢自恃，宗室之事，無不諮公。不虞志欲難滿，妄生窺怨，積慝在衿，[8]遂謀社稷。

[1]二叔流言：西周初年武王病死，成王年幼，周公攝政。管叔、蔡叔散布流言，説周公有野心，將對成王不利，遂發生"三監

之亂"。後周公東征，殺管流蔡，討平叛亂。

[2]七蕃迷叛：指西漢景帝時，吳王劉濞聯合楚、趙、膠東、膠西、濟南、淄川等諸侯國發動叛亂，被中央政府武力平定，諸王自殺或被殺。

[3]御極：登基，即位。　紓：解除，緩解。

[4]藉慶：借助祖先福澤。《易・坤卦》："積善之家，必有餘慶。"　蚤：同"早"。　修聲：修身勵己的聲名。　人士：有名望的文人學士。

[5]克敷：能夠施行。　友于：兄弟友愛之義。語出《尚書・君陳》："惟孝友于兄弟。"　上台：泛指三公、宰輔。

[6]膺：承當，擔當。　大統：帝位。　當璧：喻立爲帝王之兆。語出《左傳》昭公十三年："當璧而拜者，神所立也。"

[7]天祚：上天賜福的皇位國統。

[8]積慝（tè）在衿：積聚邪惡之念於心中。慝，惡。衿，胸懷，心懷。

曩者四方遘禍，兵斥畿甸，搢紳憂惶，親賢同憤。[1]唯公獨幸厥災，深抃時難，晝則從禽遊肆，夜則縱酒弦歌，側耳視陰，企賊休問。[2]司徒休仁等並各令弟，事兼家國，推鋒履險，各伐一方，蒙霜踐棘，辛勤已甚。[3]況身被矢石，否泰難虞，悠悠之人，尚有信分。[4]公未曾有一函之使，遺半紙之書，志棄五弟，以餌讎賊。[5]自謂身非勳烈，義不參謀，必期凶逆道申，[6]以圖輔相。及皇威既震，群凶肅蕩，九有同慶，萬國含欣。[7]而公容氣更沮，下帷晦迹，每覘天察宿，懷協左道，呪詛禱請，謹事邪巫，常被髮跣足，稽首北極，遂圖畫朕躬，勒以名字，或加之矢刃，或烹之鼎鑊。[8]公在江州，得一漢女，云知吉凶，能行厭呪，[9]大設供養，朝夕拜伏，衣裝嚴整，敬事如神，令其祝詛孝武，并及崇憲，祈皇室危弱，統天稱己，巫稱神旨，必得如願。[10]後事發覺，委罪所生，徼幸觖陋，僅得自免。[11]近又有道士張寶，爲公見信，事既彰露，肆之于法。[12]公不知慚懼，猶加營理，遣左右二人，主掌殯含。[13]顯行邪志，罔顧吏司。[14]又挾閹豎陳道明交關不逞，傳驛音意，投金散寶，以爲信誓。[15]又使府史徐虎兒招引邊將，要結禁旅，規害台輔，圖犯宮掖。[16]

　　[1]曩者四方遘禍：過去四方叛亂。此指宋明帝剛即位時，皇室內亂，晉安王劉子勛聯結尋陽王劉子房、臨海王劉子頊以及徐州刺史薛安都、兗州刺史畢衆敬、汝南太守常珍奇等起兵反叛，歷時九月纔平定。遘，造成。　畿甸：指京城地區。　搢紳：官僚士大夫。
　　[2]深抃：拍手表示歡欣。　視陰：觀察日影，計算時日。陰，光陰。　休問：好的音訊。
　　[3]司徒：官名。名譽宰相，或與丞相、相國並置，僅掌全國日常行政事務，祇有加錄尚書事銜者爲真宰相。一品。　推鋒：摧挫敵人的兵刃。泛指進兵。推，通"摧"。　踐棘：踩踏荆棘。
　　[4]否（pǐ）泰難虞：危難和平安都難以預料。否，運氣不順，與"泰"相對。　悠悠之人：一般世俗之人。
　　[5]遺（wèi）：送，給予。　五弟：五個弟弟。　以餌讎賊：以糧餉供應給讎敵。
　　[6]凶逆道申：凶惡叛逆之人得逞。

[7]九有：九州。《詩·商頌·玄鳥》："方命厥后，奄有九有。" 萬國：泛指天下。

[8]下帷晦迹：放下室内的帷幕，隱居匿迹。 覘（chān）天察宿：觀天象察星宿。 左道：巫蠱、方術等邪門旁道。 呪詛禱請：祈禱神靈，祝告詛咒。 謹事：小心奉事。 被（pī）髮跣（xiǎn）足：披髮赤脚。 稽首北極：向北極星跪拜。北極又稱北辰，古人認爲是天帝所居之處。 鼎鑊：鼎和鑊。古代兩種烹飪器，也用來施以"烹人"酷刑。

[9]厭呪：厭勝詛咒。厭勝爲古代一種巫術，謂能以詛咒制勝，致灾禍於人。

[10]孝武：指宋孝武帝劉駿。公元454年至464年在位。 崇憲：皇太后宮號。指宋文帝淑媛路惠男，宋孝武帝生母。孝武帝即位後，被尊爲皇太后，宮曰崇憲。本書卷四一有傳。 統天稱己：由自己統領天下。語出《易·乾卦》："《象》曰大哉乾元，萬物資始，乃統天。" 巫稱神旨：巫稱揚是神的意旨。

[11]所生：親母。指宋文帝九嬪之一陳修容，是劉禕生母。 傀（guǐ）傴（qū）：經歷坎坷，危殆不安。

[12]張寶：人名。其事不詳。 肆：古時處死刑後陳尸於市。

[13]營理：料理（喪事）。 殯含：泛指喪葬之事。殯，死者入殮後停柩以待葬。含，一作"啥"，把玉、貝等物放入死者口中。

[14]罔顧：不顧。 吏司：官府。

[15]陳道明：人名。其事不詳。 交關不逞：串通勾結不逞之徒。 傳驛：通過驛站傳送信件。 信誓：表示誠信的誓言。

[16]要結：邀引交結。 規害：謀劃陷害。 宮掖：指皇宮。掖，掖庭，嬪妃所居旁舍。

公受性不仁，才非治用，昔忝江州，無稱被徵；[1]前莅會稽，以罪左黜。[2]公稽古寡聞，[4]嚴而無理，[4]言不暢寒暑，惠不及帷房，朝野所輕，搢紳同侮，豈堪輔相之地，寧任莅民之職，非唯一朝，有自來矣。

[1]受性：指生性。古人認爲人性是先天俱來的，“受性於天，不可變也”。　才非治用：没有治理的才幹。　忝：忝任，有辱於職位。　江州：此指江州刺史。　無稱被徵：没有贊許之聲而被徵召入朝廷。稱，稱揚。

[2]莅：到，臨。　左黜：降官，貶職。

[3]稽古：考察古事。

[4]無理：不合道理。

　　大明之世，迄于永光，[1]公常留中，[2]未嘗外撫，何以在今，方起嫌怨。公少即長人，[3]情無哀戚，侍拜長寧，[4]從祀宗廟，顏無戚狀，淚不垂臉，兄弟長幼，靡有愛心。昔因孝武御筵置酒，心誠不著，于時義陽念遇本薄，遭公此譖，益被猜嫌。[5]朕當時狼狽，不暇自理，賴崇憲太后譬解百端，少蒙申亮，得免殃責。[6]景和狂主，[7]醜毒橫流，初誅宰輔，豺志方扇。[8]於建章宫召朕兄弟，[9]逼酒使醉，公因酒勢，遂肆苦言，云朕及休仁，與太宰親數，往必清閑，贈貺豐厚。[10]朕當時惶駭，五内崩墜，于其語次，劣得小止。[11]往又經在尋陽長公主第，[12]兄弟共集，忽中坐忿怒，屬色見指，以朕行止出入，每不能同，若得稱心，規肆忿憾。[13]惟公此旨，蚤欲見滅，而天道愛善，朕獲南面，[14]不長惡逆，挫公毒心。

[1] 永光：宋前廢帝劉子業年號（465）。

[2] 留中：留在朝中任職。與到地方任職的"外撫"相對。

[3] 長人：兄弟年紀較大的人。

[4] 長寧：后妃陵園號。指宋文帝潘淑妃。時六宮無主，潘又得盛寵，遂專總後宮内政。後被太子劉劭所殺，宋孝武帝追贈爲長寧園夫人。此處侍拜謂謁陵。

[5] 因：借著。　心誠不著：心中没有誠意。著，附著。　義陽：指義陽王劉昶。宋文帝第九子，於前廢帝時被迫逃奔北魏。事見本書卷七二《晋熙王昶傳》。　念遇：愛憐信任。

[6] 譬解：解釋比喻以勸解。　申亮：舒展諒解。亮，通"諒"。

[7] 景和：宋前廢帝劉子業年號（465）。借指前廢帝。

[8] 初誅宰輔：指前廢帝處死其叔祖、太宰江夏王劉義恭。豺志方扇：殘暴狠毒的氣焰正很熾盛。

[9] 建章宫：别宫名。據本書卷七《前廢帝紀》：景和元年八月"甲申，以北邸爲建章宫"，其遺址在今江蘇南京市西北。

[10] 肆：任意妄爲。　苦言：困辱怨嫌之言。　親數：親密，親近。　清閑：清静少人之時。　贈貺（kuàng）：贈送賞賜。

[11] 五内：五臟。　語次：交談之間。　劣得：少得。

[12] 尋陽長公主：宋文帝女，爲太子舍人郗燁妻，女兒郗徽嫁梁武帝蕭衍。事見《梁書》卷七《高祖郗皇后傳》。

[13] 規肆忿憾：陰謀放縱怨恨。

[14] 南面：帝王之位。古代以坐北朝南爲尊位，帝王見臣下皆面向南而坐。

自大明積費，國弊民凋，加景和奢虐，府藏罄盡。[1]朕在位甫爾，恤義具瞻，仍值終阻蜂起，日耗萬金，公卿庶民，傾産歸獻。[2]積受台奉，貲畜優廣。[3]朕踐阼之初，公請故太宰東傳餘錢，見人數百萬，内不充養，外不助國，散賜諂諛，徧惠趨隸。[4]推心考行，[5]事類斯比。群小交構，遂生異圖，籍籍之義，轉盈民口。[6]公若地居衡寄，任專八柄，德育於民，勳高於物，勢不自安，於事爲可。[7]公既才均櫟木，[8]牽以曲全，[9]因高無民，得守虛静，而坐作凶咎，自□深釁。[10]由朕誠感無素，爰至於此，永尋多難，惋慨實深。[11]

[1]積費：過多的花費。　府藏：國家庫藏。　罄盡：用盡，没有剩餘。

[2]甫爾：剛剛開始。　恤義具瞻：憂念憫惜之心爲衆人所瞻望。　終阻：阻礙天命的邪惡之徒。古代十二年歲星一周天，謂之一終，"一終天地改"。

[3]台奉：國家供給資財。台，兩晉南朝作爲朝廷禁省及中樞政權機構的代稱。　貲畜：資財蓄積。

[4]故太宰：指江夏王劉義恭。　東傳餘錢：不詳。疑指東部州郡向建康解送的財賦，時三吳地區爲中央財政主要來源。　充養：供養。　諂諛：巴結奉承之人。　趨隸：前後奔走的奴僕。

[5]推心考行：考察其行事可推論其用心。

[6]交構：勾結。　籍籍：衆口喧騰。如人言籍籍。

[7]衡寄：受託掌管權力中樞。衡，宰衡。　八柄：古代帝王統馭臣下的八種手段，即爵、禄、予、置、生、奪、廢、誅。典出《周禮·天官·大宰》。　物：衆人，別人。

[8]均：同於。　櫟木：喻無用之材。語出《莊子·人間世》，

一作“櫟散”“櫟材”。

　　[9]曲全：委曲成全。《莊子·天下》：“己獨曲全。”成玄英疏：“委曲隨物，保全生道。”

　　[10]自□深釁：各本均空一字。深釁，大罪。

　　[11]無素：不經常。　爰：於是。　永尋：終然，隨即。

　　　　凡人所行，各有本志。朕博愛尚仁，爲日已久，尚能含讎恕罪，著于觸事，豈容於公，不相隱忍？[1]但禍萌易漸，去惡宜疾，負荷之重，寧得坐觀。[2]且蔓草難除，燎火須撲，狡扇之徒，宜時誅剪。已詔司戮，肅正典刑。[3]公身居戚長，情禮兼至，準之常科，顧有惻怛，宜少申國憲，以弔不臧。[4]今以淮南、宣城、歷陽三郡還立南豫州，[5]降公爲車騎將軍、開府儀同三司、南豫州刺史，[6]削邑千户，侍中、王如故。

　　[1]著于觸事：表現在遇事上。　隱忍：克制忍耐。

　　[2]負荷：承擔責任。　寧得坐觀：難道能够坐視不問。寧得，副詞。難道能够。

　　[3]司戮：執掌司法的部門官員。戮，斬殺。　典刑：常刑。

　　[4]戚長：宗親之長。　顧：副詞。表示輕微的轉折，相當於“而”“不過”。　惻怛：哀傷，憐憫。　以弔不臧：以使不善得到憐憫。不臧，不善，不良。

　　[5]淮南：郡名。治所在今安徽壽縣。　宣城：郡名。治所在今安徽宣城市宣州區。　歷陽：郡名。治所在今安徽和縣。

　　[6]車騎將軍：官名。多作爲軍府名號，以加授大臣或州郡長官，無具體職掌。二品。開府者位從公，一品。

　　出鎮宣城，上遣腹心楊運長領兵防衛。[1]同黨柳欣慰、徐虎兒、陳道明、甯敬之、閭丘邈之、樊平祖、孟敬祖並伏誅。[2]明年六月，[3]上又令有司奏："褘忿懟有怨言，[4]請免官，削爵土，付宛陵縣獄，[5]依法窮治。"不許。乃遣大鴻臚持節，兼宗正爲副奉詔責褘，[6]逼令自殺，時年三十五，即葬宣城。子充明，輔國將軍、南彭城東莞二郡太守。[7]廢徙新安歙縣。[8]後廢帝即位，[9]聽還京邑。順帝昇明二年卒，[10]時年二十八，無子。

　　[1]楊運長：人名。宣城懷安（今安徽寧國市東南）人，宋明帝親信。本書卷九四有傳。　　領兵防衛："領"各本並作"鎮"，中華本據《南史》、《通鑑》宋明帝泰始五年改，從之。

　　[2]甯敬之、閭丘邈之、樊平祖、孟敬祖：皆人名。事皆不詳。

　　[3]明年六月：張森楷《校勘記》云："據本紀即在是年，不得云明年。"

　　[4]忿懟（duì）：怨恨。

　　[5]宛陵：縣名。時爲宣城郡治所，在今安徽宣城市宣州區。

　　[6]大鴻臚：官名。秦漢九卿之一，掌諸侯的封授、襲爵、奪爵削土、典禮及其他事務，後沿之。宋多有事權置兼官，事畢即省。三品。　　宗正：官名。秦漢爲九卿之一，例由皇族擔任。宋有事則權置兼官。

　　[7]東莞：郡名。僑置於晋陵（今江蘇常州市武進區）東南。

　　[8]歙縣：治所在今安徽歙縣。

　　[9]後廢帝：即劉昱。宋明帝長子。本書卷九有紀。

　　[10]順帝：宋末帝劉準，宋明帝第三子。本書卷一〇有紀。昇明：宋順帝劉準年號（477—479）。

武昌王渾字休淵，[1]文帝第十子也。元嘉二十四年，年九歲，封汝陰王，[2]食邑二千户。爲後軍將軍，加散騎常侍。索虜南寇，[3]破汝陰郡，徙渾爲武昌王。少而凶戾，嘗出石頭，怨左右人，拔防身刀斫之。[4]元凶弑立，以爲中書令。山陵夕，羸身露頭，往散騎省戲，因彎弓射通直郎周朗，中其枕，以爲笑樂。[5]世祖即位，授征虜將軍、南彭城東海二郡太守，[6]出鎮京口。

[1]武昌王：王爵名。王國在今湖北鄂州市鄂城區。

[2]汝陰王：王爵名。王國在今安徽阜陽市。

[3]索虜：又稱索頭、索頭虜。南人對北魏的蔑稱。鮮卑族編髮爲辮，故以索稱。

[4]拔防身刀斫之："拔"各本並作"援"，中華本據《南史》、《元龜》卷二九九改，從之。

[5]山陵：帝王的墳墓。此借指宋文帝下葬。按古代禮法，劉渾作爲皇子應表現出肅哀莊重。　羸：赤身露體。　散騎省：官署名。魏晉時設於宮禁中，爲門下三省之一，其官員侍從皇帝左右，顧問應對，一度參預機密，權任頗重。宋改名集書省，職任遂降，主掌圖書文翰，集録詔令。有時仍習稱"散騎省"。　通直郎：官名。即通直散騎侍郎，因通員當值得名。東晉時參平尚書奏事，地位較高。南朝多爲加官，地位漸低。　周朗：人名。汝南安成（今河南汝南縣東南）人。本書卷八二有傳。

[6]征虜將軍：官名。多作爲加官。三品。　東海：郡名。治所在今山東蒼山縣。疑此處應爲南東海郡，東晉南朝僑置，治所京口，在今江蘇鎮江市京口區。

孝建元年，遷使持節、監雍梁南北秦四州荆州之竟陵隨二郡諸軍事、寧蠻校尉、雍州刺史，[1]將軍如故。渾至鎮，與左右人作文檄，自號楚王，號年爲永光元年，[2]備置百官，以爲戲笑。長史王翼之得其手迹，[3]封呈世祖。上使有司奏免爲庶人，下太常，絕其屬籍，徙付始安郡。[4]上遣員外散騎侍郎戴明寶詰渾曰：[5]"我與汝親則同氣，義則君臣，遣任西番，以同盤石，云何一旦反欲見圖？[6]文檄處分，事迹炳然，不忠不義，乃可至此。[7]豈唯天道助順，逆志難充，如其凶圖獲逞，天下誰當相容？前事不遠，足爲鑑戒。加以頻歲釁難，非起外人，唯應相與屬精，[8]以固七百。汝忽復構此，良可悲悵。國雖有典，我亦何忍極法，好自將養，以保松、喬之壽。"[9]逼令自殺，即葬襄陽，時年十七。大明四年，聽還葬母江太妃墓次。太宗即位，追封爲武昌縣侯。[10]

[1]寧蠻校尉：官名。掌管雍州的少數民族事務，領兵，設府於襄陽，多由其他將軍或刺史兼任。四品。

[2]號年爲永光元年："永光"各本不同。《通鑑》與中華本同，《南史》《建康實錄》作"元光"，《元龜》卷二九九作"允光"。

[3]長史：官名。諸公、位從公者及位不從公而爲名號大將軍者皆置，爲幕僚長。 王翼之：人名。或作"王翼"，其事多見本卷。

[4]太常：官名。漢時位九卿之首，主管祭祠、教育、宗廟禮儀、文化等事務，後沿置。三品。 屬籍：宗室譜籍。

[5]戴明寶：人名。南東海丹徒人。本書卷九四有傳。

[6]同氣：有血統關係的親屬，指兄弟姐妹。 西番：西部屏

障。蕃，通“藩”。

　　[7]處分：調度，安排。　炳然：光耀顯明。

　　[8]厲精：振作精神。厲，同“勵”。

　　[9]極法：最重之法。　松、喬之壽：長生不老。松、喬，神話傳說中的仙人赤松子與王子喬。

　　[10]追封爲武昌縣侯：“武昌”《南史》作“義昌”。

　　王翼之字季弼，琅邪臨沂人，[1]晋黄門侍郎徽之孫也。[2]官至御史中丞，[3]會稽太守，廣州刺史。謚曰肅子。

　　[1]琅邪：郡名。治所在今山東諸城市。　臨沂：縣名。治所在今山東費縣東。

　　[2]黄門侍郎：官名。又稱給事黄門侍郎，爲中朝官員，侍從皇帝，顧問應對。爲侍中省或門下省次官，與侍中職掌略同。五品。　徽之：人名。即王徽之。王羲之第三子，出身名族，放誕不羈。《晋書》卷八〇有附傳。

　　[3]御史中丞：官名。西漢爲御史大夫副貳，東漢獨立爲御史臺長官，掌監察執法，職權甚重。後沿之，宋亦稱南司。四品。

　　海陵王休茂，[1]文帝第十四子也。孝建二年，年十一，封海陵王，食邑二千户。大明二年，以爲使持節、都督雍梁南北秦四州郢州之竟陵隨二郡諸軍事、北中郎將、寧蠻校尉、雍州刺史。[2]進號左將軍，增邑千户。時司馬庾深之行府事，[3]休茂性急疾，欲自專，深之及主帥每禁之，[4]常懷忿怒。左右張伯超至所親愛，[5]多罪過，主帥常加呵責，伯超懼罪，謂休茂曰：“主帥密疏官罪過，欲以啓聞，如此恐無好。"[6]休茂曰："爲何計?"伯超曰："唯當殺行事及主帥，且舉兵自衛。[7]此去都數千里，縱大事不成，不失入虜中爲王。"[8]休茂從之。夜挾伯超及左右黃靈期、蔡捷世、滕穆之、王寶龍、來承道、彭叔兒、魏公子、陳伯兒、張馳奴、楊興、劉保、余雙等，[9]率夾轂隊，[10]於城内殺典籤楊慶，出金城，殺司馬庾深之、典籤戴雙。[11]集徵兵衆，建牙馳檄，[12]使佐吏上車騎大將軍、開府儀同三司，加黃鉞。[13]侍讀博士荀詵諫争，[14]見殺。伯超專任軍政，殺害自己。[15]休茂左右曹萬期挺身斫休茂，[16]被創走，見殺。休茂出城行營，諮議參軍沈暢之等率衆閉門拒之，[17]休茂馳還，不得入。義成太守薛繼考爲休茂盡力攻城，[18]殺傷甚衆，暢之不能自固。遂得入城，斬暢之及同謀數十人。

[1]海陵王：王爵名。王國在今江蘇泰州市海陵區。

[2]郢州：宋孝建元年（454）置，治夏口，在今湖北武漢市武昌區。

[3]庾深之：人名。其事多見於本卷中，餘事不詳。 行府事：代理軍府之事。南朝多以幼王出鎮重要軍府，以鞏固皇家天下，但王本身無行政能力，即由其高級僚佐兼攝其事。

[4]主帥：統軍主將的泛稱。此應指典籤，時稱"籤帥"。禁：各本作"案"，中華本據《南史》、《通鑑》宋孝武帝大明五年改，今從之。

[5]左右：近臣的代稱。 張伯超：人名。其事不詳。

[6]官：魏晋南朝對尊長的敬稱，此指海陵王休茂。 啓聞：啓奏稟告。

[7]行事：主事者，此指庾深之。

[8]都：京師。　虜中：指少數民族地區。

[9]黃靈期、蔡捷世、滕穆之、王寶龍、來承道、彭叔兒、魏公子、陳伯兒、張駰奴、楊興、劉保、余雙：皆人名。此十二人事皆不詳。

[10]夾轂隊：諸王親兵。諸王出行則夾車作衛隊，故名。

[11]典籤：官名。南北朝置，亦稱典籤、主帥。原爲州、府掌管文書的佐吏，因宋多以年幼皇子出鎮，皇帝派親信擔任此職協助處理政務，同時作爲皇帝耳目，控制地方。故品階雖不高，權任很重。每州、府員數人，一歲中輪番還都，匯報當地情況。故當時人言：“諸州唯聞有籤帥，不聞有刺史。”　楊慶：人名。其事不詳。

　金城：城中之城，軍中主帥或主將所居之城。《通鑑》晉安帝義熙八年胡三省注：“凡城內牙城，晉宋時謂之金城。”　戴雙：人名。其事不詳。

[12]建牙：出師前樹立軍旗。牙，牙旗，邊緣有鋸齒形若牙，多爲主將主帥所建。　馳檄：迅速傳送檄文。

[13]使佐吏上車騎大將軍、開府儀同三司，加黃鉞：丁福林《校議》云：“‘使佐吏上’，《通鑑》卷一二九作‘使佐吏上己’，於文意爲顯。”黃鉞，指以黃金爲裝飾的斧。本爲帝王征伐專用，祇有在極少數情況下纔授予出征重臣，憑此可誅殺持節鎮守一方的軍事長官，權力大於使持節。此爲劉休茂僭僞之舉。

[14]侍讀博士：官名。宋置，職在侍諸王讀書。　荀詵：人名。其事不詳。

[15]殺害自己：專殺由己，自己一人掌握專殺大權。

[16]曹萬期：人名。其事不詳。

[17]諮議參軍：官名。掌顧問諫議，王府、公府、州軍府等皆置，無定員，位在列曹參軍上，甚尊。官秩不等，依府主地位而定。　沈暢之：人名。吳興武康人，宋文帝時重臣沈演之侄子，襲父爵爲寧新縣男。本書卷六三有附傳。

[18]義成：郡名。治所在今湖北丹江口市均縣鎮北。　　薛繼考：人名。其事盡在本卷。

其日，參軍尹玄慶起義，[1]攻休茂，生禽之，將出中門斬首，[2]時年十七。母妻皆自殺，同黨悉伏誅。城中撓亂，無相統領。時尚書右僕射劉秀之弟恭之爲休茂中兵參軍，[3]衆共推行府州事。繼考以兵脅恭之，使作啓事云立義，[4]自乘驛還都，[5]上以爲永嘉王子仁北中郎諮議參軍、河南太守，[6]封冠軍縣侯，[7]食邑四百户。尋事泄，伏誅。恭之坐繫尚方。[8]以玄慶爲射聲校尉。[9]有司奏絕休茂屬籍，貶姓爲留。上不許。即葬襄陽。

[1]尹玄慶：人名。其事盡在本卷。

[2]將：送，持。

[3]尚書右僕射：官名。秦漢爲尚書令副貳，職權漸重，掌拆閱封緘章奏文書，參議政事。令不在，則代理其職。宋時尚書令爲宰相之任，尚書省日常政務由僕射主持。三品。　　劉秀之：人名。東莞莒人。本書卷八一有傳。

[4]啓事：陳述事情經過的奏章。　　立義：舉義。

[5]乘驛：乘坐驛車。

[6]永嘉王：王爵名。王國在今浙江温州市。　　子仁：人名。即劉子仁。孝武帝第九子。本書卷八〇有傳。　　河南：郡名。東晉僑置，治所在今湖北襄陽市襄城區，宋移至今河南新野縣。

[7]冠軍：縣名。治所在今河南鄧州市西北。

[8]尚方：官署名。掌役使工徒，製造宮廷器用及軍械，同時也是詔獄，鞫將相大臣。

[9]射聲校尉：官名。侍衛武官，不領兵，以安置勳舊武臣。四品。

　　庾深之字彥静，新野人也。[1]以事先朝見知。元嘉二十九年，自輔國長史爲長沙内史。[2]南郡王義宣爲荆、湘二州，[3]加深之寧朔將軍，督湘州七郡。明年，義宣爲逆，深之據巴陵拒之。[4]轉休茂司馬。見害之旦，子孫亦死。追贈深之冠軍將軍、雍州刺史，荀誂員外散騎侍郎，曹萬期始平太守。[5]

　　[1]新野：郡名。治所在今河南新野縣。

　　[2]輔國長史：官名。即輔國將軍府長史。時雍州刺史臧質爲輔國將軍。　長沙：王國名。治所在今湖南長沙市。時長沙王爲宗室劉瑾，是宋武帝劉裕中弟劉道憐之孫。

　　[3]南郡王：王爵名。王國在今湖北荆州市荆州區紀南城。

　　[4]巴陵：郡名。宋分長沙置，治所在今湖南岳陽市。

　　[5]始平：郡名。宋僑置，治所在今湖北襄陽市襄城區。

　　桂陽王休範，[1]文帝第十八子也。孝建三年，年九歲，封順陽王，[2]食邑二千户。大明元年，改封桂陽王。爲冠軍將軍、南彭城下邳太守。三年，出爲江州刺史，尋加征虜將軍，邑千户。入爲秘書監，領前軍將軍。[3]七年，遷左衛將軍，[4]加給事中。前廢帝永光元年，轉中護軍，領崇憲衛尉。[5]太宗定亂，以爲使持節、都督南徐徐南兗兗四州諸軍事、鎮北將軍、南徐州刺史，[6]給鼓吹一部。時薛安都據彭城反叛，[7]遣從子索兒南侵，[8]休範進據廣陵，督北討諸軍事。加南兗州刺史，進征北大將軍，[9]加散騎常侍，還京口，解兗州，增邑二千户，受五百户。泰始五年，徵爲中書監、中軍將軍、揚州刺史，[10]常侍如故。明年，出爲使持節、都督江郢司廣交五州豫州之西陽新蔡晉熙湘州之始興四郡諸軍事、征南大將軍、江州刺史。[11]尋加開府儀同三司，未拜，改授都督南徐徐南兖兖青冀六州諸軍事、驃騎大將軍、南徐州刺史，持節、常侍、開府如故。[12]未拜，以驃騎大將軍還爲江州，進督越州諸軍事，[13]給三望車一乘。[14]太宗遺詔，進位司空，改常侍爲侍中，加班劍三十人。

[1]桂陽王：王爵名。王國在今湖南郴州市。

[2]順陽王：王爵名。王國在今河南淅川縣南。

[3]前軍將軍：官名。爲四軍將軍之一，掌宮禁宿衛。四品。

[4]左衛將軍：官名。禁衛軍主要統帥之一，權任很重。四品。

[5]崇憲衛尉：官名。負責皇太后宮的安全保衛，與少府、太僕並爲"太后三卿"，前加太后宮號。三品。時宋文帝路淑媛爲崇憲太后。

[6]鎮北將軍：官名。與鎮東、鎮西、鎮南將軍合稱四鎮，多爲出鎮方面的持節都督，權勢很重。三品，如爲持節都督則進爲二品。

[7]薛安都：人名。河東汾陰（今山西萬榮縣）人。本書卷八八有傳。

[8]索兒：人名。即薛安都侄子薛索兒。曾任前軍將軍，隨安都反叛。後率軍渡淮，被宋徐州刺史申令孫斬殺。事見本書卷八八《薛安都傳》。

[9]征北大將軍：官名。多統兵出鎮方面，都督數州諸軍事，地位顯要。二品。

[10]揚州刺史：官名。時揚州統領南朝的王畿地區，所轄包括今蘇南、浙北和安徽部分地區共十郡，人眾財富，地位最重要。州治在京師建康，即今江蘇南京市。揚州刺史例由皇族擔任。

[11]西陽：郡名。治所在今湖北黃岡市黃州區。　新蔡：郡名。治所在今河南固始縣東北。　晉熙：郡名。治所在今安徽潛山縣。　征南大將軍：官名。將軍名號，多授予都督數州諸軍事者，地位很高，在四征將軍之上。二品。

[12]驃騎大將軍：官名。重號將軍，僅次於大將軍。本不須加"大"，然將軍名號愈授愈濫，又增置此號，居諸名號將軍之首。一品。

[13]越州：治所在今廣西合浦縣東北。

[14]三望車：車名。六朝時王公大臣所乘之車，有窗可望，分四望、三望、夾望諸等級。

休範素凡訥，少知解，不爲諸兄所齒遇。[1]太宗常指左右人謂王景文曰：[2]"休範人才不及此，以我弟故，生便富貴。釋氏願生王家，良有以也。"[3]及太宗晚年，晉平王休祐以狠戾致禍，[4]建安王休仁以權逼不見容，[5]巴陵王休若素得人情，[6]又以此見害。唯休範謹澀無才能，不爲物情所向，[7]故得自保，而常懷憂懼，恒慮禍及。及太宗晏駕，主幼時艱，素族當權，近習秉政，休範自謂宗戚莫二，應居宰輔。[8]事既不至，怨憤彌結。招引勇士，繕治器械，行人經過尋陽者，[9]莫不降意折節，重加問遺。[10]□□留則傾身接引，厚相資給，於是遠近同應，至者如歸。[11]朝廷知其有異志，密相防禦，雖未表形迹，而釁難已成。母荀太妃薨，葬廬山，以示不還之志。[12]解侍中。

[1]凡訥：才智平庸，言語遲鈍。　知解：穎悟，領會。　齒遇：禮遇，平等對待。

[2]王景文：人名。琅邪臨沂人。其妹即宋明帝皇后王貞風。本書卷八五有傳。

[3]釋氏：佛姓釋迦的略稱。亦指佛教。　王家：王侯之家。良有以也：確實有道理。

[4]晉平王：王爵名。王國在今福建福州市。

[5]建安王：王爵名。王國在今福建建甌市南松溪南岸。

[6]巴陵王：王爵名。王國在今湖南岳陽市。　休若：人名。即劉休若。宋文帝第十九子。本書卷七二有傳。

[7]不爲物情所向：各本並脱“情”字，中華本據《通鑑》宋後廢帝元徽元年補，從之。物情，民心，衆情。

[8]晏駕：古代稱帝王死亡的諱辭。　主幼：繼位的皇太子劉昱（即後廢帝）纔九歲。　素族：寒門庶族。六朝時與有特權的世族豪門相對。　近習：帝王的親信。

[9]尋陽：郡名。治所在今江西九江市西南。時爲江州刺史駐鎮的所在。

[10]降意折節：虛心接納，屈己下人。　問遺：慰勞饋贈，賄賂。

[11]遠近同應，至者如歸：三朝本“應至者”三字空白，北監本、毛本、殿本、局本作“應從者”，中華本據《南史》訂補，今從之。

[12]廬山：山名。一名匡山、匡廬山、南障山，即今江西九江市南廬山。

時夏口闕鎮，[1]朝議以居尋陽上流，欲樹置腹心，重其兵力。元徽元年，[2]乃以第五皇弟晉熙王燮爲郢州刺史，[3]長史王奐行府州事，配以資力，出鎮夏口。[4]慮爲休範所撥留，自太子洑去，[5]不過尋陽。休範大怒，欲舉兵襲朝廷，密與典籤新蔡人許公輿謀之。[6]表治城池，修起樓堞，多解榜板，擬以備用。[7]其年，進位太尉。明年五月，遂舉兵反。虜發百姓船乘，使軍隊稱力請受，[8]付以榜解板，合手裝治，[9]二三日間，便悉整辦。率衆二萬，鐵騎數百匹，發自尋陽，晝夜取道。

[1]夏口闕鎮：郢州刺史出缺。夏口，城名。在今湖北武漢市黃鵠山上，時爲郢州刺史駐節地。闕，同“缺”。

[2]元徽：宋後廢帝劉昱年號（473—477）。

[3]晉熙王：王爵名。王國在今四川綿竹市。　爕：人名。即劉爕。宋明帝第六皇子。本書卷七二有附傳。

[4]王奐：人名。琅邪臨沂人，爲宋外戚王景文之侄。仕宦於宋、齊兩朝，於齊武帝時被斬殺。《南史》卷二三有附傳。　資力：《南史》作“實力”。

[5]太子洑：地名。在今湖北黃梅縣南長江岸。

[6]許公輿：人名。其事皆在本卷。按《南齊書》《南史》作“許公與”。

[7]樓堞：城樓與城堞（城上齒狀矮墻）。泛指城墻。　榜板：船板。

[8]稱力請受：盡力領受。

[9]裝治：改裝戰船。

書與袁粲、褚淵、劉秉曰：[1]

　　夫治政任賢，宜親疏相輔，得其經緯，則結繩可及；失其規矩，則危亡可期。[2]漢承戰國之餘，傷周室衰殄，立磐石之宗，而致七國之亂。[3]魏革漢典，創於前失，遂使諸王絕朝聘之禮，[4]是以根疏葉枯，政移異族。今宗室衰微，自昔未有，泰寧之世，足以爲譬。孤子忝枝皇族，預關興毀，雖欲忘言，其可得乎？[5]

[1]袁粲：人名。陳郡陽夏（今河南太康縣）人。本書卷八九有傳。　褚淵：人名。河南陽翟（今河南禹州市）人。爲宋明帝顧命，時任中書令、護軍將軍，執朝政。《南齊書》卷二三有傳。劉秉：人名。宋武帝劉裕弟劉道憐之孫。本書卷五一有附傳。

[2]結繩：上古無文字，結繩以記事。比喻簡單任事。　規矩：古代校正圓形和方形的兩種工具。指法度或一定標準。

[3]衰殄：衰敗滅絕。　七國之亂：指西漢景帝時吳、楚、趙、膠東、膠西、濟南、淄川等七個諸侯王國發動叛亂。

[4]朝聘：古代諸侯王需定期到京城朝見天子。《禮記·王制》：“諸侯之於天子也，比年一小聘，三年一大聘，五年一朝。”合稱“朝聘”。

[5]孤子：年少喪父者。按：宋文帝死時劉休範僅六歲。　忘言：心中領會而不說。

高祖武皇帝升叡三光，滌紛四表。[1]太祖文皇帝欽明冠古，資乾承曆，秉鉞西服，鳴鑾東京，搜賢選能，納奇賞異。[2]孝武皇帝歧嶷天縱，先機雷發，陵波静亂，宏業中興，儲嗣不腆，遂貽禍難。[3]于時建安王以家難頻遭，宜立長主，明皇帝恢朗淵懿，[4]仁潤含遠，奉戴南面，允合天人。而太尉以年長居卑，[5]怨心形色，柳欣慰等規行不軌，事迹披猖。[6]驃騎以忤顏失旨,[7]應對不順,在藩刻削,怨結人鬼。先帝明於號令,豈枉法爲親,二王之釁,實自由己。但司徒巴陵王勞謙爲國,[8]中流事難,[9]有不世之勳。奉時如天,事兄猶父,非唯令友,信爲國器。唐叔之忠,而受管、蔡之罪,[10]親戚哀憤,行路嗟嘆。王地籍光潔,德厭民望,並無寸罪,受斃讒邪。[11]先帝穆於友于,[12]留心親戚,去昔事平之後,面受詔誨,禮則君臣,樂則兄弟,升級賜賞,動不移年,[13]撫慰孜孜,恒如不足,豈容一旦鬩牆,[14]致此禍害,良有由也。

[1]高祖武皇帝:即宋的開國皇帝劉裕。高祖是廟號,武是謚號。本書卷一至三有紀。　升叡三光:像日、月、星一樣發出聖明之光。　滌紛四表:蕩洗清除紛亂的天下。四表,四方極遠之地。

[2]太祖文皇帝:即宋文帝劉義隆。太祖是廟號,文是謚號。本書卷五有紀。　欽明:敬肅明察。　資乾承曆:憑借天命,承接曆數。　秉鉞西服:由西部藩鎮起兵。秉鉞,持斧。喻握兵。　鳴鑾:裝在車上的銅鈴。借指皇帝出行。

[3]歧嶷天縱:天生聰慧。　先機:預先洞知,搶先而行。不腆:不善,不美。

[4]明皇帝:即宋太宗劉彧,明爲謚號。即位時二十六歲。本書卷八有紀。

[5]太尉:此指廬江王劉褘,爲宋明帝之兄,故云"以年長居卑"。其事在本卷。

[6]披猖:猖獗,猖狂。

[7]驃騎:此指晋平王劉休祐,曾任驃騎大將軍,爲宋明帝之弟。本書卷七二有傳。

[8]司徒巴陵王：丁福林《校議》據本書卷八《明帝紀》、卷七二《文九王傳》考證巴陵王劉休若未曾任司徒，死後追贈司空。故此"司徒"乃"司空"之誤。

[9]中流事難：指宋明帝即位之初，會稽太守尋陽王劉子房反叛，劉休若受命爲會稽太守，率兵東討。

[10]唐叔：即姬虞。周武王之子，史稱唐叔虞。周成王時，唐（今山西翼城縣西）人作亂，周公往討，亂平，把唐封給叔虞。後其子徙居晉水旁，改稱晉侯，爲晉國始祖。　管、蔡：指周武王弟姬鮮和姬度，分別受封於管和蔡，稱管叔、蔡叔。二人反對周公攝政，發動叛亂，失敗後，管叔被殺，蔡叔被流放。

[11]地籍光潔：不貪婪，不向民衆多搜刮租税以肥己。地籍，登記土地的册籍。　德厭民望：仁德合於民心。厭，合（心）。

[12]穆於友于：注重兄弟友愛和睦。友于，"友兄弟"的簡化，見《論語·爲政》。

[13]動不移年：一年之中。

[14]閱牆：兄弟相爭於内。

先帝寢疾彌年，體疲膳少，雖神照無虧，而慮有失德，補闕拾遺，責在左右。于時出入臥内，唯有運長、道隆，[1]群細無狀，因疾遘禍，見上不和，知無瘳拯，慮晏駕之日，長王作輔，奪其寵柄，不得自專。是以内假帝旨，外託朝議，諛辭詭貌，萬類千端，升進姦回，屠斥賢哲，外矯天則，内誣人鬼。[2]是以星紀違常，羲望失度。[3]昔魏顆擇命，《春秋》美之；秦穆殉良，《詩》有明刺。[4]臣子之節，得失必書，不及匡諫，猶以爲罪。交間蒼蠅，驅扇禍釁，爵以貨重，才由貧輕，先帝舊人，無罪黜落，薦致鄉親，徧布朝省。諂諛親狎者，飛榮玉除；靜立貞粹者，柴門生草。[5]事先關已，雖非必行；若不諮詢，雖是必抑。[6]海內遠近，人誰不知，未解執事，不加斧鉞，遂致先帝有殺弟之名，醜聲遺於君父，格以古義，豈得爲忠？[7]先帝崩殂，若無天地，理痛常情，便應赴泣。[8]但兄弟枉酷，已陷讒細，孤子已下，復觸姦機。[9]是以望陵墳而摧裂，想鑾旂而抽慟。[10]雖復才違寄寵，而地屬負荷，顧命之辰，曾不見及。[11]分崩之際，詔出兩竪，天誘其衷，得居乎外。[12]若受制群邪，則玉石同碎矣。以宇宙之基，一旦受制卑瑣，劉氏家國，使小人處分，終古以來，未有斯酷。[13]昔石顯、曹節，方今爲優，而望之、仲舉，由以致弊。[14]至於遭逢醜慝，豈有古今者乎？

[1]道隆：人名。即王道隆。吳興烏程（今浙江湖州市吳興區）人。本書卷九四有傳。

[2]姦回：此指奸惡邪僻之人。　矯：假傳。　天則：天子的法令。　人鬼：死者的靈魂。

[3]星紀：星次名。十二次之一，與十二辰之丑相對應，二十八宿中之斗、牛二宿屬之。也泛指日月五星運行的位置。　羲望：古代傳説中的日神羲和、月神望舒的並稱。指日月。

[4]魏顆：人名。據《左傳》宣公十五年，魏顆爲晉國將軍，其父魏武子有嬖妾，武子臨死命將其爲己殉葬。後魏顆不從父命，而把她遣嫁。《春秋》對此加以贊揚。　秦穆：春秋時秦國君主，名嬴任好。他死後，殉葬者達一百七十七人，其中包括奄息、仲行、鍼虎等良臣三人。《詩·秦風·黄鳥》對秦穆公的這種做法加

以指責。

[5] 飛榮：在朝廷迅速遷升。　玉除：用玉石砌成的臺階。借指朝廷。　静立貞粹者：立身恬静純潔粹美的人。　柴門：用柴木做的門，指陋室。亦指閉門。

[6] 關己：禀告自己。關，禀白。　抑：壓下不辦。

[7] 未解（jiè）執事：没上報給管事的人。解，古代下級向上級行文報告。此謂奏聞皇帝。執事，官員，有職守之人。　先帝：此指宋明帝劉彧。下“君父”亦同。

[8] 赴泣：奔喪哭靈。

[9] 姦機：奸邪的計謀。

[10] 摧裂：肝摧膽裂。形容極度悲痛。　鑾旂：天子鹵簿屬車上樹立的旗。此指天子下葬時的車駕。

[11] 寄寵：委以寵信。　地屬負荷：將守地重責委托於身。曾不見及：指没有把劉休範召入朝廷爲顧命大臣而輔政。

[12] 兩竪：指楊運長、王道隆。竪，小人。　天誘其衷：天有意引導他們的内心。　居乎外：使（劉休範）留在京師之外。

[13] 酷：殘酷暴虐。

[14] 石顯：人名。西漢濟南人，宦官。漢元帝時任中書令，極受信任。他排斥異己，陷害大臣蕭望之等人，權勢熏天。事見《漢書》卷九三《佞幸傳》。　曹節：人名。東漢南陽新野人，宦官。漢靈帝時聯結十七宦官，發動宮廷政變，誅殺大臣陳蕃、竇武等，任尚書令，專斷朝政。《後漢書》卷七八有傳。　望之：人名。即蕭望之。西漢東海蘭陵（今山東蒼山縣）人，宣帝、元帝時屢任重職，後遭宦官誣陷自殺。《漢書》卷七八有傳。　仲舉：人名。即陳蕃。東漢汝南平輿（今河南平輿縣）人，桓帝、靈帝時爲士人首領，曾任太傅，後被宦官誅殺。《後漢書》卷六六有傳。

諸賢冑籍冠冕，[1] 世歷忠貞，位非恩樹，勳豈寵結，憂國勤王，社稷之鎮，豈可含縱讒凶，坐觀傾覆。自惟宋室未殞，得以推移者，正內賴諸賢，防勒姦軌，外有孤子，跨據中流。[2]而人非金石，何能支久，使一虧落，則本根莫庇。當今主上沖幼，[3]宜明典章，征虜之鎮，[4]不見慰省，逆旅往來，尚有顧眄，骨肉何讎，逼使離隔。禽獸之心，橫生疑貳，經由此者，每加約截，同惡相求，有若市賈。[5]以孤子知其情狀，恒恐以此乘之，鉗勒州郡，過見防禦。近遣西南二使，統內宣傳，不容恐懼，即遣啓並有別書。[6]若以孤子有過，便應鳴鼓見伐；如其不爾，宜令各有所歸。與殺不辜，憲有常辟，三公之使，無罪而斬，鄙雖不肖，天子之季父，卑小主者，敢不如是乎？[7]孤子承奉今上，如事先朝，夙宵恭謹，散心雲日，晦望表驛，相從江衢，有何虧違，頓至於此？[8]既已甘心，[9]其可再乎？如往來所說，以孤子納士為尤，[10]此輩懼其身罪，豈為國計。在昔四豪，[11]列國公子，猶博引廣納，門客三千。況孤子位居鼎司，捍衛畿甸，且今與昔異，咸所知也。狁虜陵掠，江、淮侵逼，主上年稚，宗室衰微，邪僭用命，親賢結舌，疆場嬰塗炭之苦，征夫有勤役之勞。瓜時不代，[12]齊猶致禍，況長淮戍卒，歷年怨思，不務拓遠強邊，而先事國君親戚，以此求心，何事非亂。又以繕治盆壘，[13]復致囂聲。自晉、宋之災，積貯百萬，孤子到鎮，曾不數千里，[14]且修城池，整郭邑，為治常理，復何足致嫌邪？若以中流清蕩，則任農夫不應實力強兵，[15]作鎮姑孰，[16]俱防寇害，豈得獨嫌於此。昔成王之明，而爲流言致惑，若使金縢不開，則周公無以自保。[17]樂毅歸趙，[18]不忍謀燕，況孤子禮則君臣、恩猶父子者乎？所以枕戈泣血，[19]祇以兄弟之讎爾。觀其不逞之意，豈可限量。設使遂其虐志，諸君欲安坐得乎？脣亡齒寒，理不難見。桂蠹必除，人邪必翦，枉突徙薪，何勞多力。[20]望便執錄二豎，以謝冤魂，則先帝不失順悌之名，宋世無枉筆之史。[21]

[1]諸賢：指袁粲、褚淵、劉秉三人。　胄籍冠冕：仕宦之家的後代。冠冕，古代帝王、官員所戴的帽子。

[2]自惟：自己考慮。　防勒：防範約束。　孤子：劉休範自稱。　中流：長江中游。

[3]沖幼：年幼。此時後廢帝僅九歲。

[4]征虜：征虜將軍。此指晉熙王劉燮。

[5]約截：阻止，攔截。　市賈：市場商人。

[6]統內：管轄範圍之内。　宣傳：講解，説明。　不容恐懼：無須畏懼。　啓：奏疏，啓奏。　別書：分別書寫（給有關官署）。

[7]常辟：固定的法規。　鄙：謙稱自己。　季父：叔父。小主：古代稱年輕的君主。

[8]散心雲日：仰望天子，毫無隔閡。散心，心情舒暢。雲日，對古代帝王的美稱。　晦望表驛：每月初一與十五日都通過驛站上表問候。　江衢：江邊的道路。　頓：立刻，馬上。

[9]甘心：縱情快意。

[10]尤：罪過，過錯。

〔11〕四豪：指戰國的孟嘗君、平原君、信陵君、春申君四人。他們都競相招納門客，以養士而著稱。

〔12〕瓜時不代：據《左傳》莊公八年："齊侯使連稱、管至父戍葵丘。瓜時而往，曰：'及瓜而代。'"謂到明年瓜熟時派人接替。結果至時齊侯不派人替代，連稱、管至父二人遂策劃宮廷政變，殺齊襄公。

〔13〕盆壘：湓口之營壘。盆，即湓口，在今江西九江市西北，爲劉休範防禦江州的軍事要衝。

〔14〕曾不數千里：李慈銘《札記》云："里字衍文。"孫虨《考論》云："此謂積貯，里字當衍。"

〔15〕任農夫：人名。臨淮人，時爲輔師將軍、淮南太守，以重軍防備劉休範。本書卷八三有附傳。

〔16〕姑孰：地名。又名南洲，在今安徽當塗縣，曾爲南朝豫州和淮南郡治所。

〔17〕成王：即姬誦。西周第二位天子。其父武王病死，年幼即位，由叔父周公旦攝理政事。時鎮守東方的管叔、蔡叔散布"周公將對成王不利"的流言，引起統治集團內部混亂。後來成王理解了周公的忠心，委任他東征平叛。　金縢：據《尚書·金縢》，武王病時，周公作策書告神，請代武王死。事畢，納書於金縢之櫃。顯示了周公事君的忠心。

〔18〕樂毅：人名。戰國時趙人，後被燕昭王任爲上將軍，率秦韓趙魏燕五國軍隊伐齊，連下七十餘城。此時昭王死，燕惠王誤信齊田單反間計，以騎劫代樂毅爲將。樂毅返回趙國，寫信給惠王，云"交絕不出惡聲"，以消除惠王恐怕他伐燕的擔心。《史記》卷八〇有傳。

〔19〕枕戈泣血：枕著兵器，哭泣見血。形容極度悲憤，矢志殺敵。《晉書》卷九八《桓溫傳》："枕戈泣血，志在復讎。"

〔20〕桂蠹：寄生在桂樹上的一種害蟲。喻衹食君禄而不建忠信的官員。東方朔《七諫·怨世》："桂蠹不知所淹留兮。"王逸注：

"桂蠹以喻食禄之臣也。言桂蠹食芬香，居高顯，不知留止，妄欲移徙，則失甘美之木，亡其處也。以言衆臣食君之禄，不建忠信，妄行佞謟亦將失其位，喪其所也。"　　枉突徙薪：據《說苑·權謀》，有人見鄰人烟囱直立且旁有積薪，勸其改爲彎曲烟囱並移走積薪。鄰人不從，後果失火。喻防患於未然。枉，彎曲。突，烟囱。

[21]順悌：遜順孝悌。　　枉筆：不符合事實的記載。

此州地居形要，路枕九江，控弦跨馬，越關而至。[1]重氣輕死，排藪競出，練甲照水，總戈成林，剿此纖隷，何患不克。[2]但千鈞之弩，不爲鼷鼠發機，欲使薰蕕內辨，晋陽外息爾，功有所歸，不亦可乎？[3]便當投命有司，謝罪天闕，同奉溫清，齊心庶事。[4]伊、霍之任，[5]非君而誰；周、邵之職，[6]頗以自許。左提右挈，無愧古人。昔平、勃剛斷，產、禄蚤誅；張溫趑趄，文臺扼腕。[7]事之樞機，得失俄頃，往車今轍，庶無惑焉。近持此意，申之沈攸，[8]其憤難不解諸王致此，既知禍原，銳然奮發，蓄兵厲卒，以俟同舉。張興世發都日，受制凶黨，揚颿直逝，遂不見遇。[9]孤子近遣信申述姦禍，方大惆悵，追恨前迷，比者信使，每申勤款。王奐佐郢，兵權在握，厥督屠枉，[10]朝野嗟痛，猶父之怨，寧可與之比肩？孤子此舉，增其慷慨，義之所勸，其應猶響。諸君或未得此意，故先告懷。徒倚一隅，遲及委問。孤子哀疾疽毀，窮盡無日，庶規史鰌，死不忘本。[11]臨紙荒哽，言不詮第。[12]

[1]九江：水名。九條江水的總稱。古人解説不一，其地在今湖北黄梅縣一帶，其水或分自長江，或源出山溪。 控弦：持弓。借指士兵。

[2]排藪：衝出湖澤。 練甲：白色的盔甲。 剿：同"剿"。滅絶。 纖隸：小卒。

[3]鼷鼠：鼠類中最小的一種。 薰蕕内辨：讓其内部顯現出善惡好壞。薰、蕕，香草和臭草。 晋陽外息：春秋末時卿士智氏脅迫韓、魏兩家攻圍趙氏於晋陽，並引水灌城。趙氏派人連夜出城，説服韓、魏共滅智氏，晋陽之圍遂解。

[4]天闕：天門。指宫廷。 温清（qìng）："冬温夏清"的省稱。語出《禮記・曲禮上》："凡爲人子之禮，冬温而夏清，昏定而晨省。"即冬天温被使暖，夏天扇席使凉，指侍奉父母之禮。陸德明《釋文》："清，七性反，字從冫，冰，冷也。本或作水旁，非也。"

[5]伊、霍之任：商代的伊尹和西漢的霍光。前者曾流放商王太甲於桐，後者曾廢黜昌邑王而立漢宣帝，此泛指能左右朝政的重臣。

[6]周、邵之職：西周成王時貴族周公旦和邵公奭，二人共同輔政，分陝而治，皆有美政。周、邵，亦作"周、召"。

[7]平、勃剛斷：西漢吕太后死，諸吕專權。太尉周勃與丞相陳平合謀，誘殺吕后之侄吕産、吕禄，迎立漢文帝劉恒，使劉姓天下轉危爲安。 張温趑（zī）趄（jū）：東漢末年，董卓於涼州作戰不利，張温代爲車騎將軍統兵。孫堅（字文臺）爲張温軍府參軍事，勸以軍法斬董卓，張温未從。後董卓專擅朝政，誅殺張温。趑趄，想前進又不敢前進，形容猶豫不决。 扼腕：用一隻手握住另一隻手腕，表示惋惜、憤慨的心情。

［8］沈攸：人名。即沈攸之。吴興武康人。時任荆州刺史，雖不滿朝廷，但拒絶了劉休範聯合反叛之請，進軍勤王。後於順帝時反叛被誅。本書卷七四有傳。

［9］張興世：人名。竟陵竟陵人，時任雍州刺史，在劉休範反叛時，遣軍聲援朝廷。本書卷五〇有傳。　揚颿（fān）：揚帆。按張興世曾於宋明帝泰始二年由海道北伐，此句謂此。

［10］厥督屠杠：孫彪《考論》云：“攸，景文兄子。厥督屠杠疑是厥叔，謂景文也。”

［11］尪（wāng）：孱弱。　庶規：期望傚法。　史鰌：人名。據《左傳》定公十三年，他曾對衛國大夫公叔文子説，臣下富有而國君貪得無厭，就一定會遇禍，因爲“富而不驕者鮮”“驕而不亡者，未之有也”。祇有“富而能臣”，纔“必免於難”。

［12］荒哽：極度悲哀聲氣阻塞頭腦發昏。荒，昏瞶。　詮第：選擇和編次。

　　大雷戍主杜道欣馳下告變。[1]道欣至一宿，休範已至新林，[2]朝廷震動。平南將軍齊王出次新亭壘，[3]領軍將軍劉勔、前兖州刺史沈懷明據石頭，[4]征北將軍張永屯白下，[5]衛將軍袁粲、中軍褚淵、尚書左僕射劉秉等入衛殿省。[6]時事起倉卒，不暇得更處分，開南北二武庫，[7]隨將士意取。

［1］大雷戍：江防要壘名。在今安徽望江縣，處於江州和建康之間。　杜道欣：人名。其事不詳。

［2］新林：地名。在今江蘇南京市西南西善橋鎮。濱臨長江，爲軍事交通要地。

［3］齊王：即蕭道成。後來齊的開國皇帝，時爲朝中主要武將。新亭壘：地名。三國吴築，在今江蘇南京市南，地近江濱，依山

築城壘，爲軍事和交通要地。

　　[4]領軍將軍：官名。掌禁衞軍及京都諸軍。三品。　沈懷明：人名。吳興武康人，宋明帝時以軍功封吳興縣子，任南兗州刺史。此言兗州刺史，誤。本書卷七七有附傳。

　　[5]張永：人名。吳興吳人。本書卷五三有附傳。　白下：城名。在今江蘇南京市北金川門外、幕府山南麓，北臨大江，爲首都北郊的軍事要地。

　　[6]中軍：官名。中軍將軍的簡稱。

　　[7]武庫：儲藏兵器的倉庫，古代往往設於皇宮中。

　　休範於新林步上，及新亭壘，自臨城南，於臨滄觀上，[1]以數十人自衞。屯騎校尉黃回見其可乘，[2]乃僞往請降，并宣齊王意旨。休範大悅，以二子德宣、德嗣付回與爲質，至即斬之。回與越騎校尉張敬兒直前斬休範首，[3]持還，左右並奔散。

　　[1]於臨滄觀上：各本“觀”字空白，中華本據《通鑑》宋元徽二年補，從之。臨滄觀，建築名。一名勞勞亭，時在勞山上，在今江蘇南京市南。

　　[2]黃回：人名。竟陵郡軍戶出身。本書卷八三有傳。

　　[3]越騎校尉：官名。侍衞武官，不領兵，隸中領軍。四品。　張敬兒：人名。南陽冠軍人，曾任南陽太守等職。《南史》卷四五有傳。

　　初休範自新林分遣同黨杜耳、丁文豪、杜墨蠡等，[1]直向朱雀門。[2]休範雖死，墨蠡等不相知聞。王道隆率羽林兵在朱雀門內，聞賊至，急召劉勔。勔自石頭來赴，仍進桁南，[3]戰敗，死之。墨蠡等乘勝直入朱雀門，王道隆爲亂兵所殺。墨蠡等唱："太尉至。"休範之死也，齊王遣隊主陳靈寶齎首詣臺，[4]道逢賊，棄首於水，[5]挺身得達，雖唱云"已平"，而無以爲據，衆愈疑惑。張永棄衆於白下，沈懷明於石頭奔散，撫軍典籤茅恬開東府納賊。[6]墨蠡逕至杜姥宅，[7]中書舍人孫千齡開承明門出降，宮省怔擾，無復固志。[8]時庫藏賞賜已盡，皇太后、太妃別取宮內金銀器物以充用。羽林監陳顯達率所領於杜姥宅與墨蠡戰，[9]破之。至宣陽御道，[10]諸賊一時奔散，斬墨蠡、文豪及同黨姜伯玉、柳仲虔、任天助等。[11]許公輿走還新蔡，[12]村民斬送之。晉熙王燮自夏口遣軍平尋陽，德嗣弟青牛、智藏並伏誅。詔建康、秣陵二縣收斂諸軍死者，并殺賊屍，並加藏埋。[13]

[1]杜耳、丁文豪：皆人名。事皆不詳。　杜墨蠡：人名。其事不詳。按《南齊書》卷一《高帝紀上》作"杜黑蠡"，《魏書》卷九七《島夷劉裕傳》作"杜墨騾"，《通鑑》從《宋略》作"杜黑騾"，皆同名異書。今從中華本。

[2]朱雀門：城門名。一名大航門。建康南面城門，約在今江蘇南京市中華門內。

[3]桁南：即朱雀橋南。桁，浮橋。此指朱雀桁，一名大航，在今江蘇南京市南秦淮河上。時長九十步，廣六丈，本三國吳南津橋，東晉後改名。

[4]陳靈寶：人名。其事不詳。　臺：宮廷禁省。

[5]棄首於水：《南史》卷一三《宋宗室及諸王傳上》、《南齊書》卷一《高帝紀上》作"埋首道側"。

[6]撫軍典籤：官名。撫軍將軍府典籤。時安成王劉準（即後來的宋順帝）爲撫軍將軍、揚州刺史。　茅恬：人名。其事不詳。

按《南齊書》作"車騎典籤茅恬"，《南史》作"撫軍長史褚澄"，《通鑑》從《宋略》亦作"撫軍長史褚澄"。《考異》云："《宋書》《南齊書》蓋皆爲褚澄諱耳。"

[7]杜姥宅：地名。在今江蘇南京市内。東晉成帝杜皇后母裴氏立第於南掖門外，故名。

[8]中書舍人：官名。中書通事舍人的簡稱，時多爲寒人出任，除轉呈文書章奏外，還有擬詔之任。親近皇帝，把持政務中樞，其職權最重。七品。　孫千齡：人名。其事不詳。　承明門：宋建康北面城門。按各本"承"字空白，中華本據《通鑑》填補，今從之。　悾擾：恐懼擾亂。悾，怯。

[9]羽林監：官名。掌宿衛送從。五品。　陳顯達：人名。彭城人，以軍功封彭澤縣子，後曾任廣州刺史。《南史》卷四五有傳。

[10]宣陽御道：建康城南面正門爲宣陽門，貫通宣陽門的南北中軸大道爲御道。

[11]姜伯玉、柳仲虔、任天助：皆人名。事皆不詳。

[12]新蔡：各本作"新茶"，局本作"新荼"。龔道耕《蛛隱廬日箋》云："新茶當作新蔡，上文有新蔡人許公輿，是其證。"中華本據改，今從之。

[13]建康：縣名。治所在今江蘇南京市，東晉南朝皆建都於此。　秣陵：縣名。秦始置，後改名建業縣，晉時分秦淮河南爲秣陵縣，北爲建康縣。南朝時秣陵縣治所在今江蘇南京市中華門外故報恩寺附近。　并殺賊屍：抛棄毀壞敵軍尸體。并，通"摒"。殺，殘敗。　並：一並，一齊。原被毀棄的敵尸由二縣並加埋葬。

史臣曰：語有之，投鼠而忌器，信矣。阮佃夫、王道隆專用主命，[1]臣行君道，識義之徒，咸思戮以馬劍。[2]休範馳兵象魏，[3]矢及君屋，忠臣義士，莫不銜膽爭先。夫以邪附君，猶或自免，況於仗正順以爭主哉。

　　[1]阮佃夫：人名。會稽諸暨（今浙江諸暨市）人。本書卷九四有傳。

　　[2]馬劍：亦作"斬馬劍"。漢寶劍名，其利可以斬馬，故稱。西漢成帝時，朱雲激烈抨擊丞相張禹，於朝堂上説："臣願賜尚方斬馬劍，斷佞臣一人。"以劍藏於尚方，後俗稱尚方寶劍。

　　[3]象魏：建築名。古代天子宮門外的一對高建築，爲懸示教令之處，亦稱"闕"或"觀"。借指朝宮。

宋書　卷八〇

列傳第四十

孝武十四王

豫章王子尚　晋安王子勛　松滋侯子房　臨海王子頊
始平孝敬王子鸞　永嘉王子仁　始安王子真　邵陵王子
元　齊敬王子羽　淮南王子孟　晋陵孝王子雲　南海哀
王子師　淮陽思王子霄　東平王子嗣　武陵王贊

　　孝武帝二十八男：[1]文穆皇后生廢帝子業、豫章王
子尚，[2]陳淑媛生晋安王子勛，[3]阮容華生安陸王子
綏，[4]徐昭容生皇子子深，[5]何淑儀生松滋侯子房，[6]史
昭華生臨海王子頊，[7]殷貴妃生始平孝敬王子鸞，[8]次永
嘉王子仁，與皇子子深同生，何婕妤生皇子子鳳，[9]謝
昭容生始安王子真，江婕妤生皇子子玄，史昭儀生邵陵
王子元，[10]次齊敬王子羽，與始平孝敬王子鸞同生，江

美人生皇子子衡，[11]楊婕妤生淮南王子孟，次皇子子
況，與皇子子玄同生，次南平王子産，與永嘉王子仁同
生，次晉陵孝王子雲，次皇子子文，並與始平孝敬王子
鸞同生，次盧陵王子興，與淮南王子孟同生，次南海哀
王子師，與始平孝敬王子鸞同生，次淮陽思王子霄，[12]
與皇子子玄同生，次皇子子雍，與始安王子真同生，次
皇子子趨，與皇子子鳳同生，次皇子子期，與皇子子衡
同生，次東平王子嗣，與始安王子真同生，杜容華生皇
子子悦。[13]安陸王子綏、南平王子産、盧陵王子興並出
繼。[14]皇子子深、子鳳、子玄、子衡、子況、子文、子
雍未封，早夭。子趨、子期、子悦未封，爲明帝
所殺。[15]

[1]孝武帝：即宋文帝劉義隆第三子劉駿，謚"孝武"，公元
454年至464年在位。本書卷六有紀。

[2]文穆皇后：孝武帝皇后王憲嫄，琅邪臨沂人。本書卷四一
有傳。　廢帝子業：即劉子業。孝武帝長子。本書卷七有紀。

[3]陳淑媛：其名失載，事不詳。淑媛，內官名。皇帝嬪妃。
三國魏文帝置，晉宋沿之，爲九嬪之一，位視九卿。

[4]容華：內官名。皇帝嬪妃。西漢武帝置，後沿之。宋初爲
九嬪之一，位視九卿，宋明帝後降爲五職之一，亞九嬪。

[5]昭容：內官名。皇帝嬪妃。宋孝武帝置，取代修容以爲九
嬪之一，位視九卿。　皇子：沒有被封爵的皇帝兒子。

[6]淑儀：內官名。皇帝嬪妃。晉武帝置，九嬪之一，位視
九卿。

[7]昭華：內官名。皇帝嬪妃。三國魏明帝置，宋孝武帝復置，
以代修華，爲九嬪之一，位視九卿。

[8]貴妃：内官名。皇帝嬪妃。宋孝武帝始置，位比相國，與貴嬪、貴人合爲三夫人。

[9]婕妤：内官名。皇帝嬪妃。西漢武帝始置，後或置或廢，宋初爲九嬪之一，位視九卿。宋明帝改爲五職之一，亞九嬪。

[10]昭儀：内官名。皇帝嬪妃。西漢元帝始置，後或置或廢，宋孝武帝復置，爲九嬪之一，位視九卿。

[11]美人：内官名。皇帝嬪妃。西漢置，後沿之，宋位九嬪五職之下，爲散役。

[12]次淮陽思王子霄：各本並脱“次”字，中華本據《南史》補，今從之。

[13]杜容華：《南史》作“張容華”。

[14]出繼：過繼給他人爲子。劉子綏過繼江夏王劉義恭次子劉叡，紹封爲安陸王，其事見本書卷六一《江夏文獻王義恭傳》。劉子産過繼南平王劉鑠，紹封南平王，其事見本書卷七二《南平穆王鑠傳》。劉子興過繼廬陵王劉義真嗣子劉紹，紹封廬陵王，其事見本書卷六一《廬陵孝獻王義真傳》。

[15]明帝：即宋文帝劉義隆第十一子劉彧，謐“明”。公元465年至472年在位。本書卷八有紀。

豫章王子尚字孝師，[1]孝武帝第二子也。孝建三年，年六歲，封西陽王，食邑二千户。[2]仍都督南徐兖二州諸軍事、北中郎將、南兖州刺史。[3]其年，遷揚州刺史。[4]大明二年，[5]加撫軍將軍。[6]三年，分浙江西立王畿，以浙江東爲揚州，命子尚都督揚州江州之鄱陽晋安建安三郡諸軍事、揚州刺史，[7]將軍如故，給鼓吹一部。[8]五年，改封豫章王，户邑如先，領會稽太守。[9]七年，加使持節，進號車騎將軍。[10]其年，又加散騎常侍，以本號開府儀同三司。[11]時東土大旱，鄞縣多疁田，[12]世祖使子尚上表至鄞縣勸農。[13]又立左學，召生徒，置儒林祭酒一人，學生師敬，位比州治中；[14]文學祭酒一人，比西曹；[15]勸學從事二人，比祭酒從事。[16]前廢帝即位，罷王畿復舊，徵子尚都督揚、南徐二州諸軍事，領尚書令，[17]解督東揚州，餘如故。

[1]豫章王：王爵名。王國在今江西南昌市。

[2]孝建：宋孝武帝劉駿年號（454—456）。　西陽王：王爵名。王國在今湖北黃岡市黃州區東。

[3]都督諸軍事：地方軍政長官。三國魏始置，稱都督諸州軍事，簡稱都督，領駐在州刺史，兼理民政。宋沿置，多帶將軍名號。中華本引張森楷《校勘記》云："子尚爲南兗州刺史，則當云都督南兗徐二州諸軍事。"　南徐：州名。治所在今江蘇鎮江市京口區。　北中郎將：官名。多以宗室任之，常兼徐、兗等州刺史，地位重要。　南兗：州名。治所在今江蘇揚州市西北。

[4]揚州：治所在今江蘇南京市。宋孝武帝時分浙江以西六郡爲王畿，浙江以東會稽、臨海、永嘉三郡爲（東）揚州，後者治所在今浙江紹興市。宋前廢帝時仍復舊。

[5]大明：宋孝武帝劉駿年號（457—464）。

[6]撫軍將軍：官名。與中軍、鎮軍將軍號位同。三品。

[7]命子尚都督揚州江州之鄱陽晉安建安三郡諸軍事：各本"子尚"前有"王"字，中華本引諸家所論認爲衍字而刪，今從之。江州，治所在今江西九江市西南。鄱陽，郡名。治所在今江西鄱陽縣。晉安，郡名。治所在今福建福州市。建安，郡名。治所在今福建建甌市。

[8]鼓吹：軍樂名。此指演奏鼓吹樂的樂隊。本用於軍中，後成爲皇帝賜與臣下的一種禮遇。

[9]會稽：郡名。治所在今浙江紹興市。

[10]使持節：官名。漢朝官吏奉使外出，或由皇帝授予節杖，以提高其威權。魏晉以後，凡重要軍事長官出鎮，加使持節，以表示權力和尊崇，可誅殺二千石以下官員。　車騎將軍：官名。位在諸名號大將軍上，次驃騎將軍，多作爲軍府名號，無具體職掌。二品。

[11]散騎常侍：官名。三國魏始置，晉爲散騎省長官，參掌機密，入宮議政。南朝地位降低，常作重臣加官。三品。　開府儀同三司：官名。爲大臣加號，意謂與三司即太尉、司徒、司空禮制待遇相同，允許開府自辟僚屬。

[12]鄞縣：治所在今浙江奉化市東北。　畷（liú）田：水灌田。

[13]世祖：宋孝武帝劉駿廟號。

[14]左學：學校名。商朝初置，相當於周朝的“小學”，爲教育機構的一種。《禮記·王制》：“殷人養國老於右學，養庶老於左學。”鄭玄注：“左學，小學也。”後泛稱學校。　儒林祭酒：官名。晉懷帝時江州置，掌講授儒經。　州治中：官名。州治中從事史省稱。爲州之佐吏，掌衆曹文書事。六品。

[15]文學祭酒：官名。掌教授生徒，由文學之士充任。　西曹：西曹書佐的省稱。爲州刺史佐吏，掌諸吏及選舉事，位治中下。八品。

[16]勸學從事：官名。州屬官，掌文教。　祭酒從事：官名。亦稱祭酒從事史，州府主要僚屬之一，掌州兵、賊、倉、史、户、水、鎧諸曹事。九品。

[17]尚書令：官名。爲尚書省長官，綜理全國政務，參議大政。雖位三品，實權有如宰相。

初孝建中，世祖以子尚太子母弟，上甚留心。[1]後新安王子鸞以母幸見愛，[2]子尚之寵稍衰。既長，人才凡劣，凶慝有廢帝風。[3]太宗殞廢帝，[4]稱太皇后令曰：[5]"子尚頑凶極悖，行乖天理。楚玉淫亂縱慝，[6]義絕人經。並可於第賜盡。"子尚時年十六。楚玉，山陰公主也。廢帝改封爲會稽郡長公主，[7]食湯沐邑二千户，給鼓吹一部，加班劍二十人。[8]未及拜受而廢帝敗。楚玉肆情淫縱，以尚書吏部郎褚淵貌美，[9]請自侍十日，廢帝許之。淵雖承旨而行，以死自固，楚玉不能制也。[10]

[1]上甚留心：丁福林《校議》云："前已有'世祖'二字，此'上'當爲重出。《南史·宋宗室及諸王傳下》云：'孝武以子尚太子母弟，甚留心。'是也。"

[2]以母幸見愛：因爲母親殷淑儀得到宋孝武帝寵幸而特別受到愛護。事見本卷《始平孝敬王子鸞傳》。

[3]凶慝：凶暴邪惡。

[4]太宗：宋明帝劉彧廟號。

[5]太皇后：即太皇太后。此指宋文帝淑媛路惠男，生孝武帝。廢帝即位，號太皇太后，宋明帝尊爲崇憲太后。本書卷四一有傳。

[6]楚玉：人名。宋公主，其母爲宋孝武帝王皇后，與廢帝劉子業、劉子尚一母所生。事見本卷。

[7]長公主：漢朝規定，皇帝之女稱公主，皇帝姊妹稱長公主，皇帝之姑稱大長公主，其封地皆稱湯沐邑。後歷朝沿其制。

[8]班劍：本指飾有花紋之劍。漢制，朝服帶劍，晋代易之以木，謂之班劍。晋以後成爲隨從侍衛之代稱，且成爲皇帝對功臣之恩賜，可隨身進入宫殿。祇賜給極少數權臣，侍衛人數自百二十人至十人不等。此爲廢帝淆亂典制而賜給公主。

[9]尚書吏部郎：官名。尚書省吏部曹長官通稱。屬吏部尚書，主管官吏選任銓叙調動事務。六品。　褚淵：人名。字彦回，河南陽翟人，於宋、齊兩朝屢任重職。《南史》卷二八有附傳。

[10]楚玉不能制：據《南史》："帝召彦回西上閤宿十日，公主夜就之，備見逼迫，彦回整身而立，從夕至曉，不爲移志。"可參考。

　　晋安王子勛字孝德，孝武帝第三子也。大明四年，年五歲，封晋安王，食邑二千户。仍都督南兖州徐州之東海諸軍事、征虜將軍、南兖州刺史。[1]七年，改督江州南豫州之晋熙新蔡郢州之西陽三郡諸軍事、前將軍、江州刺史。[2]八年，遷使持節、都督雍梁南北秦四州郢州之竟陵隨二郡諸軍事、鎮軍將軍、寧蠻校尉、雍州刺史。[3]未拜而世祖崩，以鎮軍將軍還爲江州，本官如故。眼患風，[4]爲世祖所不愛。景和元年，[5]加使持節。

[1]徐州：治所在今江蘇徐州市。　東海：郡名。治所在今山東蒼山縣南。　征虜將軍：官名。多作爲武官或高級文官的加官。三品。

[2]南豫州：治所在今安徽和縣。　晋熙：郡名。治所在今安徽潛山縣。　新蔡：郡名。治所在今河南汝南縣。宋明帝後移治今河南固始縣。　郢州：治所在今湖北武漢市武昌區。　西陽：郡名。治所在今湖北黃岡市黃州區。　前將軍：官名。軍府名號，用作加官。三品。

[3]雍：州名。治所在今湖北襄陽市襄城區。　梁：州名。治所在今陝西漢中市。　秦：州名。治所在今陝西漢中市。　竟陵：郡名。治所在今湖北鍾祥市。　隨：郡名。治所在今湖北隨州市。

鎮軍將軍：官名。主要爲中央軍職，亦可出任地方軍事長官。三品。　寧蠻校尉：官名。掌管今湖北襄陽地區的少數民族事務，多由雍州刺史兼任。四品。

[4]風：中醫學謂人體的病因之一，外感風邪常致各種疾病。此謂眼斜。

[5]景和：宋前廢帝劉子業年號（465）。

時廢帝狂凶，多所誅害。前撫軍諮議參軍何邁少好武，[1]頗招集才力之士。邁先尚太祖女新蔡公主，[2]帝詐云主薨，殺宮人代之，顯加殯葬，而納主於後宮。深忌邁，邁慮禍及，謀因帝出行爲變，迎立子勛。事泄，帝自率宿衛兵誅邁，使八座奏子勛與邁通謀。[3]又手詔子勛曰：“何邁殺我立汝，汝自計孰若孝武邪？[4]可自爲其所。”遣左右朱景雲送藥賜子勛死。[5]景雲至盆口，[6]停不進，遣信使報長史鄧琬。[7]琬等因奉子勛起兵，以廢立爲名。

[1]撫軍諮議參軍：官名。即撫軍將軍府諮議參軍。軍府僚屬，職掌不定，位在列曹參軍上。此指豫章王劉子尚的撫軍將軍府。何邁：人名。廬江灊（今安徽霍山縣）人。其母爲宋武帝劉裕少女劉欣男（豫章公主），其妹爲前廢帝即位前的皇太子妃（後被尊崇爲皇后）。本書卷四一有附傳。

[2]太祖：宋文帝劉義隆廟號。　新蔡公主：即劉英媚。宋文帝劉義隆第十女，封新蔡公主。按輩分應爲前廢帝劉子業之姑。事見本書卷四一《前廢帝何皇后傳》。

[3]八座：高級官員合稱。東漢用以稱尚書令、僕射、六曹尚書。魏晉南北朝用以稱尚書令、左右僕射、五曹尚書，皆沿其稱。

[4]汝自計孰若孝武邪：你自己覺得與孝武帝比起來怎麼樣？
按：孝武劉駿排行第三，後誅長兄劉劭自立。而劉子勛在兄弟中排
行亦三，劉子業排行爲長，故有是語。

[5]朱景雲：人名。《南史》卷一四《宋宗室及諸王傳下》作
"朱景"。其事不詳。

[6]盆口：地名。一名"溢口"，在今江西九江市東北。爲溢
浦水入長江之口。

[7]長史：官名。王府、公府、州軍府皆置，爲幕僚長。宋以
幼王出鎮，長史往往代行其職權，地位重要。　鄧琬：人名。豫章
南昌人。本書卷八四有傳。

太宗定亂，進子勛號車騎將軍、開府儀同三司。琬
等不受命，傳檄京邑。泰始二年正月七日，[1]奉子勛爲
帝，即僞位於尋陽城，[2]年號義嘉元年，備置百官，四
方並響應，威震天下。是歲四方貢計，[3]並詣尋陽。遣
左衛將軍孫沖之等下據赭圻，[4]又遣豫州刺史劉胡率大
衆來屯鵲尾，[5]又遣安北將軍袁顗總統衆軍。[6]臺軍屯據
錢谿，[7]斷顗等糧援，胡遣將攻之，大敗，於是焚營遁
走。顗聞胡去，亦棄衆南奔。沈攸之諸軍至尋陽，[8]誅
子勛及其母，同逆皆夷滅。子勛死時年十一，即葬尋陽
廬山。

[1]泰始：宋明帝劉彧年號（465—471）。

[2]尋陽：地名。在今江西九江市西南。

[3]貢計：地方官吏年末向皇帝貢獻物品和向中央政府匯報治
績的統計簿。

[4]左衛將軍：官名。禁衛軍主要統帥之一，多由皇帝親信擔

任，亦統兵出征。四品。　孫沖之：人名。太原中都（今山西平遙縣西南）人，曾任巴東太守，劉子勛加其左衛將軍，統兵沿江而下。後兵敗見殺。事分見本書卷七四《臧質傳》、卷八四《鄧琬傳》等。　赭圻：地名。在今安徽繁昌縣西北長江南岸，爲軍事重地。

[5]豫州：治所在今安徽壽縣。　劉胡：人名。南陽涅陽（今河南鄧州市東）人。屢有軍功，時爲劉子勛反叛的主要依靠力量，兵敗見殺。本書卷八四有附傳。　鵲尾：地名。在今安徽銅陵縣、繁昌縣之間長江中有鵲洲，鵲頭爲銅陵縣北鵲頭山，鵲尾爲繁昌縣東北三山，西對無爲縣，爲江流扼控險要處。

[6]安北將軍：官名。四安將軍之一，權任很重。三品。　袁顗（yǐ）：人名。陳郡陽夏人，時爲雍州刺史，是劉子勛反叛的主要策劃人之一，兵敗見殺。本書卷八四有傳。

[7]臺軍：中央政府的軍隊。　錢谿：水名。又稱梅根渚。即今安徽池州市貴池區東北長江支流梅埂河。各本並作“前谿”，中華本據本書卷五〇《張興世傳》等改，從之。

[8]沈攸之：人名。吳興武康（今浙江德清縣）人。本書卷七四有傳。

　　松滋侯子房字孝良，[1]孝武帝第六子也。大明四年，年五歲，封尋陽王，食邑二千户。仍爲冠軍將軍、淮南宣城二郡太守。[2]五年，遷豫州刺史，[3]將軍、淮南太守如故。六年，改領宣城太守。七年，進號右將軍，[4]解宣城，餘如故。前廢帝永光元年，[5]遷東揚州刺史，[6]將軍如故。景和元年，罷東揚州，子房以本號督會稽東陽新安臨海永嘉五郡諸軍事、會稽太守。[7]

　　[1]松滋侯：侯爵名。侯國在今湖北松滋市西北。時諸王封郡，

侯封縣。

[2]冠軍將軍：官名。將軍名號。三品。　淮南：郡名。治所在今安徽當塗縣。　宣城：郡名。治所在今安徽宣城市宣州區。

[3]豫州刺史：丁福林《校議》據本書卷六《孝武帝紀》、卷七《前廢帝紀》、《通鑑》卷一二九考證，劉子房時任南豫州刺史，此於"豫州"前佚"南"字。

[4]右將軍：官名。軍府名號，不典禁兵，不參朝政。三品。

[5]永光：宋前廢帝劉子業年號（465）。

[6]東揚州：宋孝武帝分揚州置，轄浙江以東三郡，治所在今浙江紹興市。

[7]東陽：郡名。治所在今浙江金華市。　新安：郡名。治所在今浙江淳安縣西北。　臨海：郡名。治所在今浙江臨海市東南。
永嘉：郡名。治所在今浙江溫州市。

太宗即位，改督爲都督，進號安東將軍，太守如故。[1]又徵爲撫軍，領太常。[2]長史孔覬不受命，[3]舉兵反，應晉安王。子勛即僞位，進子房號車騎將軍、開府儀同三司。三吳晉陵並受命於覬。[4]太宗遣衛將軍巴陵王休若督諸將吳喜等東討。[5]戰無不捷，以次平定。上虞令王晏起兵殺覬，[6]囚子房，送還京都。上宥之，貶爲松滋縣侯，食邑千户。

[1]督：南朝地方軍事長官，亦稱督某州諸軍事，位在都督某州軍事下。　安東將軍：官名。四安將軍之一，常作爲州刺史兼理軍務的加官。三品。

[2]撫軍：官名。即撫軍將軍。　太常：官名。漢爲九卿之首，主管祭祀、宗廟和文化教育。後沿置。三品。

[3]孔覬：人名。會稽山陰（今浙江紹興市）人。本書卷八四

有傳。

[4]三吳：所指不一。此處指吳郡、吳興郡和會稽郡，相當於今江蘇太湖以東、以南和浙江紹興、寧波一帶。　晉陵：郡名。治所在今江蘇常州市。

[5]衛將軍：官名。多爲軍府名號，位在諸名號大將軍之上。二品。　休若：人名。即劉休若。宋文帝第十九子。本書卷七二有傳。　吳喜：人名。吳興臨安人。本書卷八三有傳。

[6]上虞：縣名。在今浙江上虞市。　王晏：人名。事見本書卷八四《孔覬傳》及本卷。

　　司徒建安王休仁以子房兄弟終爲禍難，[1]勸上除之。乃下詔曰：“不虞之釁，著自終古，情爲法屈，聖達是遵。朕掃穢定傾，再全寶業，遠惟鴻基，猥當負荷。思弘治道，務盡敦睦，而妖豎遘扇，妄造異圖。自西南阻兵，東夏侵斥，都邸群凶，密相脣齒。[2]路休之兄弟，[3]專作謀主，規興禍亂，令舍人嚴龍覘覦宮省，以羽林出討，宿衛單罄，候隙伺間，將謀竊發。[4]劉祇在蕃，[5]規相應援，通言北寇，引令過淮。頃休範濟江，潛欲拒捍，賴卜祚靈長，姦回弗逞。[6]陰慝已露，宜盡憲辟，實以方難未夷，曲加遵養。[7]今王化帖泰，宜辨忠邪，涓流不壅，燎火難滅。便可委之有司，肅正刑典。松滋侯子房等淪陷逆徒，協同醜悖，遂與籤帥群小，[8]潛通南釁，[9]連結祇等，還圖朕躬。雖咎戾已彰，在法無宥，猶子之情，良所未忍。可廢爲庶人，徙付遠郡。”於是並殺之，子房時年十一。

　　[1]司徒：官名。爲三公之一，名譽宰相。或與丞相、相國並

置，其府僅掌事務，政務仍歸尚書，唯加錄尚書事銜者得爲真宰相。一品。　休仁：人名。即劉休仁。宋文帝第十二子。本書卷七二有傳。

[2]西南：指江州劉子勛、鄧琬等。　東夏：指會稽劉子房、孔覬等。　都邸：指都城建康城中貴族官員的居所。　脣齒：脣齒相依的密切關係。

[3]路休之：人名。丹陽建康人，爲宋孝武帝生母路淑媛（崇憲太后）之侄。前廢帝時，爲黃門侍郎、侍中。其弟路茂之爲左軍將軍。後均被宋明帝誅殺。本書卷四一有附傳。

[4]舍人：官名。王國、公府、將軍府皆設，掌文檄之事。嚴龍：人名。其事盡在本卷。　單罄：用盡，竭盡。單，通“殫”。

[5]劉祗：人名。長沙王劉義欣次子，宋宗室，時任南兗州刺史、都官尚書。本書卷五一有附傳。

[6]休範濟江：指宋明帝初年，徐州刺史薛安都聯結北魏，反叛朝廷，派侄子薛索兒率兵南下。宋明帝派原駐京口（今江蘇鎮江市）的南徐州刺史、桂陽王劉休範渡江北討，進駐廣陵（今江蘇揚州市）。而時任南兗州刺史的劉祗亦駐鎮廣陵。　卜祚：占卜王朝的國統。《左傳》宣公三年：“成王定鼎于郟鄏，卜世三十，卜年七百，天所命也。”借指天所賜福的國運。

[7]陰慝：陰謀邪念。　憲辟：法紀。　夷：鏟平，消除。遵養：積蓄力量以待時機。古人常有“遵養待時”“遵養時晦”的說法。

[8]籤帥：官名。“典籤”的別稱。宋時多以幼王出鎮，皇帝委派典籤協助處理政事，每州府數人，品階雖不高，但權勢很重。

[9]南釁：指江州刺史劉子勛。

　　路休之等以崇憲太后既崩，[1]自慮將來不立，不自安。劉祗在南兗州，有志爲逆。嚴龍，太祖元嘉中，[2]

已爲中書舍人、南臺御史，[3]世祖又以爲舍人，甚見委信。景和、泰始之際，至越騎校尉、右軍將軍。[4]至是懷異端，故及於誅。

[1]崇憲太后：指宋文帝路淑媛。名惠男，丹陽建康人，生孝武帝劉駿。孝武即位，爲皇太后，宮曰崇憲。本書卷四一有傳。

[2]太祖：宋文帝劉義隆廟號。　元嘉：宋文帝劉義隆年號（424—453）。

[3]中書舍人：官名。全稱中書通事舍人。多爲寒人出任，除轉呈文書章奏外，還擬詔出令，實主持中書省。親近皇帝，把持中樞政務。七品。　南臺御史：官名。即侍御史。時稱御史臺爲南臺，故名。置十員，分掌各曹，負監察彈劾之責，職重位輕。七品。

[4]越騎校尉：官名。侍衛武官，不領兵，仍隸中領軍。四品。右軍將軍：官名。禁衛軍主要將領之一，掌宮禁宿衛，後爲侍衛武職，多以軍功得官。四品。

臨海王子頊字孝列，[1]孝武帝第七子也。大明四年，年五歲，封歷陽王，[2]食邑二千戶。仍爲冠軍將軍、吳興太守。[3]五年，改封臨海王，戶邑如先。其年，遷使持節、都督廣交二州湘州之始興始安臨賀三郡諸軍事、征虜將軍、平越中郎將、廣州刺史。[4]未之鎮，徙荆州刺史，[5]將軍如故。八年，進號前將軍。

[1]孝列：《南史》、《元龜》卷二六四作“孝烈”。
[2]歷陽王：王爵名。王國在今安徽和縣歷陽鎮。
[3]吳興：郡名。治所在今浙江湖州市吳興區。

［4］廣：州名。治所在今廣東廣州市。 交：州名。治所在今越南北寧省仙遊縣東。 湘州：治所在今湖南長沙市。 始興：郡名。治所在今廣東韶關市東南蓮花嶺下。 始安：郡名。治所在今廣西桂林市。 臨賀：郡名。治所在今廣西賀州市八步區東南。平越中郎將：官名。主管南越事務，治廣州，多兼任廣州刺史。

［5］荊州：治所在今湖北荊州市荊州區。

前廢帝即位，以本號都督荊、湘、雍、益、梁、寧、南北秦八州諸軍事，[1]刺史如故。明帝即位，解督雍州，以爲鎮軍將軍、丹陽尹。[2]尋留本任，進督雍州，又進號平西將軍。[3]長史孔道存不受命，[4]舉兵反，以應晉安王子勛。子勛即僞位，進號衛將軍、開府儀同三司。鵲尾奔敗，吳喜、張興世等軍至，[5]子頊賜死，時年十一。葬巴陵。[6]

［1］益州：治所在今四川成都市。 寧：州名。治所在今雲南曲靖市。

［2］丹陽尹：官名。京師所在郡府長官，掌京師行政諸務並詔獄，地位重要，亦稱“京尹”。

［3］平西將軍：官名。四平將軍之一，多持節都督或爲刺史兼理軍務的加官。三品。

［4］孔道存：人名。會稽山陰人，孔覬之弟，時任劉子頊前軍長史、南郡太守，事敗自殺。本書卷五六有附傳。

［5］鵲尾奔敗：指宋明帝初沈攸之率軍擊敗反叛朝廷的劉胡等江州劉子勛軍於鵲尾。 張興世：人名。竟陵竟陵（今湖北潛江市）人。本書卷五〇有傳。

［6］巴陵：地名。在今湖南岳陽市。

始平孝敬王子鸞字孝羽，[1]孝武帝第八子也。大明四年，年五歲，封襄陽王，[2]食邑二千戶。仍爲東中郎將、吳郡太守。[3]其年，改封新安王，戶邑如先。五年，遷北中郎將、南徐州刺史，領南琅邪太守。[4]母殷淑儀，寵傾後宮，子鸞愛冠諸子，凡爲上所盼遇者，莫不入子鸞之府、國。及爲南徐州，又割吳郡以屬之。[5]

[1]始平：王國名。在今湖北丹江口市均縣鎮。

[2]襄陽王：王爵名。王國在今湖北襄陽市襄城區。

[3]東中郎將：官名。四中郎將之一，帥師征伐，地位重要，多兼任刺史，常以宗室諸王任之。四品。　吳郡：治所在今江蘇蘇州市。

[4]南琅邪：郡名。治所在今江蘇句容市西北。

[5]又割吳郡以屬之："吳郡"各本並作"吳都"，中華本據《南史》、《藝文類聚》卷四〇引、《元龜》卷二七六改，今從之。按吳郡本屬揚州，今以劉子鸞故，劃歸南徐州。

六年，丁母憂。追進淑儀爲貴妃，班亞皇后，謚曰宣。[1]葬給輼輬車，虎賁、班劍，[2]鑾輅九旒，黃屋左纛，前後部羽葆、鼓吹。[3]上自臨南掖門，[4]臨過喪車，悲不自勝，左右莫不感動。上痛愛不已，擬漢武《李夫人賦》，[5]其詞曰：

[1]宣：謚號。按《謚法》："聖善周聞曰宣。"《獨斷》："聖善同文曰宣。"

[2]輼輬車：古代的臥車，因開有窗，閉之則溫，啟之則涼，遂被用作喪車。　虎賁：官名。守衛皇宮的禁衛軍。此指充作喪事

儀仗，作爲一種特殊優遇。

〔3〕鑾輅：即鑾駕。天子的車駕。因其車軛首裝有鑾鈴，聲響如鸞鳥，故稱。　九旒：亦稱九游。一種天子使用的旌旗，上有九條絲織垂飾。　黃屋：古代帝王專用的黃繒車蓋。　左纛：古代皇帝乘輿上的飾物，以犛牛尾或雉尾製成，設在車衡左邊或左騑上。羽葆：古時葬禮儀仗的一種。以鳥羽聚於柄頭，其形下垂如蓋。亦稱"羽葆幢"，用以引柩。葆即蓋斗。

〔4〕南掖門：宋宮城之南門。

〔5〕漢武《李夫人賦》：據《漢書》卷九七上《外戚傳上》，西漢武帝寵愛李夫人，李夫人病死後，漢武思念不已，"自爲作賦，以傷悼夫人"。賦文見該傳。

朕以亡事棄日，[1]閱覽前王詞苑，[2]見《李夫人賦》，悽其有懷，亦以嗟詠久之，因感而會焉。[3]

巡靈周之殘册，略鴻漢之遺篆。[4]弔新宮之奄映，嗟璧臺之蕪踐。[5]賦流波以謡思，詔河濟以崇典。[6]雖媛德之有載，竟滯悲其何遣。[7]訪物運之榮落，訊雲霞之舒卷。[8]念桂枝之秋實，惜瑶華之春翦。[9]桂枝折兮沿歲傾，瑶華碎兮思聯情。[10]彤殿閉兮素塵積，翠屺蕪兮紫苔生。[11]寶羅暍兮春幌垂，珍簟空兮夏幬扃。[12]秋臺惻兮碧煙凝，冬宮冽兮朱火青。[13]流律有終，深心無歇。[14]徙倚雲日，裴回風月。[15]思玉步於鳳墀，想金聲於鸞闕。[16]竭方池而飛傷，損圜淵而流咽。[17]端蚤朝之晨罷，泛輦路之晚清。[18]轠南陸，躃閶闔，轢北津，警承明。[19]面縞館之酸素，造松帳之葱青。[20]俛衆胤而慟興，撫藐女而悲生。[21]雖哀終其已切，將何慰於爾靈。存飛榮於景路，没申藻於服車。[22]垂葆旒於昭術，竦鸞劍於清都。[23]朝有儷於徵準，禮無替於粹圖。[24]閟瑶光之密陛，宮虛梁之餘陰。[25]俟玉羊之晨照，正金雞之夕臨。[26]升雲幬以引思，鏘鴻鐘以節音。[27]文七星於霜野，旗二燿於寒林。[28]中雲枝之夭秀，寓坎泉之曾岑。[29]屈封嬴之自古，申反周乎在今。[30]遣雙靈兮達孝思，附孤魂兮展慈心。[31]伊鞠報之必至，諒顯晦之同深。[32]予棄西楚之齊化，略東門之遥裣。[33]淪漣兩拍之傷，奄抑七萃之篋。[34]

[1]亡事棄日：無事而虛度時日。亡，通“無”。司馬相如《子虛賦》：“朕以覽聽餘閒，無事棄日。”

[2]詞苑：匯集古代帝王詞賦的文集。

[3]因感而會焉：因受其感動而有所領悟。會，領會、領悟。

[4]巡靈周之殘册，略鴻漢之遺篆：查閱聖明周朝的殘册，領略宏偉漢代的遺文。殘册、遺篆均指周、漢遺留下的典籍。篆，漢代的篆文字體。此泛指文字典籍。

[5]奄暎：或遮或露，時隱時現。奄，通“掩”。 嘇：通“暗”。吊暗。 璧臺：華美的高臺。典出《穆天子傳》卷六：“天子乃爲之臺，是曰重璧之臺。” 蕪踐：荒涼雜亂。

[6]賦流波以謠思，詔河濟以崇典：賦與詔均屬文章體裁，即詞賦與詔誥。在此作動名詞用。謠思，令人思念的歌謠。崇典，崇高的典籍。

[7]媛德：女子的美德。 有載：載入史册。此句乃贊頌殷貴妃之詞。 滯悲：鬱積心中的悲痛。 遣：排除。此句乃自述哀傷之詞。

[8]物運之榮落：時代盛衰治亂的氣運。物運，世運。　雲霞之舒卷：天空彩霞姿態萬千。舒卷，時開時合，時伸時縮。

[9]秋霣（yǔn）：秋天隕落。　瑤華：玉白色的花，借指仙花。　春蓻：春天蓻枝。

[10]沿歲傾：沿著歲月而傾謝。意爲至秋則隕落。　思聯情：聯想到親情。

[11]彤殿：以朱漆塗飾的宮殿。泛指皇宮。　翠𣠽（shì）：翠階，綠色臺階。

[12]寶羅：珍貴的羅帳。　暍（yè）：通“褐”。形容破污。　春幌：春日的帷帳。　珍簟（diàn）：珍貴的竹席。　夏幬（chóu）：夏天的帷帳。　扃：關閉。

[13]碧煙凝：青烟凝聚不動。　朱火青：紅火泛著青光。此處借烟火形容悲痛心情。

[14]流律：似水流動的音樂。　有終：有終止之時。　無歇：沒有停止。

[15]徙倚雲日，裴回風月：此句借雲日、風月抒發愁憤心情。徙倚，傍徨。《楚辭·遠游》：“步徙倚而遥思兮，怊惝怳而乖懷。”王逸注：“傍徨東西，意愁憤也。”裴回，同“徘徊”。往來不進。

[16]思玉步於鳳墀，想金聲於鸞闕：此句借脚步聲、説話聲回憶殷妃。玉步，以佩玉節制行步。指女子合乎禮法的行步。鳳墀，宮殿前的臺階。金聲，對人聲音的美稱。鸞闕，宮廷南面的闕門。

[17]竭方池而飛傷，損圜淵而流咽：此句意爲掏乾方池、圓潭之水，也流不盡悲傷之情。方池，方形水池。借指禁苑中的鳳凰池。飛傷，哀痛之心飛揚。圜淵，圓形深潭。流咽，流泄悲切嗚咽之聲。

[18]蚤朝：早上朝會。蚤，同“早”。　晨罷：早晨退朝。　輦路：天子車駕所經過的道路。　晚清：晚上清道。

[19]轔（lìn）南陸：車駕到南方大陸。轔，車子輾過。　蹕閶闔：駐蹕閶闔門。　轢（lì）北津：車駕到北方的渡口。　警承

明：警戒在承明門。按："轊""轣"都作車輪輾軋解，實指車駕
到過的地方。"躓""警"都指車駕駐在的地方。"閶闔""承明"
是建康南北相對的兩座城門。閶闔在南，承明在北。

[20] 面縞館之酸素：面對喪宮而心酸淒涼。　造松帳之葱青：
到了松枝搭的帳蓬，感到青翠森森。

[21] 俛衆胤而慟興：低頭看到衆子嗣而止不住悲痛。俛，同
"俯"。　撫藐女而悲生：撫摸幼女而悲不自勝。

[22] 飛榮：落花。　景路：大路。　申藻：彩繪文飾。　服
車：官車。

[23] 葆旒：羽葆和旒旗。　昭術：光明的道路。　竦：持。
鷩劍：以鷩鳥爲飾的劍。　清都：傳說中天帝所居住的宮闕，也指
天子所居的宮殿。

[24] 儷：配偶。　徵準：既成的法則。　無替：無可代替。
粹圖：美好的意圖。

[25] 閟：阻隔，斷絕。　瑤光：星名。北斗七星的第七星。實
指淑妃所居之宮。　密陛：隱密的（天宮）臺階。　宮：以……爲
宮。　虛梁：星名。危宿四星。《晋書·天文志上》："南四星曰虛
梁，園陵寢廟之所也。"　餘陰：殘餘的陰寒之氣。

[26] 俟：等待。　玉羊：傳說中華山之靈物。其出現，主生賢
佐。　金雞：傳說中泰山之靈物，是祥瑞的象徵。《易緯是類謀》：
"泰山失金雞，西岳亡玉羊。"鄭玄傳："金雞、玉羊，二岳之精。
雞失羊亡，謂不復生賢輔佐。"

[27] 雲鼛（gāo）：有雲形圖飾、懸在高空的大鼓。　鏘：金
屬器物被撞擊。　鴻鐘：洪鐘，巨鐘。

[28] 文：刻畫綫條交錯的圖紋。　七星：星名。即北斗七星。
按：古代棺內尸板上鑿有七孔，七孔間有斜槽相連，故古靈車又稱
"七星車"。　旗：樹立旗幟。　二燿：日和月。　寒林：梵語音
譯，棄尸之處。玄應《一切經音義》卷七："屍陀林，正言屍多婆
那，此名寒林，其林幽邃而寒，因以名也。在王舍城側，死人多送

其中。"

[29]雲枝：凌雲的高枝。　夭秀：秀麗。　坎泉：泉下墓坑。人埋葬之地。迷信指陰間。　曾岑：重叠的山陵。

[30]屈封嬴之自古，申反周乎在今：此出何典不詳。待考。

[31]雙靈：兩輛靈車。謝希逸《宋孝武宣貴妃誄》云："階撤兩奠，庭引雙輀。"《文選》引《禮記》注曰："輀，殯車也。"又引沈約《宋書》曰："孝武大明六年淑儀薨。又曰大明六年子雲薨。"據此雙靈就是殷淑儀（宣貴妃）和孝武帝第十九皇子晋陵王劉子雲（殷妃所生）的靈車。

[32]鞠報：報答鞠育之恩。　諒：誠信。　顯晦：明與暗。迷信指陽間與陰間。

[33]西楚：古地域名。三楚之一。古指淮北、沛、陳、汝南、南郡一帶，文化與中原有别。　東門：即東門之達。典出《列子·力命》，謂喪失親人而以胸懷曠達處之。　遥祫（jīn）：飄蕩的衣襟。祫，衣襟。

[34]淪漣：水波起伏。　兩拍之傷：指連喪宣貴妃和子雲之悲痛。　奄抑七萃之箴：忽略禁衛軍的勸告。此指孝武帝送葬至南掖門，不利於安全。奄抑，掩蔽不伸。七萃，周代天子的禁衛軍。後泛指禁衛軍。箴，規勸。

　　又諷有司曰：[1]"典禮云，[2]天子有后，有夫人。《檀弓》云，舜葬蒼梧，三妃不從。[3]《昏義》云，后立六宮，有三夫人。[4]然則三妃則三夫人也。后之有三妃，猶天子之有三公也。[5]按《周禮》，三公八命，諸侯七命。[6]三公既尊於列國諸侯，三妃亦貴於庶邦夫人。[7]據《春秋傳》，仲子非魯惠公之元嫡，尚得考彼别宮。[8]今貴妃蓋天秩之崇班，理應創立新廟。"尚書左丞徐爰之又議：[9]"宣貴妃既加殊命，禮絶五宮，[10]考之古典，顯有成據。廟堂克構，宜選將作大匠卿。"[11]

[1]又諷有司曰：中華本校勘記云："有司"下疑脱"奏"字。
諷，暗示。有司，官吏。

[2]典禮：制度禮儀。

[3]《檀弓》：《禮記》中的一篇。以魯人檀弓善禮，故以名
篇。　舜：傳説中部落聯盟領袖。姚姓，有虞氏。一種説法認爲，
舜晚年爲禹所放逐，死在南方的蒼梧。　蒼梧：山名。在今湖南寧
遠縣南。　三妃不從："三妃"各本並作"二妃"，中華本據《檀
弓》原文改。據《帝王世紀》，長妃娥皇，次妃女英，次妃癸比。

[4]《昏義》：《禮記》中的一篇，"記娶妻之義，内教之所由
成"。其中言"天子后立六宮，三夫人"，爲周代制度，六宮應六
官，三夫人應三公。

[5]三公：周朝爲最高輔政大臣的合稱。一説指太師、太傅、
太保，一説指司徒、司馬、司空。

[6]《周禮》：書名。原名《周官》，西漢末列爲經而屬於禮，
故有《周禮》之名。分《天官》《地官》《春官》《夏官》《秋官》
《冬官》六篇。今本四十二卷，缺《冬官》，補以《考工記》。但此
書與周時制度多不合，今文家以爲王莽時劉歆所僞作。　八命：周
代官爵分爲九等級，稱九命。其中八命爲王之三公及州牧。《周
禮·春官·典命》："王之三公八命。"鄭玄注："謂侯伯有功德者，
加命得專征伐於諸侯。"　七命：周代官爵的第七級，賜國侯伯。
《周禮·春官·大宗伯》："壹命受職，再命受服，三命受位，四命
受器，五命賜則，六命賜官，七命賜國。"

[7]庶邦夫人：諸侯夫人。

[8]《春秋傳》：書名。《春秋》爲春秋時魯國編年體史書，叙
事極簡。爲其作注釋的文字稱爲傳，有三家最著名，即《左氏》
《公羊》《穀梁》。　仲子：人名。據《左傳》隱公元年，仲子是宋

武公的女兒，嫁給魯惠公。魯惠公先有元妃孟子，孟子死後，續娶聲子爲繼室，生魯隱公；仲子嫁給魯惠公，生魯桓公。宋國爲子姓，故稱仲子，仲是排行老二。　考彼別宮：另外建立一座宮廟以祭祀廟主。考，建築物完工。宮，廟。

[9]尚書左丞：官名。尚書省佐官，位次尚書，分管宗廟祠祀、朝儀禮制等文書奏事。六品。　徐爰之：人名。一作"徐爰"，南琅邪開陽人。本書卷九四有傳。

[10]五宮：即五廟。按古代禮制，諸侯立五廟於封國，始封者爲始祖。殷貴妃的兒子爲諸侯王，其宗廟中沒有殷貴妃神主的位置，殷貴妃祇能配享於宋孝武帝廟中。現在殷貴妃單立新廟，是一種特殊優待的禮祭規格。

[11]克構：修造。　將作大匠：官名。掌領徒隸修建宮室宗廟等土木工程。有事則臨時設置，常以他官兼領。

　　葬畢，詔子鸞攝職，[1]以本官兼司徒，進號撫軍、司徒，給鼓吹一部，禮儀並依正公。[2]又加都督南徐州諸軍事。八年，加中書令，[3]領司徒。前廢帝即位，解中書令、領司徒，加持節之鎮。

[1]攝職：原義爲代理或兼職。此處指劉子鸞因服喪三年，按規定需解職，但變通仍任原職。

[2]正公：官名。指三上公。公爵爲一品，有封國，爲始封王之支子，位視三公。其他開府將軍及妃主庶姓，品秩與公同，稱從公。

[3]中書令：官名。中書省長官之一，掌收納章奏，草擬及發布皇帝詔令，位次略低於中書監。時中書省實權操於中書舍人之手，中書令多作爲重臣加官。三品。

帝素疾子鸞有寵，既誅群公，乃遣使賜死，時年十歲。子鸞臨死，謂左右曰："願身不復生王家。"同生弟妹並死，仍葬京口。[1]太宗即位，詔曰："夫紓冤申痛，雖往必追，緣情惻愛，感事彌遠。[2]故使持節、都督南徐州諸軍事、撫軍將軍、南徐州刺史新安王子鸞，夙表成器，蚤延殊寵，方樹美業，克光蕃維。[3]而凶心肆忌，奄罹橫禍，興言永傷，有兼常懷，宜旂夭秀，以雪沈魂。[4]可贈使持節、侍中、都督南徐兗二州諸軍事、司徒、南徐州刺史，[5]王如故。第十二皇女、第二十二皇子子師，[6]俱嬰謬酷，有增酸悼，皇女可贈縣公主，[7]子師復先封爲南海王並加徽謚。"[8]又曰："哀枉追遠，仁道所弘，興滅繼絕，盛典斯貴。朕務古思治，恩禮必敷，[9]異族猶敦，況在近戚。故新除使持節、侍中、都督南徐兗二州諸軍事、司徒、南徐州刺史新安王子鸞，年雖沖弱，性識早茂，鍾慈世祖，冠寵列蕃。值景和凶虐，[10]橫羅酷禍，國胤無主，冤祀莫寄。[11]尋念痛悼，夙軫于懷。[12]可以建平王景素息延年爲嗣。"[13]追改子鸞封爲始平王，食邑千户，改葬秣陵縣龍山。[14]

[1]京口：地名。在今江蘇鎮江市京口區。時爲南徐州治所。

[2]紓：解除，排除。　惻：同情，憐憫。

[3]夙表成器：天然具有優異才能。夙，早年。　克光蕃維：能夠光揚屏障維護王朝之任。克，勝任。蕃，同"藩"。

[4]奄罹橫禍：遭受橫禍。罹，同"罹"。遭受。　興言：心有所感，而發之於言。　旂：同"旌"。表彰。　沈魂：沉冤之魂。

[5]侍中：官名。多加予宰相、尚書等高級官員，令其出入殿

省，入宮議政。三品。

[6]第二十二皇子：各本並作"第二皇子"，中華本按本傳訂正，今從。

[7]縣公主：皇族女子封號。東漢皇女皆封縣公主。宋諸王女可得封縣公主，食封縣。皇女例封爲郡公主，食封郡。

[8]南海：郡名。治所在今廣東廣州市。 徽謚：美好的謚號。

[9]務古：追求往古盛世。 敷：施予，鋪展。

[10]景和：以其年號代指宋前廢帝劉子業。

[11]國胤：王國繼承人。 冤祀莫寄：冤死的靈魂得不到後代的祭祀供奉。

[12]軫：悲痛。

[13]建平王：王爵名。王國在今重慶巫山縣。 景素：人名。即劉景素。其父爲宋文帝第七子劉宏，被封建平王。本書卷七二有附傳。 息：兒子。 爲嗣：爲劉子鸞後嗣。

[14]秣陵：縣名。治所在今江蘇南京市南部。 龍山：山名。一名巖山，在今江蘇南京市江寧區南，劉子鸞母殷貴妃亦葬於此。

延年字德沖，泰始四年薨，時年四歲，謚曰沖王。明年，復以長沙王纂子延之爲始平王，[1]紹子鸞後。順帝昇明三年薨，[2]國除。

[1]長沙王：王爵名。王國在今湖南長沙市。 纂：人名。即劉纂。其祖父劉道憐爲宋武帝劉裕之弟，封長沙王。

[2]順帝：即劉準。宋明帝第三子。本書卷一〇有紀。 昇明：宋順帝劉準年號（477—479）。

永嘉王子仁字孝和，孝武帝第九子也。大明五年，年五歲，監雍梁南北秦四州郢州之竟陵隨二郡諸軍事、北中郎將、寧蠻校尉、雍州刺史，封永嘉王，食邑二千戶。仍遷東中郎將、吳郡太守。六年，又遷丹陽尹。七年，兼衛尉。[1]前廢帝即位，加征虜將軍，領衛尉，丹陽尹如故。尋出爲左將軍、南兖州刺史。[2]景和元年，遷南徐州刺史，將軍如故。泰始元年，又遷中軍將軍，[3]領太常。未拜，徙護軍將軍。[4]四方平定，以爲使持節、都督湘廣交三州諸軍事、平南將軍、湘州刺史。[5]

[1]衛尉：官名。專掌宮禁及京城防衛。三品。

[2]左將軍：官名。軍府名號，用作加官。三品。

[3]中軍將軍：官名。重號將軍，位比四鎮將軍。三品。

[4]護軍將軍：官名。與領軍將軍同掌禁軍，掌督護京師以外諸軍。三品。

[5]平南將軍：官名。四平將軍之一，多持節都督或監某一地區軍事。三品。

太宗遣主書趙扶公宣旨於子仁曰：[1]“汝一家門戶不建，[2]幾覆社稷。天未亡宋，景命集我。[3]上流迷愚相扇，四海同惡，若非我脩德御天下，三祖基業，一朝墜地，汝輩便應淪於異族之手。[4]我昔兄弟近二十人，零落相繼，存者無幾。唯司徒年長，[5]令德作輔，[6]皇家門戶所憑，唯我與司徒二人而已，尚未能厭百姓姦心，餘諸王亦未堪贊治。[7]我惟有太子一人，司徒世子，年又幼弱，桂陽、巴陵並未有繼體，[8]正賴汝輩兄弟，相倚爲強，庶使天下不敢闚覦王室。汝輩始十餘歲，裁知俛仰，當今諸舍細弱，殆不免人輕陵。[9]若非我爲主，劉氏不辦今日。汝諸兄弟沖眇，爲群凶所逼誤，遂與百姓還圖骨肉，於汝在心，不得無愧。即日四海就寧，恩化方始，方今處汝湘州。汝年漸長，足知善惡，當每思刻厲，奉朝廷爲心，爵秩自然與年俱進。我垂猶子之情，[10]著於萬物；汝亦當知好，憶我敕旨。"時司徒建安王休仁南討猶未還，既還白上，以將來非社稷計，宜並爲之所。[11]未拜，賜死，時年十歲。

[1]主書：官名。主書令史的省稱。尚書、中書、秘書等省皆置，掌文書。八品。　趙扶公：人名。其事不詳。

[2]汝一家門户不建：指宋孝武帝未選擇好繼承人，使嫡子前廢帝敗壞朝政。宋明帝於孝武爲弟，於孝武諸子爲叔，故稱"汝一家"。

[3]景命：大命。指授予帝王之位的天命。《詩·大雅·既醉》："君子萬年，景命有僕。"鄭玄《箋》："天之大命。"

[4]上流：指占據長江中游的晉安王劉子勛等反叛勢力。　三祖：指宋高祖劉裕、太祖劉義隆和世祖劉駿。　異族：別姓。

[5]司徒：指建安王劉休仁。

[6]令德：美德。

[7]厭（yā）：壓抑，堵塞。　贊治：輔佐治理。

[8]桂陽、巴陵：指桂陽王劉休範和巴陵王劉休若，分別爲宋文帝第十八子和第十九子，後都被宋明帝害死。本書卷七九、卷七二分別有傳。

[9]俛仰：應付，周旋。俛，同"俯"。　諸舍：對自己家或卑幼親屬的謙稱。

[10]猶子：如同兒子。古代稱兄弟之子爲猶子。

[11]爲之所：送到適宜的處所。隱喻處死。所，相宜。

　　始安王子真字孝貞，孝武帝第十一子。大明五年，年五歲，封始安王，食邑二千户。仍爲輔國將軍、吳興太守。[1]七年，遷使持節、監廣交二州湘州之始興始安臨賀三郡諸軍事、平越中郎將、廣州刺史，[2]將軍如故，不之鎮。遷征虜將軍、南彭城太守，[3]領石頭戍事。[4]景和元年，爲丹陽尹，將軍如故。尋復爲南兖州刺史，將軍如故。泰始二年，遷左將軍、丹陽尹。未拜，賜死，時年十歲。

　　[1]輔國將軍：官名。宋明帝時改名輔師將軍，後廢帝時復舊。爲將軍名號。三品。
　　[2]湘州之始興始安臨賀三郡：各本並脱“湘州之”三字。錢大昕《考異》云：“按是時始興三郡屬湘州，當云‘湘州之始興始安臨賀’，此脱去三字，以《臨海王子頊傳》證之可知也。”中華本據此補，從之。
　　[3]南彭城：郡名。僑置在今江蘇鎮江市京口區。
　　[4]石頭：城名。在今江蘇南京市西清凉山，時負山面江，形勢險固，爲京都屯軍之處。

　　邵陵王子元字孝善，孝武帝第十三子也。大明六年，年五歲，封邵陵王，[1]食邑二千户。八年，以爲度支校尉、秦南沛二郡太守。[2]仍爲冠軍將軍、南琅邪泰山二郡太守。[3]景和元年，出爲湘州刺史，將軍如故，未之鎮。至尋陽，值晉安王子勛爲逆，留不之鎮。進號撫軍將軍。事平，賜死，時年九歲。

［1］邵陵王：王爵名。王國在今湖南邵陽市。

［2］度支校尉：官名。掌諸軍兵田及財賦會計漕運。　南沛：郡名。僑置在今江蘇鎮江市京口區。

［3］泰山：郡名。宋初治所在今山東泰安市東。

齊敬王子羽字孝英，[1]孝武帝第十四子也。大明二年生，三年卒，追加封謐。

［1］齊敬王：王爵名。王國在今江蘇南京市六合區南。"敬"是謐號。

淮南王子孟字孝光，孝武帝第十六子也。

大明七年，年五歲，封淮南王，食邑二千户。時世祖改豫州之南梁郡爲淮南國，[1]罷南豫州之淮南郡并宣城。前廢帝即位，二郡並復舊，子孟仍國名度食淮南郡。[2]景和元年，爲冠軍將軍、南琅邪彭城二郡太守。[3]泰始二年，改封安成王，[4]户邑如先。未拜，賜死，時年八歲。

［1］南梁：郡名。治所在今安徽壽縣。時豫州亦治此。

［2］度食：食邑移度。按：時淮南郡治所在今安徽當塗縣。

［3］彭城：郡名。治所在今江蘇徐州市。

［4］安成：郡名。治所在今江西安福縣平都鎮。

晉陵孝王子雲字孝舉，孝武帝第十九子也。大明六年，年四歲，封晉陵王，[1]食邑二千户。未拜，其年薨。

　　[1]晋陵孝王：王爵名。王國在今江蘇常州市。"孝"是謚號。

　　南海哀王子師字孝友，孝武帝第二十二子也。大明七年，年四歲，封南海王，食邑二千户。未拜，景和元年，爲前廢帝所害，時年六歲。太宗即位，追謚。[1]

　　[1]追謚：死時未有謚，後追加謚號。按其謚爲"哀"。

　　淮陽思王子霄，[1]字孝雲，孝武帝第二十三子也。大明五年生，八年薨，追加封謚。

　　[1]淮陽思王：王爵名。王國在今江蘇淮安市淮陰區西南古泗水西岸。"思"是謚號。

　　東平王子嗣字孝叔，孝武帝第二十七子也。大明七年生，仍封東平王，[1]食邑二千户。繼東平沖王休倩。[2]休倩母顏性理嚴酷，泰始二年，子嗣所生母景寧園昭容謝上表曰：[3]"故東平沖王休倩託荄璿極，岐嶷凤表，降年弗永，遺胤莫傳。[4]孝武皇帝敕妾子臣子嗣出繼爲後，既承國祀，方奉烝薦，庶覃遐慶，式延于遠。[5]而妾顏訓養非恩，撫導乖理，情闕引進，義違負螟。[6]昔世祖平日，詭申慈愛；崩背未幾，真性便發，猶逼畏崇憲，少欲藏掩。[7]自兹以後，專縱嚴酷，實顯布宗戚，宣灼宮闈，用傷人倫，爰惻行路。[8]妾天屬冥至，感切實深，伏願乾渥廣臨，曲垂照賜，復改命還依本屬，則妾母子雖隕之辰，猶生之年。"[9]許之。其年賜死，時年四歲。

[1]東平王：王爵名。王國在今山東東平縣西北。

[2]休倩：人名。即劉休倩。宋文帝第十六子。本書卷七二有傳。

[3]景寧園昭容謝：即宋孝武帝謝昭容。生始安王子真、皇子子雍和東平王子嗣。昭容爲其生前後宮之位號，景寧爲其死後的陵園號。

[4]託荄（gāi）璿極：托身皇族，成爲帝室成員。荄，草根，喻根源。璿極，指天子之位或皇室。璿，同"璇"。指珠玉。　岐嶷鳳表：從小表現得聰慧。岐嶷，語出《詩·大雅·生民》："誕實匍匐，克岐克嶷。"形容幼年聰慧。　降年弗永：壽命短促。降年，謂上天賜予人的年齡。按劉休倩九歲病死。　遺胤：後代。

[5]烝薦：祭祀和進獻祭品。烝，初指冬祭，後泛指祭祀。薦，進獻祭品。　庶覃遐慶：期望久長之福。覃，延伸。遐，綿長。慶，福。　式延：以此延續至後代。

[6]負螟：古人誤認蜾蠃養螟蛉爲子，故喻以他人之子作爲嗣子。典出《詩·小雅·小宛》："螟蛉有子，蜾蠃負之。"

[7]平日：康健之日。　崩背：帝王去世的諱辭。

[8]宣灼：宣揚顯著。灼，顯明。　爰惻行路：即使不相關的人也感到悲傷。爰，於是。

[9]冥至：謙詞。愚昧之至。　乾渥：帝王的恩澤。　曲垂：表敬之詞。用於稱君上的頒賜，猶言俯賜。

武陵王贊字仲敷，[1]明帝第九子也。泰始六年生。其年，詔曰："世祖孝武皇帝雖恃尊慏惠，勳狹政弛，樂飲無厭，事因於寧泰，任威縱費，義緣於務寡。[2]故以積怨動天，流殃胤嗣，景和肇釁，義嘉成禍，[3]世祖繼體，陷憲無遺。[4]昔皇家中圮，含生懼滅，賴英孝感奮，掃雪冤恥，勳纘墜歷，拯茲窮氓。[5]繼絕追遠，禮訓攸尚，況既帝且兄，而缺斯典。[6]今以第九子智隨奉世祖爲子，武陵郡大明之世，事均代邦，[7]可封智隨武陵王，食邑五千戶。尋世祖一門女累不少，既無釐總，義須防閑，諸侯雖不得祖稱天子，而事有一家之切。[8]且歸寧有所，疢疾相營，得失是任，閨房有稟。[9]朕應天在位，恩深九族，庶此足申追睦之懷，敷愛之旨。"[10]

[1]武陵王：王爵名。王國在今湖南常德市武陵區。

[2]墮：同"墜"。脫落。　寧泰：康寧安泰。　縱費：放縱浪費。　務寡：天下少事。

[3]義嘉：前廢帝被明帝誅殺，晉安王劉子勛在尋陽稱帝，年號義嘉。此舉造成以明帝劉彧爲首的文帝系諸王和以劉子勛爲首的孝武帝系諸王大規模內戰，結果後者失敗，孝武諸子被誅殺殆盡。

[4]陷憲無遺：陷入法網，沒有剩餘。

[5]圮（pǐ）：毀塌，衰敗。　勳纘墜歷：功勳使得將要絕滅的皇統能夠繼續。纘，繼續。　窮氓：窮困之民。

[6]繼絕："繼絕世"的略語。謂恢復已滅絕的宗祀，承續已斷絕的後代。　禮訓攸尚：有關禮儀的訓導就很久遠了。

[7]代邦：漢高祖劉邦之子劉恒初封代王，後即皇位，即文帝。此指入嗣帝位的藩王的舊封地。按：宋孝武帝即位前爲武陵王，封武陵郡。

[8]女累：內宮淫亂的諱稱。　釐（lí）總：總的統理。按：此時宋孝武王皇后和前廢帝何皇后都已去世。　防閑：防範和禁阻

隔離。此指防備女子失貞。　祖稱天子：按宗法制，天子的神主置於京城太廟中，祇有後代天子纔有權主祭。諸侯在封國另有家廟，祇能祭祀其第一代封王，不能祭祀前代天子。此處劉贊以武陵王身份祖祭宋孝武帝，於禮法不合。　一家之切：謂劉贊與宋明帝爲子父一家。切，親近。

[9]歸寧：已嫁女子回娘家看望父母。　疹疾：疾病。　閨房：女子的臥室。借指婦女、妻室。　稟：稟告。

[10]追睦：挽回宗族敦睦。　敷愛：普遍布愛。

　　後廢帝元徽四年，[1]出爲使持節、督南徐兗青冀五州諸軍事、北中郎將、南徐州刺史。[2]順帝昇明元年，遷持節、督郢州司州之義陽諸軍事、前將軍、郢州刺史。[3]二年，爲沈攸之所圍，[4]徙都督荆湘雍益梁寧南北秦八州諸軍事、安西將軍、荆州刺史，[5]持節如故。攸之平，乃之鎮。其年薨，時年九歲，[6]國除。

[1]元徽：宋後廢帝劉昱年號（473—477）。

[2]督南徐兗青冀五州諸軍事：中華本按，此五州數僅有四州，疑“南徐”下脫“徐”字。兗，州名。治所在今山東兗州市。青，州名。治所在今山東青州市。冀，州名。治所在今山東青州市。

[3]司州：治所在今河南信陽市。　義陽：郡名。治所在今河南信陽市。

[4]二年，爲沈攸之所圍：指荆州刺史沈攸之於後廢帝死後起兵反叛朝廷，順江而下，攻圍駐郢城的武陵王劉贊。事見本書卷七四《沈攸之傳》。丁福林《校議》據本書卷一〇《順帝紀》、《南史》卷三《宋本紀下》、《建康實錄》卷一四、《通鑑》卷一三四考證，皆記沈攸之攻圍郢城在昇明元年閏十二月癸巳，“此云‘二年’者，非是”。“二年”乃“元年”之誤。又此“二年”應置於

下文“攸之平”前。

[5]安西將軍：官名。四安將軍之一，多予出鎮方面的軍政長官，權任很重。三品。

[6]其年薨，時年九歲：丁福林《校議》認爲，本書卷一〇《順帝紀》、《南史·宋本紀下》、《建康實録》卷一四、《通鑑》卷一三五記武陵王贊卒於昇明三年四月甲戌，此云死於攸之亂平之年，誤。以此推論，劉贊死應爲“十歲”，此云“九歲”，亦誤。

史臣曰：晋安諸王，提挈群下，[1]以成其釁亂，遂至九域沸騰，難結天下，而世祖之胤亦殲焉。强不如弱，義在於此也。

[1]提挈（qiè）：提拔。

宋書　卷八一

列傳第四十一

劉秀之　顧琛　顧覬之

　　劉秀之字道寶，東莞莒人，[1]司徒劉穆之從兄子也。[2]世居京口。[3]祖爽，尚書都官郎，山陰令。[4]父仲道，高祖克京城，[5]以補建武參軍，[6]與孟昶留守，[7]事定，以爲餘姚令，[8]卒官。

　　[1]東莞：郡名。治所在今山東莒縣。　莒：縣名。治所在今山東莒縣。

　　[2]司徒：官名。三公之一，爲名譽宰相。此爲劉穆之死後追贈，非生前所任。　劉穆之：人名。晋末劉裕的主要輔佐和親信。本書卷四二有傳。

　　[3]京口：地名。在今江蘇鎮江市京口區。

　　[4]尚書都官郎：官名。尚書省都官曹長官通稱，亦稱都官郎中。職掌刑獄，亦佐督軍事。六品。　山陰：縣名。治所在今浙江紹興市。

　　[5]京城：地名。即京口。此時桓玄篡晋，自立爲帝，劉裕率

北府兵將領發難於京口。

[6]建武參軍：官名。即建武將軍府參軍。王、公、將軍府及諸州多置參軍爲僚屬，掌參謀軍務，品級自六品至九品不等，皆由朝廷除授。時劉裕爲建武將軍。

[7]孟昶：人名。平昌人。晋末任青州刺史桓弘主簿，參與劉裕起義。後任丹陽尹、尚書左僕射等職。盧循、徐道覆兵逼建康，憂懼而服藥自殺。其事見本書卷一《武帝紀上》。

[8]餘姚：縣名。治所在今浙江餘姚市。

　　秀之少孤貧，有志操。十許歲時，與諸兒戲於前渚，[1]忽有大蛇來，勢甚猛，莫不顛沛驚呼，秀之獨不動，衆並異焉。東海何承天雅相知器，[2]以女妻之。兄欽之爲朱齡石右軍參軍，[3]隨齡石敗没，秀之哀戚，不歡宴者十年。景平二年，[4]除駙馬都尉、奉朝請。[5]家貧，求爲廣陵郡丞。[6]仍除撫軍江夏王義恭、平北彭城王義康行參軍，[7]出爲無錫、陽羨、烏程令，[8]並著能名。

[1]前渚：洲名。水中的小塊陸地。應在其世居地京口一帶，具體地點不詳。

[2]東海：郡名。原治所在今山東郯城縣，宋移治今山東蒼山縣南。　何承天：人名。東海郯人。本書卷六四有傳。　雅相知器：很有知人之明。雅，甚，很。

[3]朱齡石：人名。沛郡沛（今江蘇沛縣）人。本書卷四八有傳。　右軍參軍：官名。即右將軍府參軍。時朱齡石官任右將軍。

[4]景平：宋少帝劉義符年號（423—424）。

[5]駙馬都尉：官名。西漢武帝始置，皇帝出行時掌副車，爲侍從近臣，常用作加官。後沿置，多用作宗室貴族和近臣的加官。

南朝隸集書省，無定員，無實職。　奉朝請：官名。西漢給予退休大臣、列侯、宗室、外戚等的一種政治優待。當時春季朝會稱朝，秋季朝見稱請，持此者特許參加朝會。後地位漸輕，東晉獨立爲官，南朝用以安置閑散的加官。

〔6〕廣陵：郡名。治所在今江蘇揚州市西北。

〔7〕撫軍：官名。即撫軍將軍。將軍名號，位比四鎮將軍。三品。　江夏王：王爵名。王國在今湖北武漢市武昌區。　義恭：人名。即劉義恭。宋武帝第五子。本書卷六一有傳。　平北：官名。即平北將軍。將軍名號，四平將軍之一，多兼鎮守方面的軍政長官。三品。　彭城王：王爵名。王國在今江蘇徐州市。　義康：人名。即劉義康。宋武帝第四子。本書卷六八有傳。　行參軍：官名。晉初制度，中央除拜者爲參軍，諸府自辟者爲行參軍。晉末以後行參軍亦可除拜，唯品階例低於參軍。

〔8〕無錫：縣名。治所在今江蘇無錫市。　陽羨：縣名。治所在今江蘇宜興市南。　烏程：縣名。治所在今浙江湖州市吳興區。

　　元嘉十六年，[1]遷建康令，[2]除尚書中兵郎，[3]重除建康。性纖密，善糾摘微隱，[4]政甚有聲。吏部尚書沈演之每稱之於太祖。[5]世祖鎮襄陽，以爲撫軍録事參軍、襄陽令。[6]襄陽有六門堰，[7]良田數千頃，堰久決壞，公私廢業。世祖遣秀之脩復，雍部由是大豐。[8]改領廣平太守。[9]二十五年，除督梁南北秦三州諸軍事、寧遠將軍、西戎校尉、梁南秦二州刺史。[10]時漢川饑儉，境內騷然，[11]秀之善於爲政，躬自儉約。先是漢川悉以絹爲貨，秀之限令用錢，百姓至今受其利。

　　〔1〕元嘉：宋文帝劉義隆年號（424—453）。

[2]建康：縣名。治所在今江蘇南京市。

[3]尚書中兵郎：官名。尚書省中兵曹長官通稱，管理都城畿內軍隊政令及軍務。六品。

[4]糾摘（tī）：糾舉揭發。

[5]吏部尚書：官名。尚書省吏部曹長官，掌官吏的任免考選。位居列曹尚書之上。三品。　沈演之：人名。吳興武康（今浙江德清縣）人。本書卷六三有傳。　太祖：宋文帝劉義隆廟號。

[6]世祖：宋孝武帝劉駿廟號。　襄陽：縣名。在今湖北襄陽市襄城區。時劉駿爲雍州刺史，治襄陽。　撫軍録事參軍：官名。即撫軍將軍府録事參軍。公府、將軍府、州府皆有。録事曹長官，掌總録衆曹文簿，舉彈善惡，位列曹參軍上。七品。時劉駿號撫軍將軍。

[7]六門堰：水利設施名。一名六門堨、六門陂。在今河南鄧州市西。西漢時由南陽太守召信臣主持興建，初設三水門，後又擴建三水門，合爲六門，溉田五千餘頃。西晉時杜預曾加修治。

[8]雍部：即雍州刺史部。代指雍州所管轄地區。

[9]廣平：郡名。僑置於今河南鄧州市東南。

[10]督諸軍事：官名。地方軍政長官，以督某州諸軍事領駐在州刺史，位在都督或監某州諸軍事下。　梁：州名。治所在今陝西漢中市。　秦：州名。治所在今陝西漢中市。　寧遠將軍：官名。將軍名號。五品。　西戎校尉：官名。亦稱護西戎校尉。治漢中，有時兼梁州刺史。四品。

[11]漢川：地區名。泛指今陝西漢中一帶。　騷然：騷動不安。

二十七年，大舉北伐，遣輔國將軍楊文德、巴西梓潼二郡太守劉弘宗受秀之節度，[1]震蕩沔、隴。[2]秀之遣建武將軍錫千秋二千人向子午谷南口，[3]府司馬竺宗之三千人向駱谷南口，^[4]威遠將軍梁尋千人向斜谷南口。^[5]氐賊楊高爲寇，^[6]秀之討之，斬高兄弟。

[1]輔國將軍：官名。將軍名號，一度改名爲輔師將軍。三品。 楊文德：人名。氐族，世居隴右仇池，其父祖先後稱藩於晋、宋。宋文帝時文德被任爲北秦州刺史、武都王，後爲北魏所敗，歸南朝。此再以輔國將軍名義率軍自漢中北伐。事見本書卷九八《略陽清水氐楊氏傳》。 巴西：郡名。治所在今四川綿陽市涪城區。各本並脱“西”字，中華本據《南史》補，從之。 梓潼：郡名。時與巴西郡同治涪城，在今四川綿陽市涪城區。 劉弘宗：人名。時爲宣威將軍，餘事不詳。

[2]汧：水名。即今陝西西部渭水支流千水，時爲羌、氐等族所居。 隴：山名。一名隴坻。在今陝西寶雞市隴縣、甘肅清水縣、張家川回族自治縣之間。泛指今陝甘一帶。

[3]建武將軍：官名。將軍名號，爲五武將軍之一。四品。錫千秋：人名。其事不詳。 子午谷：谷名。亦省稱“子午”。在今陝西秦嶺山中，爲川陝交通要道。據《長安志》載，谷長六百六十里，北口曰子，在今陝西西安市南百里；南口曰午，在今陝西安康市。南朝梁後南段向西移，在今陝西石泉縣。

[4]司馬：官名。將軍府、州府高級幕僚，主軍務，亦率兵出征。品秩隨府主而定，高低不等。 竺宗之：人名。後官至殿中將軍，餘事不詳。 駱谷：谷名。又名儻駱道，爲古代秦嶺南北交通要道。北自今陝西周至縣，南循駱谷水、儻水河谷，至今陝西洋縣。

[5]威遠將軍：官名。將軍名號。 梁尋：人名。其事不詳。 斜谷：谷名。在今陝西終南山。谷有兩口，北曰斜，在今陝西眉縣西南；南曰褒，在今陝西漢中市。故亦稱褒斜谷，爲古代秦嶺南北交通要道。

〔6〕楊高：人名。略陽清水（今甘肅清水縣）氏族，仇池王宗室，因率兵抗拒宋北伐被擊斬。其事見本書《略陽清水氏楊氏傳》。

元凶弒逆，[1]秀之聞問，即日起兵，求率衆赴襄陽，司空南譙王義宣不許。[2]事寧，遷使持節、督益寧二州諸軍事、寧朔將軍、益州刺史。[3]折留俸禄二百八十萬，付梁州鎮庫，此外蕭然。[4]梁、益二州土境豐富，前後刺史，莫不營聚蓄，[5]多者致萬金。所攜賓僚，並京邑貧士，出爲郡縣，皆以苟得自資。秀之爲治整肅，以身率下，遠近安悦焉。

〔1〕元凶：指劉劭。宋文帝劉義隆長子，被立爲皇太子。後弒父自立，被兵討而斃。本書卷九九有傳。

〔2〕司空：官名。三公之一。名譽宰相，多爲大臣加官，無實際職掌。一品。　南譙王：王爵名。王國在今安徽巢湖市居巢區東南。　義宣：人名。即劉義宣。宋武帝劉裕第六子。本書卷六八有傳。

〔3〕使持節：官名。漢朝官吏奉使外出，或由皇帝授予節杖，以提高其威權。魏晉以後，凡重要軍事長官出鎮，加使持節，以表示權力和尊崇，可誅殺二千石以下官員。　益：州名。治所在今四川成都市。　寧：州名。治所在今雲南曲靖市。　寧朔將軍：官名。將軍名號。四品。

〔4〕蕭然：蕭條虛空的樣子。此謂劉秀之離任時將所掌財物全都付公，一身清廉。

〔5〕營：《元龜》卷六七四此字上有“經”字。

南譙王義宣據荆州爲逆，[1]遣參軍王曜徵兵於秀之，[2]秀之即日斬曜戒嚴。遣中兵參軍韋山松萬人襲江陵，[3]出峽。竺超民遣將席天生逆之，[4]山松一戰即梟其首。進至江陵，爲魯秀所敗，[5]山松見殺。其年，進號征虜將軍，改督爲監，持節、刺史如故。[6]以起義功，封康樂縣侯，[7]食邑六百户。明年，遷監郢州諸軍事、郢州刺史，[8]將軍如故。未就。

[1]荆州：治所在今湖北荆州市荆州區。

[2]王曜：人名。其事不詳。

[3]中兵參軍：官名。諸公、軍府僚屬之一。掌本府中兵曹事務，兼備參謀咨詢。　韋山松：人名。其事不詳。

[4]竺超民：人名。爲劉義宣親信，時任丞相司馬、南平内史。其父竺夔官至青州刺史。事見本書卷六八《南郡王義宣傳》。　席天生：人名。其事不詳。

[5]魯秀：人名。扶風郿（今陝西眉縣）人。與其兄魯爽叛北魏歸南朝，時附和劉義宣，官至司州刺史，號征虜將軍，後失敗見殺。本書卷七四有附傳。按：各本並作“魯爽”，中華本據本書卷七四改。孫彪《考論》云：“案是魯秀。”

[6]征虜將軍：官名。將軍名號。三品。　監：官名。即監某州諸軍事。時任命地方軍政長官，以監某州諸軍事兼行該地民政事務，位在都督諸軍事下、督諸軍事上，職掌略同。或有監數州諸軍事者，其權任因所加“使持節”“持節”或“假節”之號有所不同。

[7]康樂縣侯：侯爵名。侯國在今江西萬載縣東康樂鎮。縣侯，即開國縣侯。初指侯爵中置官食封者，後僅爲爵位名。食邑爲縣，位在開國縣公下。二品。

[8]郢州：治所在今湖北武漢市武昌區。

　　大明元年，[1]徵爲右衛將軍。[2]明年，遷丹陽尹。[3]先是，秀之從叔穆之爲丹陽，與子弟於廳事上飲宴，秀之亦與焉。廳事柱有一穿，[4]穆之謂子弟及秀之曰："汝等試以栗遙擲此柱，若能入穿，後必得此郡。"穆之諸子並不能中，唯秀之獨入焉。時賒市百姓物，不還錢，市道嗟怨，秀之以爲非宜，陳之甚切，雖納其言，竟不從用。廣陵王誕爲逆，[5]秀之入守東城。[6]其年，遷尚書右僕射。[7]四年，改定制令，疑民殺長吏科，議者謂值赦宜加徙送。[8]秀之以爲："律文雖不顯民殺官長之旨，若值赦但止徙送，便與悠悠殺人曾無一異。[9]民敬官長，比之父母，行害之身，雖遇赦，謂宜長付尚方，窮其天命，家口令補兵。"[10]從之。明年，領太子右衛率。[11]

　　[1]大明：宋孝武帝劉駿年號（457—464）。

　　[2]右衛將軍：官名。魏晉之際分中衛將軍爲左、右衛將軍，負責宮禁宿衛。後爲禁衛軍主要統帥之一，多由皇帝親信任之，權任很重。四品。

　　[3]丹陽尹：官名。亦稱京尹。京城所在郡府長官，掌京城行政諸務並詔獄，地位重要。

　　[4]廳事：堂屋。　穿：孔，洞。

　　[5]廣陵王誕爲逆：丁福林《校議》據本書卷五《文帝紀》、卷六《孝武帝紀》、卷七九《竟陵王誕傳》考證，劉誕反時封號爲竟陵王，此處仍稱其爲廣陵，非是。誕，人名。即劉誕。宋文帝劉義隆第六子。本書卷七九有傳。

　　[6]東城：城名。一名東府城。東晉築，在今江蘇南京市通濟門附近，臨秦淮河，爲司馬道子府。南朝爲丞相兼領揚州刺史的治所。每當建康有事，必置兵鎮守。

[7]尚書右僕射：官名。尚書省次官，輔助尚書令執行政務。後尚書令不親庶務，尚書省日常政務由左、右僕射主持。三品。

[8]制令：制度法令。 長吏：古代指地位較高的官員。漢代與百石以下的少吏有所區分，秩二百石以上皆爲長吏。 值赦宜加徒送：平時以殺人罪處死，如逢大赦，從輕，僅強迫遷居外地。

[9]悠悠殺人：一般殺人。悠悠，一般。

[10]尚方：官署名。爲皇家製造兵器和其他器用，所使用勞力多爲犯罪收繫的徒隸。 窮其天命：終生勞作，一直到死。等於現代的無期徒刑。 補兵：充入軍籍。宋實行世兵制，一旦爲兵，世代不能解脫，且地位低下。故將此視爲一種懲罰。

[11]太子右衛率：官名。率兵宿衛皇太子東宮，亦任征伐，地位重要。二員。五品。

五年，雍州刺史海陵王休茂反，[1]爲土人所誅，遣秀之以本官慰勞，分別善惡。事畢還都，出爲使持節、散騎常侍、都督雍梁南北秦四州郢州之竟陵隨二郡諸軍事、安北將軍、寧蠻校尉、雍州刺史。[2]上車駕幸新亭視秀之發引。[3]將徵爲左僕射，[4]事未行，八年卒，時年六十八。上甚痛惜之，詔曰：“秀之識局明遠，才應通暢，誠著蕃朝，績宣累嶽。[5]往歲逆臣交構，首義萬里，及職司端尹，贊戎兩宮，嘉謀徽譽，實彰朝野。[6]漢南法繁民嘯，屬佇良牧，故暫輟心膂，外弘風規，出未踰朞，德庇西服。[7]詳考古烈，旅觀終始，淳心忠概，無以尚茲。[8]方式亮皇猷，[9]入衛根本，奄至薨逝，震慟于朕心。生榮之典，未窮寵數，哀終之禮，宜盡崇飾。[10]兼履謙守約，封社弗廣，興言悼往，益增痛恨。[11]可贈侍中、司空，[12]持節、都督、刺史、校尉如故，并增封邑爲千戶。諡爲忠成公。"秀之野率無風采，而心力堅正。上以其莅官清潔，家無餘財，賜錢二十萬，布三百匹。

[1] 海陵王：王爵名。王國在今江蘇泰州市海陵區東北。　休茂：人名。即劉休茂。宋文帝劉義隆第十四子。本書卷七九有傳。

[2] 散騎常侍：官名。魏晉爲散騎省長官，職侍從皇帝，與侍中共平尚書奏事，得出入宮禁議政，參掌機密。南朝地位驟降，職以收納轉呈文書奏事爲主。三品。　都督諸軍事：官名。爲地方軍政長官，領駐在州刺史，兼理民政，多帶將軍名號。分使持節、持節、假節三種，職權品級各不同。　竟陵：郡名。治所在今湖北鍾祥市。　隨：郡名。治所在今湖北隨州市。　安北將軍：官名。四安將軍之一，爲刺史兼理軍務的加官。三品。　寧蠻校蠻：官名。掌管雍州的少數民族事務，領兵設府於襄陽，多由刺史兼任。四品。

[3] 新亭：地名。在今江蘇南京市西南，地近江濱，依山築壘，爲交通樞要。　發引：出發。

[4] 左僕射：官名。即尚書左僕射。職同右僕射，位在右僕射上。

[5] 識局：見識器量。　累嶽：各個方面重鎮。嶽，嶽牧，泛稱封疆大吏。

[6] 逆臣：指元凶劉劭、劉義宣等人。　端尹：京城所轄王畿地方的長官。指丹陽尹。　兩宮：指皇帝宮廷和太子東宮。　徽：美好。

[7] 漢南：地區名。漢水之南。指雍州。　嗛（qiàn）：通"歉"。不足。　屬佇：久立而注視。引申爲盼望。　輟：停止。風規：風度品格。　朞（jī）：一年。　西服：古代指王畿以外的地方，此指雍州。

〔8〕古烈：古代義烈之士。　終始：天地終始。喻自古而來。

〔9〕式亮：用以光大。　皇猷：帝王的謀略和教化。

〔10〕寵數：帝王給予的禮敬褒獎。　崇飾：尊崇修飾。

〔11〕封社：古代帝王賜給諸侯、功臣以封邑。社，社土，古代分封時以白茅包裹的社壇方土爲象徵物。　興言：心有所感而發之於言。　痛恨：痛心悔恨。

〔12〕侍中：官名。門下之侍中省長官，常侍皇帝左右，顧問應對，平尚書奏事，有異議得駁奏，或加予宰相、尚書等高級官員。三品。

　　子景遠嗣，官至前軍將軍。〔1〕景遠卒，子儁，齊受禪，〔2〕國除。秀之弟粹之，晋陵太守。〔3〕

　　〔1〕前軍將軍：官名。與後軍、左軍、右軍合稱四軍將軍，是護衛皇帝的主要禁軍將領之一，掌宿衛。四品。

　　〔2〕受禪（shàn）：接受前代退讓的帝位。古代王朝興替，往往以這種方式粉飾武力奪取的實質。

　　〔3〕晋陵：郡名。治所在今江蘇常州市。

　　顧琛字弘瑋，吳郡吳人也。〔1〕曾祖和，晋司空。祖履之，父惔，並爲司徒左西掾。〔2〕

　　〔1〕吳郡：治所在今江蘇蘇州市。　吳：縣名。治所在今江蘇蘇州市。

　　〔2〕司徒左西掾：官名。司徒府僚屬，掌左西曹，多以文史之士充任。

　　琛謹確不尚浮華，〔1〕起家州從事，〔2〕駙馬都尉，奉朝請。少帝景平中，[3]太皇太后崩，[4]除大匠丞，[5]彭城王義康右軍驃騎參軍，[6]晋陵令，司徒參軍，尚書庫部郎，本邑中正。[7]元嘉七年，太祖遣到彦之經略河南大敗，[8]悉委棄兵甲，武庫爲之空虛。後太祖宴會，有荒外歸化人在坐，[9]上問琛："庫中仗猶有幾許？"琛詭答："有十萬人仗。"舊武庫仗秘不言多少，上既發問，追悔失言，及琛詭對，上甚喜。尚書寺門有制，八座以下門生隨入者各有差，不得雜以人士。[10]琛以宗人顧碩頭寄尚書張茂度門名，[11]而與碩頭同席坐。明年，坐遣出，免中正。凡尚書官，大罪則免，小罪則遣出。遣出者百日無代人，聽還本職。琛仍爲彭城王義康所請，補司徒録事參軍，[12]山陰令，復爲司徒録事，遷少府。[13]十五年，出爲義興太守。[14]初，義康請琛入府，欲委以腹心。琛不能承事劉湛，[15]故尋見斥外。十九年，徙東陽太守，[16]欲使琛防守大將軍彭城王義康，固辭忤旨，廢黜還家積年。

[1]謹確：嚴謹實在。確，固實。

[2]從事：官名。州部屬吏名。亦稱從事史。爲州部長官自辟。

[3]少帝：宋武帝劉裕長子劉義符。本書卷四有紀。

[4]太皇太后：宋武帝劉裕繼母蕭文壽，病故於景平元年（423）二月。

[5]大匠丞：官名。將作大匠卿副貳，掌土木工程事務。

[6]右軍驃騎參軍：官名。即右將軍府、驃騎將軍府參軍事。劉義康先後號右將軍、驃騎將軍，其僚屬亦隨之移號。

[7]尚書庫部郎：官名。尚書省庫部曹長官通稱，掌兵仗器用事務。六品。　中正：官名。評定士族內部品第的官員，由各郡長

官推選籍貫本郡、任職於中央的有聲望士人兼任，根據本郡士族的家世與才德寫出"品""狀"，劃分九個等級，呈送吏部作爲委任官職的依憑。

[8]到彥之：人名。彭城武原人。宋早期武將，官至南豫州刺史。宋文帝時率軍北進至滑臺、虎牢、洛陽，後被北魏擊潰。《南史》卷二五有傳。

[9]荒外：八荒之外。指未開化的邊遠地區。 歸化人：歸附中原王朝的少數民族。

[10]寺門有制：官府的門禁准入有制度規定。寺，官府。 八座：中央政府的八種高級官員。指尚書令、左右僕射和五曹尚書。

門生：門客，幕僚。 人士：泛指有一定社會地位的世族人物。

[11]顧碩頭：人名。其事不詳。《南史》作"顧碩"。 尚書：官名。東漢以後，尚書臺（省）分曹理事，各置尚書爲長官，領諸尚書郎，職權頗重。三品。 張茂度：人名。吳郡吳人。本名裕，避宋武帝諱，以字行。本書卷五三有傳。

[12]司徒録事參軍：官名。即司徒府録事參軍。爲録事曹長官，掌總録衆曹文簿，舉彈善惡，位在列曹參軍上。時彭城王劉義康爲司徒。

[13]少府：官名。秦漢九卿之一，職掌帝室財政和宮廷日常服務。後所屬各自獨立，魏晋南朝僅管理宮廷手工業。三品。

[14]義興：郡名。治所在今江蘇宜興市。

[15]劉湛：人名。南陽涅陽（今河南鄧州市東）人。本書卷六九有傳。

[16]東陽：郡名。治所在今浙江金華市。

　　二十七年，索虜南至瓜步，[1]權假琛建威將軍。[2]尋除東海王禕冠軍司馬，行會稽郡事。[3]隨王誕代禕，復爲誕安東司馬。[4]元凶弑立，分會稽五郡置會州，以誕爲刺史，即以琛爲會稽太守。[5]加五品將軍，置將佐。誕起義，加冠軍將軍。[6]事平，遷吳興太守。[7]孝建元年，徵爲五兵尚書。[8]未拜，復爲寧朔將軍、吳郡太守。以起義功，封永新縣五等侯。[9]大明元年，吳縣令張闓坐居母喪無禮，下廷尉。[10]錢唐令沈文秀判劾違謬，[11]應坐被彈。琛宣言於衆："闓被劾之始，屢相申明。"又云："當啓文秀留縣。"世祖聞之大怒，謂琛賣惡歸上，免官。琛母老，仍停家。

[1]索虜：南人對北魏的蔑稱。鮮卑族編髮爲辮，故以索稱。瓜步：山名。即今江蘇南京市六合區東南瓜埠山，南臨大江，時爲軍事必爭要地。

[2]權假：官制用語。指代理、兼攝官職。　建威將軍：官名。五威將軍之一。四品。

[3]東海王：王爵名。王國在今山東蒼山縣南。　褘：人名。即劉褘。宋文帝劉義隆第八子。本書卷七九有傳。　冠軍司馬：官名。即冠軍將軍府司馬。　行：官制用語。指暫由他官兼攝其事。

[4]隨王誕：人名。即廣陵王劉誕。曾改封爲隨郡王。見前注。安東司馬：官名。即安東將軍府司馬。時劉誕爲安東將軍。

[5]會州：即東揚州。包括原屬揚州的會稽、東陽、新安、永嘉、臨海五郡，治所在今浙江紹興市。　即以琛爲會稽太守：各本並脫"以"字，中華本據《南史》補，從之。

[6]起義：指參與孝武帝劉駿等討伐元凶劉劭的軍事行動。冠軍將軍：官名。將軍名號。三品。

[7]吳興：郡名。治所在今浙江湖州市吳興區。

[8]孝建：宋孝武帝劉駿年號（454—456）。　五兵尚書：官名。三國魏始置，後沿之。屬尚書省，掌軍事樞務，主管全國軍事行政。宋領中兵、外兵二郎曹。三品。

[9]永新：縣名。治所在今江西永新縣。　五等侯：侯爵名。宋侯爵等級之一，不食封。

[10]張闓：人名。其事不詳。　廷尉：官名。爲中央最高司法審判機構長官，南朝又置"建康三官"分掌刑獄，廷尉職權較前爲輕。三品。

[11]錢唐：縣名。治所在今浙江杭州市。　沈文秀：人名。吳興武康人。本書卷八八有傳。

　　琛及前西陽太守張牧，[1]並司空竟陵王誕故佐，誕待琛等素厚。三年，誕據廣陵反，遣客陸延稔齎書板琛爲征南將軍，[2]牧爲安東將軍，[3]琛子前尚書郎寶素爲諮議參軍，[4]寶素弟前司空參軍寶先爲從事中郎，[5]牧兄前吳郡丞濟爲冠軍將軍，從弟前司空主簿晏爲諮議參軍。[6]時世祖以琛素結事誕，或有異志，遣使就吳郡太守王曇生誅琛父子。[7]會延稔先至，琛等即執斬之，遣二子送延稔首啓世祖曰："劉誕猖狂，遂構釁逆，凡在含齒，莫不駭惋。[8]臣等預荷國恩，特百常憤。忽以今月二十四日中獲賊誕疏，欲見邀誘。臣即共執録僞使，并得誕與撫軍長史沈懷文、揚州別駕孔道存、撫軍中兵參軍孔璪、前司兵參軍孔桓之、前司空主簿張晏書，具列本郡太守王曇生。[9]臣即日便應星馳歸骨輦轂，[10]臣母年老，身在侍養，輒遣息寶素、寶先束骸詣闕。"[11]世祖所遣誅琛使其日亦至，僅而獲免。上嘉之，召琛出，以爲西陽王子尚撫軍司馬，[12]牧爲撫軍中兵參軍。

　　[1]西陽：郡名。治所在今湖北黃岡市黃州區。　張牧：人名。

吴郡吴人，於宋明帝時卒於交州刺史任上，餘事不詳。

[2]客：私人賓客。　陸延稔：人名。其事不詳。　板：官制用語。指不由吏部正式任命，而由地方軍政長官自行選用官員。征南將軍：官名。四征將軍之一，多授持節都督。三品。

[3]安東將軍：官名。四安將軍之一，多爲出鎮某一地區的軍事長官。三品。

[4]諮議參軍：官名。王府、公府、州軍府皆置，爲高級僚屬，職掌不定，位尊於列曹參軍。

[5]從事中郎：官名。三公、將軍府皆置，職參謀議。六品。

[6]主簿：官名。諸王府、公府及州、郡、縣官府皆置，典領文書簿籍，經辦事務，雖非掾史之首，但地位較高。品位秩級隨府長官而不等。

[7]王曇生：人名。琅邪臨沂人。世族高門出身，歷吏部尚書、太常卿等顯職。本書卷九三有附傳。

[8]含齒：口中有齒。指人類。《列子·黃帝》："有七尺之骸，手足之異，戴髮含齒，倚而趣者，謂之人。"　駭惋：驚嘆，驚異。

[9]執録：逮捕。　長史：官名。諸王府、公府及軍府皆置，爲幕僚長，地位顯要。品秩隨府主皆有不同。　沈懷文：人名。吳興武康人。本書卷八二有傳。　揚州：治所在今江蘇南京市。　別駕：官名。即別駕從事、別駕從事史。漢始置爲州部佐吏，因從刺史行部，別乘傳車，故謂之別駕。魏晉南北朝亦置，位居州吏之右，主吏員選舉。六品。　孔道存：人名。會稽山陰人。曾任黃門吏部郎、南郡太守等職。後捲入晉安王劉子勛之亂，事敗自殺。本書卷五六有附傳。　孔璪：人名。會稽山陰人。曾任都水使者等職。宋明帝即位後，參與皇族內亂，失敗被殺。事見本書卷八四《孔覬傳》。　前司兵參軍：官名。即前將軍司兵參軍。掌管軍務兵械的僚屬。丁福林《校議》認爲乃"司空中兵參軍"之訛。　孔桓之：人名。其事不詳。　張晏：人名。其事不詳。

[10]歸骨：即歸葬。　輦轂：皇帝的車駕。代指京城皇帝身

邊。全句謂應連夜到京城向皇帝請罪。

[11]息：兒子。　束骸：猶自縛。表示待罪。

[12]西陽王：王爵名。王國在今湖北黃岡市黃州區。　子尚：
人名。即劉子尚。宋孝武帝劉駿第二子。本書卷八〇有傳。

琛母孔氏，時年百餘歲。晋安帝隆安初，[1]琅邪王
廞於吳中爲亂，[2]以女爲貞烈將軍，悉以女人爲官屬，
以孔氏爲司馬。及孫恩亂後，[3]東土饑荒，人相食，孔
氏散家糧以賑邑里，得活者甚衆，生子皆以孔爲名焉。

[1]晋安帝：即司馬德宗。公元 397 年至 418 年在位，後被權
臣劉裕派人縊死。《晋書》卷一〇有紀。　隆安：晋安帝司馬德宗
年號（397—401）。

[2]琅邪：郡名。治所在今山東諸城市。東晋南朝僑置江南，
稱南琅邪郡，治所在今江蘇句容市。　王廞：人名。東晋士族領袖
王導之孫，歷任太子中庶子、司徒左長史等職。於吳居母喪，舉兵
響應兖州刺史王恭，反對朝廷掌權的司馬道子父子。後兵敗不知去
向。事見《晋書》卷六五《王薈傳》。

[3]孫恩：人名。琅邪人。世奉五斗米道，於東晋末年發動民
衆起兵反晋，擁衆數十萬。遭東晋政府鎮壓，戰敗投水自殺。餘衆
由其妹夫盧循率領，堅持戰鬥近十年。《晋書》卷一〇〇有傳。

琛仍爲吳興太守。明年，坐郡民多翦錢及盜鑄，[1]
免官。六年，起爲大司農，[2]都官尚書，[3]新安王子鸞北
中郎司馬、東海太守、行南徐州事，[4]隨府轉撫軍司馬，
太守如故。前廢帝即位，[5]復爲吳郡太守。太宗泰始
初，[6]與四方同反，兵敗，奉母奔會稽。臺軍既至，[7]歸

降。寶素與琛相失，自殺。琛尋丁母憂，服闋，起爲員外常侍、中散大夫。[8]後廢帝元徽三年，[9]卒，時年八十六。

[1]翦錢：時政府鑄造新錢，錢形薄小，輪廓不成。民間盜鑄者多剪鑿古錢，以取其銅，稱爲翦錢，亦稱"翦鑿"。　盜鑄：私自鑄造錢幣以牟利。

[2]大司農：官名。漢代列位九卿，掌管全國財政收支。東晉南北朝國家財政歸尚書省主管，大司農或置或省，所掌唯倉儲園苑及供膳庶務。宋孝武復置。三品。

[3]都官尚書：官名。尚書省都官曹長官，職掌刑獄徒隸、水利庫藏、官吏考課等。三品。

[4]新安王：王爵名。王國在今浙江淳安縣西北。　子鸞：人名。即劉子鸞。宋孝武帝劉駿第八子。本書卷八〇有傳。　北中郎司馬：官名。即北中郎將府司馬。　東海太守：丁福林《校議》據本書卷六《孝武帝紀》、卷八〇《始平孝敬王子鸞傳》考證，東海太守乃"南東海太守"之誤。　南徐州：治所在今江蘇鎮江市京口區。

[5]前廢帝：即劉子業。宋孝武帝劉駿長子。本書卷七有紀。

[6]太宗：宋明帝劉彧廟號。　泰始：宋明帝劉彧年號（465—471）。

[7]臺軍：中央禁衛軍。兩晉南朝以"臺"作爲朝廷禁省及中樞政權機構的代稱。

[8]丁母憂：爲母親服喪。　服闋（què）：服喪結束。闋，止息。　員外常侍：官名。即員外散騎常侍。正員之外添差之散騎常侍。屬集書省，多以公族、功臣子充任，爲閑散之職。　中散大夫：掌顧問應對，多養老疾，無職事。六百石。

[9]後廢帝：即劉昱。宋明帝劉彧長子。本書卷九有紀。　元

徽：宋後廢帝劉昱年號（473—477）。

寶先大明中爲尚書水部郎。[1]先是，琛爲左丞荀萬秋所劾，[2]及寶先爲郎，萬秋猶在職，自陳不拜。世祖詔曰：“敕違糾慢，憲司之職，[3]若理有不公，自當更有釐正。而自頃劾無輕重，輒致私絕。[4]此風難長，主者嚴爲其科。寶先蓋依附世准，[5]不足問。”

[1]尚書水部郎：官名。尚書省水部曹長官，亦稱水部郎中，職掌水道工程舟楫橋梁之政令。六品。

[2]左丞：官名。即尚書左丞。尚書省佐官，率諸都令史監督稽核諸尚書曹、郎曹政務，監察糾彈尚書令、僕射、尚書等文武百官，號稱“監司”，職權甚重。六品。 荀萬秋：人名。潁川潁陰（今河南許昌市）人。曾任晋陵太守、御史中丞等官。本書卷六〇有附傳。

[3]敕違糾慢：整治違法，檢舉傲慢不敬。 憲司：監察機構的別稱。

[4]私絕：謂私絕仕路。

[5]世准：世俗的準則。

先是，宋世江東貴達者，會稽孔季恭，[1]季恭子靈符，[2]吳興丘淵之及琛，吳音不變。[3]淵之字思玄，吳興烏程人也。太祖從高祖北伐，[4]留彭城，[5]爲冠軍將軍、徐州刺史，[6]淵之爲長史。太祖即位，以舊恩歷顯官，侍中，都官尚書，吳郡太守。卒於太常，追贈光禄大夫。[7]

　　[1]孔季恭：人名。本名孔靖，名犯宋武帝祖諱，以字行。會稽山陰人。本書卷五四有傳。

　　[2]靈符：人名。即孔靈符。本書卷五四有附傳。

　　[3]吳音：吳地的語音，吳語。

　　[4]高祖：宋武帝劉裕廟號。

　　[5]彭城：縣名。治所在今江蘇徐州市。

　　[6]徐州：治所在今江蘇徐州市。

　　[7]太常：官名。秦漢爲九卿之首，後沿置。南朝仍掌宗廟、祭祀、陵墓等禮儀事務，位尊職閑。三品。　光禄大夫：官名。無具體職掌，多授予年老有病的致仕官員，或用作卒後贈官。三品。

　　顧覬之字偉仁，吳郡吳人也。高祖謙字公讓，晋平原内史陸機姊夫。[1]祖崇，[2]大司農。父黃老，[3]司徒左西掾。

　　[1]謙：人名。即顧謙。爲顧榮族兄。《晋書》卷六八《顧榮傳》稱其“明亮守節，困不易操”，餘事不詳。　平原：晋王國名。治所在今山東平原縣。宋改爲郡。　内史：官名。西晋改諸王國相爲内史，掌管民政。東晋南北朝沿之。五品。　陸機：人名。字士衡，吳郡人。三國名將陸遜之孫，以文章冠世。西晋太康末入洛陽，任尚書中兵郎、中書郎。後委身成都王司馬穎，在八王之亂中遇害。《晋書》卷五四有傳。

　　[2]崇：人名。即顧崇。不見於《晋書》，其事不詳。

　　[3]黃老：人名。即顧黃老。不見於《晋書》，其事不詳。

　　覬之初爲郡主簿。謝晦爲荆州，以爲南蠻功曹，仍爲晦衛軍參軍。[1]晦愛其雅素，深相知待。王弘辟爲揚州主簿，[2]仍爲弘衛軍參軍，鹽官令。[3]衡陽王義季右軍主簿，[4]尚書都官郎，護軍司馬。[5]時大將軍彭城王義康秉權，[6]殷、劉之隙已著，[7]覬之不欲與殷景仁久接事，[8]乃辭腳疾自免歸。在家每夜常於牀上行腳，家人竊異之，而莫曉其意。[9]後義康徙廢，朝廷多以異同受禍。[10]復爲東遷、山陰令。[11]山陰民户三萬，海內劇邑，[12]前後官長，晝夜不得休，事猶不舉。覬之理繁以約，縣用無事，晝日垂簾，門階閑寂。自宋世爲山陰，務簡而績脩，莫能尚也。

[1]謝晦：人名。陳郡陽夏人。本書卷四四有傳。　南蠻功曹：官名。即南蠻校尉府功曹。謝晦任領護南蠻校尉。功曹，兩晉南朝將軍、郡縣府皆置，職掌吏事或主選舉。　衛軍參軍：官名。衛將軍府參軍。謝晦曾爲右衛將軍。

[2]王弘：人名。琅邪臨沂人，王導曾孫。本書卷四二有傳。

[3]鹽官：縣名。治所在今浙江海寧市鹽官鎮。

[4]衡陽王：王爵名。王國在今湖南株洲縣西南。　義季：人名。即劉義季。宋武帝劉裕第七子。本書卷六一有傳。　右軍主簿：官名。即右將軍府主簿。

[5]護軍司馬：官名。即護軍將軍府司馬。

[6]大將軍：官名。高級軍政官員，常專擅軍政事務。一品。

[7]殷、劉之隙：指宋文帝時殷景仁、劉湛二人共參朝政，關係不協，劉湛交結劉義康欲傾之。事見本書卷六三《殷景仁傳》、卷六八《彭城王義康傳》等。

[8]殷景仁：人名。陳郡長平人。本書卷六三有傳。　久接事：長期聯結。時殷景仁兼任護軍將軍，顧覬之爲其軍府司馬，故言。

[9]意：各本並脱“意”字，中華本據《元龜》卷七九〇補。

[10]朝廷多以異同受禍：丁福林《校議》引《通志》卷一三五作“朝士多受禍”，可見此“朝廷”乃“朝士”之誤。又據《南

史》《建康實録》《通志》考證，"受禍"之後，皆有"覬之竟免"一句，上下文意乃通。

[11]東遷：縣名。治所在今浙江湖州市南潯區東遷鎮。

[12]劇邑：古代指政務繁劇、難於治理的地方。

還爲揚州治中從事史，[1]廣陵王誕、廬陵王紹北中郎左軍司馬，[2]揚州别駕從事史，尚書吏部郎。[3]嘗於太祖坐論江左人物，[4]言及顧榮，[5]袁淑謂覬之曰：[6]"卿南人怯懦，豈辦作賊。"覬之正色曰："卿乃復以忠義笑人!"淑有愧色。元凶弑立，朝士無不移任，唯覬之不徙官。世祖即位，遷御史中丞。[7]孝建元年，出爲義陽王昶東中郎長史、寧朔將軍、行會稽郡事。[8]尋徵爲右衛將軍，領本邑中正。明年，出爲湘州刺史，[9]善於莅民，治甚有績。大明元年，徵守度支尚書，[10]領本州中正。二年，轉吏部尚書。四年致仕，不許。

[1]治中從事史：官名。州之佐吏，掌衆曹文書案卷事，地位尊崇。六品。

[2]廬陵王：王爵名。王國在今江西吉水縣東北。　紹：人名。即劉紹。字休胤，宋文帝劉義隆第五子。本書卷六一有附傳。　北中郎左軍司馬：官名。即北中郎將司馬和左將軍府司馬。按各本並脱"軍"字。孫彪《考論》："北中郎不得置司馬，蓋'左'下脱'軍'字。北中郎，竟陵王誕也。左軍，廬陵王紹也。"中華本據此補，從之。丁福林《校議》認爲孫説"北中郎不得置司馬"則大誤，並列本書《百官志》、卷四六《張邵傳》、卷八〇《始平孝敬王子鸞傳》中中郎將可以置司馬之例證。

[3]尚書吏部郎：官名。尚書省吏部曹長官通稱，屬吏部尚書，

主管官吏選任銓叙調動事務，職位高於尚書省諸曹郎。六品。

[4]江左：江東。指長江下游以東地區。

[5]顧榮：人名。吳人，西晋南方士族代表人物。曾在洛陽服事趙王倫、齊王冏、長沙王乂等。後以戰亂南歸。司馬睿南渡，他在王導引薦下出任散騎常侍，聯絡南方士人，協助創建東晋政權。《晋書》卷六八有傳。

[6]袁淑：人名。陳郡陽夏人。本書卷七〇有傳。

[7]御史中丞：官名。西漢爲御史大夫副貳，東漢獨立爲御史臺長官，專掌監察執法，職權甚重。後沿置，宋稱南司。四品。

[8]義陽王：王爵名。王國在今河南信陽市南。　昶：人名。即劉昶。宋文帝劉義隆第九子。本書卷七二有傳。　東中郎長史：官名。即東中郎將府長史。

[9]湘州：治所在今湖南長沙市。

[10]度支尚書：官名。尚書省度支曹長官，掌軍國財賦的收支會計及事役、漕運、物價、屯田之政令。三品。

　　時沛郡相縣唐賜往比邨朱起母彭家飲酒還，[1]因得病，吐蠱蟲十餘枚。臨死語妻張，死後剖腹出病。後張手自破視，五藏悉糜碎。[2]郡縣以張忍行剖剖，賜子副又不禁駐，事起赦前，法不能決。律傷死人，四歲刑，妻傷夫，五歲刑，子不孝父母，棄市，並非科例。三公郎劉勰議：[3]“賜妻痛遵往言，兒識謝及理，考事原心，非存忍害，謂宜哀矜。”[4]覬之議曰：“法移路尸，猶爲不道，況在妻子，而忍行凡人所不行。[5]不宜曲通小情，當以大理爲斷，[6]謂副爲不孝，張同不道。”詔如覬之議。

［1］沛郡：治所在今安徽蕭縣。　　相縣：治所在今安徽濉溪縣。

［2］五藏：即五臟。

［3］三公郎：官名。尚書省三公曹長官通稱，隷吏部尚書，與比部曹同掌擬定、解釋法制律令。六品。　　劉瓛：人名。宋宗室，長沙王劉道憐之孫，官至侍中、吳興太守。事見本書卷五一《長沙景王道憐傳》。

［4］遵往：各本並作“往遵”，中華本據《通典·刑典》改正，從之。　　謝：缺乏，少。　　考事原心：考察事情要推究本心原意。

［5］不道：古代刑律名。《唐律疏議·十惡》：“五曰不道。謂殺一家非死罪三人，支解人，造畜蠱毒、厭魅。”按：此罪名由漢而來，處罰極嚴屬。　　忍行：忍心而行。

［6］大理：大道理。此指王朝政權作爲自己統治基礎的綱常倫理。六朝是中國古代以禮入律，將道德範疇正式納入法律範疇的重要時期。

　　加左軍將軍，[1]出爲吳郡太守。八年，復爲吏部尚書，加給事中，[2]未拜，欲以爲會稽，不果。還爲吳郡太守。幸臣戴法興權傾人主，[3]而覬之未嘗降意。左光禄大夫蔡興宗與覬之善，[4]嫌其風節過峻。覬之曰：“辛毗有云：[5]孫、劉不過使吾不爲三公耳。”及世祖晏駕，法興遂以覬之爲光禄大夫，加金章紫綬。[6]

［1］左軍將軍：官名。侍衛武職。四品。

［2］給事中：官名。秦始置，後因之。爲加官，加此號者得給事宫禁中，常侍皇帝左右，備顧問應對。宋隷集書省，地位漸低。五品。

［3］戴法興：人名。會稽山陰人。寒族出身。本書卷九四有傳。

［4］左光禄大夫：官名。三國魏置，作爲在朝顯職的加官。南

朝屬光禄勳。　蔡興宗：人名。濟陽考城（今河南民權縣）人。本書卷五七有附傳。

[5]辛毗：人名。三國魏大臣，潁川陽翟（今河南禹州市）人。魏明帝時，中書監劉放、中書令孫資專斷朝政。大臣莫不降意與之交好，辛毗獨不與之往來。其子辛敞勸諫，辛毗正色曰：“吾之立身，自有本末。就與劉、孫不平，不過令吾不作三公而已，何危害之有？”事見《三國志》卷二五本傳。

[6]金章紫綬：官制用語。即在金質的印柄上繫有紫色的綬帶，其文作“某官之章”，簡稱金紫。標志較高官階。晋和南朝規定光禄大夫假金章紫綬者稱金紫光禄大夫。

太宗泰始初，四方同反，覬之家尋陽，[1]尋陽王子房加以位號，[2]覬之不受，曰：“禮年六十不服戎，以其筋力衰謝，非復軍旅之日，況年將八十，殘生無幾，守盡家門，不敢聞命。”孔覬等不能奪。[3]時普天叛逆，莫或自免，唯覬之心迹清全，獨無所與。太宗甚嘉之，東土既平，[4]以爲左將軍、吳郡太守，[5]加散騎常侍。泰始二年，復爲湘州刺史，常侍、將軍如故。三年卒，時年七十六。追贈鎮軍將軍，[6]常侍、刺史如故。謚曰簡子。

[1]覬之家尋陽：孫虨《考論》云：“覬之吳人，不家尋陽。又按時尋陽王子房爲會稽太守，鎮山陰，亦去尋陽遠也。疑是家富陽。”尋陽，郡名。治所在今江西九江市。

[2]尋陽王：王爵名。王國在今江西九江市西南。　子房：人名。即劉子房。宋孝武帝劉駿第六子。本書卷八〇有傳。

[3]孔覬：人名。會稽山陰人。本書卷八四有傳。

[4]東土既平：丁福林《校議》云：“事指尋陽子房與吳郡太

守顧琛等起兵反明帝旋被平定事。據本書《明帝紀》……子房反在泰始二年正月，同年二月，爲明帝遣吳喜等所平定。此記‘東土既平’事於泰始二年前，當有誤。”

[5]左將軍：官名。軍府名號，用作加官。三品。

[6]鎮軍將軍：官名。位比四鎮將軍，主要爲中央軍職，亦可出任地方軍事長官。三品。

覬之家門雍睦，爲州鄉所重。五子約、緝、綽、鎮、緄。綽私財甚豐，鄉里士庶多負其責，[1]覬之每禁之不能止。及後爲吳郡，誘綽曰：“我常不許汝出責，定思貧薄亦不可居。[2]民間與汝交關有幾許不盡，及我在郡，爲汝督之。將來豈可得？凡諸券書皆何在？”綽大喜，悉出諸文券一大厨與覬之，[3]覬之悉焚燒，宣語遠近：“負三郎責，皆不須還，凡券書悉燒之矣。”綽懊嘆彌日。

[1]責（zhài）：同“債”。
[2]定思：定下心來想。
[3]厨：通“櫥”。櫃子。

覬之常謂秉命有定分，非智力所移，唯應恭己守道，信天任運。[1]而闇者不達，妄求僥倖，徒虧雅道，無關得喪。[2]乃以其意命弟子愿著《定命論》，[3]其辭曰：

[1]秉命：生來承受的命運。　定分：宿命論謂人事均由命運前定，人力難以改變。　恭己：恭敬謹慎以律己。

［2］不達：不通曉。　雅道：正道；忠厚之道。　得喪：得失。

［3］弟子：侄子。　愿：人名。即顏愿。本卷有附傳。

仲尼云："道之將行，命也；道之將廢，命也。"[1]丘明又稱："天之所支不可壞，天之所壞不可支。"[2]卜商亦曰："死生有命，富貴在天。"[3]孟軻則以不遇魯侯爲辭。[4]斯則運命奇偶，生數離合，有自來矣。[5]馬遷、劉向、揚雄、班固之徒，[6]著書立言，咸以爲首，世之論者，多有不同。嘗試申之曰：

［1］仲尼：即孔子。名丘，字仲尼。其生前言行被載入《論語》一書。　道之將行，命也；道之將廢，命也：此句話表明他具有天命觀。見於《論語·憲問》。

［2］丘明：人名。即左丘明。一般認爲，他是春秋末期的魯國史官，著有《春秋左氏傳》。　天之所支不可壞，天之所壞不可支：見於《左傳》定公元年。

［3］卜商：人名。字子夏，春秋末衛國（一說晉國）人，爲孔子得意門人，以文學見稱。　死生有命，富貴在天：見於《論語·顏淵》。

［4］孟軻：人名。鄒人。受業於子思門人，是思孟學派代表，被後代視爲儒學孔門的嫡系正傳。他的言論集中於《孟子》一書中。　不遇魯侯：事見《孟子·梁惠王下》。孟子門生樂正子鼓動魯平公拜訪孟子，但被平公寵幸的臧倉阻攔，孟子由此感嘆："行止非人所能也。吾之不遇魯侯，天也。"

［5］奇偶：單數和雙數。亦比喻命運的坎坷與順利。　離合：聚和散。

［6］馬遷：人名。即司馬遷。西漢史學家，著紀傳體通史《史

記》。　劉向：人名。西漢經學家、目録學家，著《新序》《説苑》凡五十篇，分類纂輯先秦至漢朝史事。　揚雄：人名。西漢辭賦家、哲學家，著《法言》《太玄》《方言》等書，並有《甘泉》《河東》《羽獵》《長楊》等大賦傳世。　班固：人名。東漢史學家，著成《漢書》，開創中國古代紀傳體斷代史的體例。

夫生之資氣，清濁異源；[1]命之禀數，盈虚乖致。[2]是以心貌詭貿，[3]性運舛殊，[4]故有邪正昏明之差，脩夭榮枯之序，[5]皆理定於萬古之前，事徵於千代之外，沖神寂鑒，一以貫之。[6]至乃卜相末技，巫史賤術，猶能豫題興亡，逆表成敗。[7]禍福指期，識照不能徙；吉凶素著，威衛不能防。[8]若夏氓宅生於帝宫，豈蠲殘傷之祟；[9]漢臣衍貨於天府，寧免餧㱮之魂？[10]且又善惡之理雖詳，而禍福之驗常昧；逆順之體誠分，而吉凶之效常隱。智絡天地，猶罹沈牖之災；明照日月，必嬰深匡之難。[11]增信積德，離患於長饑；席義枕仁，徼禍於促算。何則？理運苟其必至，聖明其猶病諸。況乃蕞迹流惑之徒，投心顓蒙之域，而欲役慮以揣利害，策情以算窮通，其爲重傷，豈不惑甚。[12]是以通人君子，閑泰其神，沖緩其度，不矯俗以延聲，不依世以期榮。[13]審乎無假，自求多福，榮辱脩夭，夫何爲哉？[14]

[1]清濁：清氣與濁氣，指天地陰陽二氣。古代認爲人才之優劣，與生來禀氣之清濁有關。

[2]盈虚：有餘與不足。古代認爲人禀氣之盈虚，亦決定人生命運之强弱。　乖致：不一致。

[3]詭貿：變易，不同。

[4]舛殊：不同，差異。

[5]脩夭：壽長和短命。

[6]理定：天理決定。　事徵：事物預兆。　沖神寂鑒：幼年精神氣質可爲一生性情的映照。寂鑒，無聲而審照。

[7]卜相：占卜相面。　巫史：求神占卜和熟悉星象曆數之人。豫：同"預"。事先。　逆：預先。

[8]識照：辨識鑒察，即理性認知。　威衛：武力守護，即外力强行扭轉。

[9]夏氓宅生於帝宮，豈蠲殘傷之祟：夏朝老百姓把生命寄托於夏桀，難道就免除了被殘傷的禍害。宅生，寄托生命。帝宮，天宮、帝都，此處代指夏桀。蠲，免除。祟，鬼神的禍害。夏桀事見載於《史記》卷二《夏本紀》、《竹書紀年》。

[10]衍貨於天府，寧免餧斃之魂：指漢文帝佞臣鄧通，被賜蜀郡嚴道銅山，私人鑄錢，錢布天下。人有相面説鄧通"當貧餓死"，文帝不以爲然。後漢景帝時以"境外盜鑄"之罪没收鄧通家産，鄧通果餓死。事見《漢書》卷九三《鄧通傳》。餧斃，餓死。餧，同"餒"。飢餓。

[11]智絡天地：智慧包羅天地。　沈牖之災：遭受牖里之灾。此指周文王被商王拘於牖里。牖，通"羑"。羑里爲商朝監獄。深匡之難：指孔子出行，於匡地受人圍攻。匡，衛國地名。在今河南睢縣西。

[12]蕞迹：心迹猥小。　流惑：受迷惑而放縱自己。　顓蒙：愚昧。　役慮：用心思考，費盡心機。　重傷：雙重損傷。《莊子·讓王》："不能自勝而强不從者，此之謂重傷。重傷之人，無壽類矣。"成玄英疏："情既不勝，强生抑挫，情欲已損，抑又乖心，故名重傷也。"

[13]通人：學識淵博，通達世情，貫通古今的人。　延聲：播揚名聲。　依世：順從世情。　期榮：期望得到榮華富貴。

[14]無假：無借。謂本即純真，無借虛飾。

　　問曰：夫《書》稱惠迪貽吉，[1]《易》載履信逢祐，[2]前哲餘議，亦以將迎有會，淪塞無兆，宣攝有方，夭閼無命。[3]善游銷魂於深梁，工騎燼生於曠野，明珠招驌於闇至，蟠木取悅於先容。[4]是以罕、樂以陽施長世；[5]景、惠以陰德遐紀。[6]彭、竇以繕衛延命；[7]盈、忌以荒湎促齡。[8]陳、張稱台鼎之崇；[9]嚴、辛衍宰司之盛。[10]若乃遊惡蹈凶，處逆踐禍，宣昭史策，易以研正。[11]至如神仙所序，天竺所書，事雖難徵，理未易詰，留滯傾光，思聞通裁。[12]

　　[1]《書》：即《尚書》。爲儒家五經之一，是現存最早關於上古時期的典章文獻的彙編。　惠迪貽吉：人順天道則有吉報。見《虞書·大禹謨》：“惠迪吉，從逆凶，惟影響。”意謂順道吉，從逆凶，吉凶之報若影之隨形，響之應聲。惠，順從。迪，道。

　　[2]《易》：即《周易》。亦爲儒家五經之一，是中國古代一部蘊含有豐富哲理的占卜書。　履信逢祐：篤守信義，則會得到天之祐助。見《易·繫辭上》：“履信思乎順，又以尚賢也，是以自天祐之，吉，無不利也。”

　　[3]將迎：將養，保養。《列子·湯問》：“不待將迎而壽。”會：成。　淪塞：沉淪阻塞，遭受困厄。　兆：事情發生前的迹象。　宣攝：發散養生。宣，宣泄鬱積。攝，保養。　夭閼無命：沒有夭折而無生無滅。夭閼，亦作“夭遏”。夭亡，夭折。閼，阻

塞。　無命：佛教語。無生無滅。

　　[4]善游：善於游水的人。　銷魂：謂靈魂脫離肉體，即喪命。
深梁：深水上的橋或堤堰。指深水。　工騎：精於騎術。　燼生
於曠野：禍根產生於廣闊的平野。燼，殘餘之物。喻九死一生。
明珠：明月之珠，光澤晶瑩的珍珠。常比喻突出的美善之人。　招
駭於闇至：在晦暗之處，纔令人驚駭。　蟠木：盤曲而難以成器的
樹木。　先容：先加以雕飾。語出鄒陽《於獄中上書》：“蟠木根
柢，輪囷離奇，而爲萬乘器者，以左右先爲之容也。”容，修飾，
打扮。

　　[5]罕、樂：皆人名。指罕虎和樂喜。罕虎，春秋鄭國上卿，
字子皮。鄭饑，他每戶贈糧一鍾，得民心，常掌國政。後知子產
賢，授之政。樂喜，春秋宋國正卿司城子罕。人或得玉以獻之，不
受，曰：“吾以不貪爲寶。”平公築臺，樂喜請緩至農功畢，人謳歌
頌之。　陽施長世：公開施善而得以長壽。

　　[6]景、惠：指宋景公和楚惠王。宋景公時，熒惑守心（火星
侵犯心宿），古人迷信國君將受禍。大臣子韋説可移於相，宋景公
説相是我治國之佐，不祥；子韋又説可移於民，宋景公説百姓死
亡，我還統治誰？子韋説可移於年成，宋景公説年成不好，民必飢
餓而死，爲人君欲殺民而自活，還有誰以我爲君主呢？還是讓我一
人死吧。結果三善言而感動上天，使火星去離心宿，不僅免除對景
公的懲罰，還延長了他二十一年的壽命。楚惠王因食酸菜而吞下螞
蟥，造成腹疾。他説，食時已發現螞蟥，如果責備廚師而不治其
罪，是廢王法而權威不立；如果誅罰將其處死，我於心不忍。故不
讓左右看見，吞下肚中。大臣馬上拜賀，説天道不論親疏，祇幫助
有德之人，王有仁德，有病也不會傷害他。果然當晚惠王不但排出
螞蟥，連久患的心腹之疾也治好了。　陰德遐紀：暗中積德，天報
以高壽。遐，長久。如遐齡。紀，古代稱十二年爲一紀。

　　[7]彭、竇：指彭祖和竇公。彭祖，傳説中的人物，爲陸終氏
第三子，帝顓頊之孫，自堯歷夏至殷末，壽八百餘歲。善養生，常

食桂芝，有導引之術。因封於彭，故稱。竇公，傳説戰國魏文侯時樂人，至西漢孝文帝時猶在，年一百八十歲。　繕衛延命：修養身心，益壽延年。

[8]盈：人名。指漢惠帝劉盈。據《漢書》卷九七上《外戚傳上》，劉盈在位仁弱，驚懼呂太后之殘害戚夫人，乃“日飲爲淫樂，不聽政，七年而崩”。死時二十三歲。　忌：人名。指晉哀公姬忌。據《史記·六國年表》，晉哀公忌在位二年，“忌善知伯，蚤死”。餘事不詳。　荒湎：謂沉湎於酒色。　促：短促。

[9]陳：指西漢宣、元帝時御史大夫陳萬年。他“善事人，賂遺外戚許、史，傾家自盡”，爲阿意苟合上司的官僚典型。　張：指西漢成帝時丞相張禹。他貪婪奢淫，“持禄保位，被阿諛之譏”。台鼎：指三公。星有三台，鼎有三足，故用以比喻三公。

[10]嚴：指西漢武帝時丞相嚴青翟。本姓莊，後史家避漢明帝劉莊諱，改稱嚴青翟。坐與長史朱買臣等發御史大夫張湯陰事，致張湯自殺，青翟則下獄自盡。　辛：指西漢成帝時左將軍辛慶忌。其父辛武賢與西漢名將趙充國不和，陷害趙充國子趙卬使下獄自殺。辛慶忌任執金吾時，又使子殺趙氏。事見《漢書》卷六九《辛慶忌傳》。　宰司：謂處宰輔之位者。按：左將軍、右將軍皆内朝宰相之位。

[11]遊惡：行惡。　蹈凶：陷入凶險環境。　宣昭史策：明載顯露於史籍。　研正：辨別分析。

[12]神仙：指道教。　序：同“叙”。説。　天竺：印度的古稱。借指佛教。　難徵：難以證明。　詰：追問。　留滯：疑難問題滯留下來。　傾光：傾向光照（得以解決）。　思聞通裁：很想得聞人（有名望的人）來爲我通斷裁決。

對曰：子可謂扶繩而辨，循刻而議。[1]若乃宣攝有方，豈非吉運所屬；將迎有會，實亦凶數自

挺。[2]若夫陽施陰德，長世遐年，揆厥所原，孰往
非命？[3]研復來旨，讎校往説，起予惟商，未識所
異。[4]資生稟運，參差萬殊，逆順吉凶，理數不
一。[5]原夫飡椒非養生之術，咀劍豈衛性之經？[6]命
之所延，人肉其骨，而含嚼膏粱，時或嬰患。[7]深
澗乖徼寵之津，[8]空谷絶探榮之轍，[9]運之所集，物
稀其枯，而俯仰竿牘，終然離沮。[10]

[1]扶繩：沿著墨繩。喻祇看表面而不用心往深處思考。　循
刻：遵循刻度。喻僵固死板而不靈活。

[2]屬：連接。　凶數自挺：凶禍的定數是自己引來的。挺，
延及，引來。

[3]孰往非命：哪有不是命裏決定的。

[4]研復：反復探研。　讎校：校對，校刊。此意爲比較分析。
起予：啓發我（的認識）。　商：人名。即卜商。孔子弟子子夏。
《論語·顏淵》：“子夏曰：‘商聞之矣：死生有命，富貴在天。’”

[5]資生稟運：人賴以生長的命運來自天授。　理數不一：道
理不一樣。理數，天理之數。

[6]飡椒：食花椒。按：椒爲香料，果實可入藥，亦可釀酒。
古代常於農曆正月初一獻椒酒於家長，以示祝壽拜賀。此泛指道教
的煉丹服藥。　咀劍：體味劍術。咀，品味，體驗。此泛指道教的
練功習武。　衛性：護衛生命。

[7]肉其骨：使骨頭上長肉。　膏粱：肥美的食物。膏，肉之
肥者。粱，食之精者。　嬰患：得病。

[8]深澗：深幽的山澗。泛指道教所謂修仙勝境。與下“空
谷”同。　乖：違背。　徼寵：求取榮耀。

[9]探榮：探尋榮茂。　轍：車輪壓出的痕迹。指路。

[10]物稀其枯：事物由出生到枯老。稀，嫩芽。此句謂希望長

生不老。　俯仰：低頭和抬頭。指沉思默想。　竿牘：書札。竿，竹簡。　離沮：阻止，挫敗。

爾乃蹻、跖橫行；[1]曾、原窘步。[2]湯、周延世；[3]訒、邑絕緒。[4]吉凶徵應，糾繧若茲。[5]畢萬保軀，[6]宓賤踐領，[7]梁野之言，[8]豈不或妄？穀南、魯北，甘此促生；[9]彭翁、寶叟，將以何術？[10]晋平、趙敬，淫放已該；[11]漢主、魏相，奚獨傷夭？[12]同異若斯，是非孰正？至如雷濱凝分，挫志遠圖；[13]棘津陰拱，[14]振功高世。樊生沖矯，鑴旌善之文；[15]華子高抗，[16]銘懲非之策，皆士衡所云“同川而異歸”者也。殊塗均致，[17]實繁有徵。即理易推，[18]在言可略。

[1]蹻、跖：人名。古代大盗莊蹻與盗跖。莊蹻，戰國楚人，曾將兵攻略巴蜀黔中，王於滇。事見《史記》卷一一六《西南夷列傳》。盗跖，相傳春秋末期人，柳下邑人。《孟子》《荀子》《莊子》諸書皆記載其事。　橫行：行動蠻橫無理。

[2]曾、原：古代道德人品最高尚的曾參和原憲。曾參，孔子弟子，魯南武城（今山東費縣）人。以孝行見稱，樂道養親，注重內省修養，奉忠恕之道。《史記》説他“能通孝道”“作《孝經》”。原憲，字子思，又稱原思。爲古之清高貧寒之士，傳説蓬户褐衣蔬食，不減其樂。　窘步：步履艱難。

[3]湯、周：皆人名。西漢酷吏張湯和杜周。張湯於漢武帝時任廷尉、御史大夫等職，後遭陷害而自殺，但其子安世官高爵重，子孫尊顯。杜周繼張湯爲廷尉和御史大夫，詔獄論殺頗多，其子杜延年亦久典朝政，繼世立朝。《史記》説湯、周二人“俱有良子，

德器自過""迹其福祚，元功儒林之後莫能及也"。

[4]詡：人名。指東漢大臣虞詡。有文武略，曾任司隸校尉和尚書令，不懼宦官權貴。臨死後悔任朝歌長時誅殺盜賊數百人，疑中有冤者，説"自此二十餘年家門不增一口，斯獲罪於天也"。邑：人名。指西漢大臣朱邑。早年爲廬江舒縣桐鄉吏，仁愛不苛，後官至大司農。臨死曰："我故爲桐鄉吏，其民愛我，必葬我桐鄉，後世子孫奉嘗我，不如桐鄉民。"民果爲其起冢立祠。　絶緒：斷絶世系。

[5]糾纆：亦作"糾墨"。繩索。賈誼《鵩鳥賦》："夫禍之與福兮，何異糾纆。"注曰："糾，兩合繩；纆，三合繩。禍福相與爲表裏，如糾纆索相附會也。"

[6]畢萬：人名。春秋晋人，佐獻公滅霍、耿、魏，獻公以魏封畢萬，爲大夫。卜偃曰："畢萬之後必大矣。萬，滿數也；魏，大名也。以是始賞，天開之矣。"其後世子孫果然成爲分晋的三家之一。《史記》卷四四《魏世家》曰："天子曰兆民，諸侯曰萬民。今名之大，以從盈數，其必有衆。"　保甌：謂保有民衆。

[7]宓賤：人名。即孔子弟子宓不齊。史載他曾爲單父宰，彈瑟鳴琴，身不下堂而單父治。孔子稱其爲君子。　琖領：謂治理區域很小。琖，同"盞"。小杯子。按："琖"殿本作"喪"，局本作"傷"。此從中華本。　領：統率。

[8]梁野：所指不詳。

[9]穀南、魯北：孔子曾在魯城北泗上講學授徒，此穀南魯北皆喻孔門弟子。穀南，穀城之南。穀城在今山東平陰縣，位於齊國西境，爲當時交通要地。魯北，魯國以北。此特指魯國都城曲阜以北的泗上。　促生：短促一生。

[10]彭翁、竇叟：即前見彭祖、竇公，皆長壽。

[11]晋平：春秋時晋國國君，名彪。其在位二十六年（前557—前532），時"公厚賦爲臺池而不恤政，政在私門"。趙敬：戰國時趙國國君，名章。其在位十二年（前386—前374）。

與韓、魏兩家共滅晋，分其地。　該：充分，充足。

[12]漢主：漢朝君主。所指不詳，或即漢惠帝劉盈。　魏相：魏朝丞相。疑指王朗。查魏相中，王朗任相一年而卒。著有《易傳》《春秋傳》等書傳世。　夭：夭折，短命。

[13]雷濱：雷澤與河濱。指虞舜。據《史記》卷一《五帝本紀》："舜耕歷山，漁雷澤，陶河濱。"　挫志：屢受挫折屈辱而不降志。據説舜父母和弟皆愚蠢凶暴，但舜不失孝悌。

[14]棘津：古代黄河津渡名。在今河南延津縣東北。此代指姜尚。傳説姜尚未遇周文王時賣食於此。《史記》卷一二四《游俠列傳》："昔者虞舜窘於井廩……吕尚困於棘津。"　陰拱：謂暗中坐觀成敗。拱，斂手。

[15]樊生：指東漢樊準。據《後漢書》卷三二本傳，他少勵志行，以先父產業數百萬讓孤兄子。漢安帝時，天下水旱饑困，他上書使朝廷以公田賦與貧人；又出使冀州，開倉散粟，勸課農桑，"流人咸得蘇息"。　沖矯：匡正時弊。　鑴：刻寫。　旌善：表彰美善。

[16]華子：指東漢華松。家本孤微，年十五師丁子然學《春秋》。後爲河南尹，優賢養民。擢司隸校尉，時貴戚專勢，有司莫敢糾罰。松閉閣不通私書，奸慝犯者輒死，群豪斂手。後被譖殺。高抗：剛正不屈。

[17]殊塗均致：猶殊途同歸。語出《易·繫辭下》："天下同歸而殊塗，一致而百慮。"比喻采用不同方法而得到相同的結果。

[18]即理：就道理而言。

　　昔兩都全盛，[1]六合殷昌，[2]霧集貴寵之間，雲動權豪之術，鈞貿貽談，[3]豈唯陳、張而已。觀夫二子，才未越衆，而此以藉榮揮價，彼獨擯景淪聲，通否之運，斷可知矣。[4]嚴、辛不安時任命，而委罪亮直，亦地脉之徒歟？[5]若神仙所序，顯明脩習，[6]齊强燕平，[7]厥驗未著，李覃董芬，其效安在？[8]喬、松之侶，[9]雲飛天居，夷、列之徒，風行水息，良由理數懸挺，實乃鍾茲景命。[10]天竺遺文，星華方策，因造前定，果報指期，貧豪莫差，脩夭無爽，有允瑣辭，無愆鄙説。[11]統而言之，孰往非命？冥期前定，各從所歸，善惡無所矯其趨，愚智焉能殊其理。[12]若乃得議其工，失蚩其拙，操之則慄，舍之則悲，斯固染情於近累，豈不貽誚於通識？[13]

[1]兩都：兩座都城。借指漢代。西漢和東漢分別以長安和洛陽作爲都城。

[2]六合：天地四方。指天下。

[3]鈞貿貽談：於國政縱橫捭闔，言動君主。鈞，喻國政。貿，調換，錯雜。貽，給予，致使。談，進説。

[4]藉榮揮價：借榮耀而抬高聲價。　擯景淪聲：比喻脱穎而出。　通否：即泰否。運氣的好和壞。

[5]亮直：誠實正直的人。　地脉之徒：靠祖墳風水而發迹的人。地脉，舊時迷信風水者謂地形好壞。

[6]顯明脩習：最鮮明的修行（神仙學説）。按：神仙家初起源盛行於燕、齊二地。

[7]平：平常，平平。

[8]李：指西漢李尋。他好《洪範》災異，學天文月令陰陽，成帝、哀帝時屢上書言天變災異，後被治罪徙邊。　覃：深刻鋒利。　董：指西漢董仲舒。他吸收陰陽五行學説改造儒學，成爲今文經學一代宗師。武帝時曾任江都相，因言災異而下獄。　芬：美

名。 其效安在：按《漢書》卷七五贊有言，"漢興推陰陽言災異者，孝武時有董仲舒""哀、平則李尋、田終術""察其所言，仿佛一端。假經設誼，依託象類，或不免乎'億則屢中'。仲舒下吏，夏侯囚執，眭孟誅戮，李尋流放，此學者之大戒也"。可參考。

[9]喬、松：古代傳説人物王子喬和赤松子。兩人均爲傳説中的仙人。 侣：同伴。

[10]夷、列：古代道家所推崇的夷羿和列禦寇。夷羿，神仙中的人物。《楚辭·天問》："帝降夷羿，革兹夏民。"又《列子·湯問》中有夷堅，也是神仙中的人物，其事不詳。列禦寇，戰國鄭人，相傳爲先秦早期道家。二人後來都被道教奉爲列仙。 理數：天理，天數。 懸挺：高挂於空中生出。挺，生出。 鍾：積聚。 景命：大命。

[11]天竺遺文：指佛教經典。佛教來自印度，天竺爲中國對印度的古稱。 星華方策：星的顯耀載布於其典籍，喻人的華貴已冥冥中事先確定。古時迷信認爲天上一星照應地上一人。 因：因緣。佛教認爲使事物生起、變化和壞滅的主要條件爲因，輔助條件爲緣。 前定：前世所定。 果報：因果報應。根據佛教輪回之説，種什麼因，結什麼果；善有善報，惡有惡報。 指期：限期。 貧豪：貧賤和富豪。 爽：違背，不合。 瑣辭：猥瑣的言辭。 愆：差失，差錯。

[12]冥期：迷信謂神鬼給世人所定的生命期限。 趨：奔向，路徑。

[13]染情於近累：受私情常習所連累。 誚：責備，譴責。

問曰：清論光心，英辯溢目，求諸鄙懷，良有未盡。[1]若動止皆運，險易自天，理定前期，靡非闇至。[2]玉門犁丘，叡識弗免。[3]豈非聖愚齊致，仁虐同功？昏明之用，將何施而可？[4]

[1]清論光心：高雅的言談使人照亮心胸。 英辯溢目：精辟的論辯使人目不暇接。

[2]靡：無，没有。 闇至：暗中不知不覺而至。闇，通"暗"。

[3]玉門犁丘：此處所指不詳。按：玉門，漢代西境關名。疑指漢武帝派李廣利征伐匈奴事。據《漢書》卷九六下《西域傳下》，漢武帝參以著龜，結論匈奴困敗；又使方士、太史治星望氣，皆以爲匈奴必破；再卦諸將，貳師最吉。結果"計謀卦兆皆反謬"，漢軍此役慘敗，軍旅多未能入玉門。犁丘，地名。在今山東臨邑縣西。春秋魯哀公十年，晋國趙鞅率軍伐齊，大夫請求占卜。趙鞅不從，説"卜不襲吉"，結果占領了犁丘及轅地。魯哀公二十三年，晋國荀瑶伐齊，長武子請求占卜。荀瑶説："以辭伐罪足矣，何必卜？"結果戰於犁丘，晋大勝，荀瑶活捉顔庚。事見《左傳》。叡識：明智通達的見識。

[4]"豈非聖愚齊致"至"將何施而可"：難道聰明和愚蠢達到的目標一樣，仁愛和暴虐施用的效果同一？人們的昏庸和明智還能再有什麽主觀能動性可言呢？

　　對曰：夫聖人懷虛以涵育，凝明以洞照。[1]惟虛也，故無往而不通；惟明也，故無來而不燭。涸海流金，弗染温涼之岨；[2]嚴兵猛兕，[3]無累爪刃之災。忘生而生愈全，遺神而神彌暢。[4]若玉門犁丘，蓋同迹於人，故同人有患，然而均心於天，[5]亦均天無害。大賢則體備形器，慮盡藏假，静默以居否，深拱以違礑，皆數在清全，故鍾兹妙識。[6]是以禀仲尼之道，不在奔車之上；[7]資伯夷之運，不處覆舟之下。[8]若乃越難趨險，逡巡弗獲，履危踐機，僶俛從事，愚之所司，聖亦何爲？[9]及中下之流，馳心妄動，是非舛幹，[10]倚伏移貿，[11]故北宮意逆而功順，[12]東門心晦而迹明；[13]宣應遺筮而逢吉，[14]張松協數而遘禍。[15]且智防有紀，患累無方。[16]爾乃猘狗逐而華子奔，[17]腐鼠遺而虞氏滅，[18]匣猨逸而林木殘，櫝珠亡而池水竭。[19]凡厥條流，曲難詳備，傛形役思，其效安徵？[20]豈若澡雪靈府，[21]洗練神宅，[22]據道爲心，依德爲慮，使迹窮則義斯暢，[23]身泰則理兼通，豈不美哉！何必遺此而取彼？

[1]虛：本謂空無所有，道家指無欲無爲的思想境界。《老子》：“致虛極”。《韓非子·解老》：“所以貴無爲無思爲虛者，謂其意無所制也。”　涵育：涵養化育。　洞照：明察。

[2]涸海流金：使海水枯竭，使金屬熔化。形容氣候酷熱。岨：險難。

[3]嚴兵：嚴陣以待的軍隊。　兕：古代獸名。《說文》：“兕如野牛，青毛，其皮堅厚，可製鎧。”一說兕爲雌犀。

[4]遺神：道家指忘却一切物我、是非差別的精神狀態。

[5]均心：同心。謂心理相同。王充《論衡·奇怪》：“天人同道，好惡均心。”均，等同。

[6]形器：物質的形體臟器。　慮：意念。　藏假：隱匿。假，憑借。　否：閉塞不通。　拱：束手。謂無所作爲。　礥（xián）：艱險。　清全：清平全身。　鍾：凝聚。　妙識：精見，善解。

[7]奔車：急馳之車。比喻危險之地。《韓非子·安危》：“奔車之上無仲尼，覆舟之下無伯夷。”

[8]伯夷：人名。相傳爲商末孤竹君長子。《孟子·公孫丑上》："非其君不事，非其民不使，治則進，亂則退，伯夷也。"覆舟：翻船。此喻敗亡覆滅。

[9]逡巡：滯留不進。 機：時機，機會。 俋俋：努力。俋，通"勉"。

[10]斡翰：顛倒，逆轉。

[11]倚伏：語本《老子》："禍兮福之所倚，福兮禍之所伏。"意謂禍福相因，互相依存轉化。倚，依托。伏，隱藏。 移貿：變易。

[12]北宫：人名。指齊國勇士北宫黝。《孟子·公孫丑上》説他善養勇，似子夏。一説指春秋衛國大夫北宫奢。他爲衛靈公賦斂以爲鐘，爲壇乎郭門之外，三月而成上下之懸。 逆：抵觸，違背。

[13]東門：人名。指春秋魯大夫東門歸父。其父東門襄仲廢嫡立庶，使魯宣公即君位，由此公室卑，三桓強。東門歸父有寵於宣公，欲張公室，去三桓，謀借晉國之力。結果失敗，東門歸父奔齊。 晦：昏暗。 迹：事迹，行事。

[14]宣應：人名。具體所指何人不詳。 遺筮：失卦。

[15]張松：人名。東漢末爲益州牧劉璋別駕從事，有才而不持節操。出使曹操，曹不相接禮，懷恨而歸，轉勸劉璋結好劉備，迎劉備入川。張松寫信給劉備，備言蜀中虛實，建議攻襲劉璋。事發，張松被劉璋收斬。 協：輔助。 數：天命。

[16]智防：以智謀防禍。 紀：準則。 患累：災禍，憂患。 方：方法。

[17]猘狗逐而華子奔：典出《左傳》襄公十七年："十一月甲午，國人逐瘈狗，入於華臣氏，國人從之。華臣懼，遂奔陳。"《説文》"猘"字下引"《春秋傳》曰：'猘犬入華臣氏之門。'"猘犬即猘狗，瘋狗。

[18]腐鼠遺而虞氏滅：此句謂不虞之禍。典出《列子·説

符》：“虞氏者，梁之富人也……登高樓，臨大路，設樂陳酒，擊博樓上。俠客相隨而行。樓上博者射，明瓊張中，反兩檎魚而笑。飛鳶適墜其腐鼠而中之。俠客相與言曰：‘虞氏……辱我以腐鼠。此而不報，無以位懂於天下！’……至期日之夜，聚衆積兵以攻虞氏，大滅其家。”又《淮南子》：“鳶墜腐鼠，而虞氏以亡。”鳶，老鷹。腐鼠遺，即墜腐鼠。

〔19〕匣猨：裝在籠中的猴子。匣，同“柙”。關猛獸的籠子。猨，同“猿”。　逸：逃跑。　櫝珠：藏於匣中的珍珠。　池水竭：珍珠産於河蚌，人們爲了采珠而放水。

〔20〕條流：種類，流派。　曲：曲折之情。　傜形役思：傷身費心。傜，同“徭”。勞役。

〔21〕澡雪：洗滌使之清潔。　靈府：指心。

〔22〕洗練：清洗磨練。　神宅：靈魂。指精神依附或聚留之處。

〔23〕迹窮：没有輕妄舉動，順應自然。

　　問曰：夫建極開化，樹聲貽則，典防之興，由來尚矣。[1]必乃幽符懸兆，[2]冥數指期，[3]善惡前徵，是非素定，名教之道，不亦幾乎息哉？[4]

〔1〕建極：建立法度、準則。即施政教。　開化：開展教化，使人立德。　樹聲：樹立名聲。　貽則：留下法則。　典防：以制度法規防範危及統治秩序的行爲。　尚：久遠。

〔2〕幽符：隱密的符應。　懸兆：顯示出徵兆。

〔3〕冥數：上天所定的氣數或命運。

〔4〕名教：儒家以正名定分爲主的禮教。　幾：隱微，不明顯。息：滅，停止。

對曰：天生蒸民，樹之物則，教義所稟，豈非
冥數。[1]何則？形氣之具，必有待而存；顓蒙之倫，
豈無因而立。[2]必假纖紨以安生，藉粱豢以延祀，[3]
資信禮以繕性，秉廉義以刻情。[4]聖人聰明深懿，
履道測化，通體天地，同情日月，仰觀俯察，撫運
裁風。[5]於是乎昭日星之紀，正霜雨之度，張雲霞
之明，衍風露之渥，浮舟翼滯，騰駕振幽。[6]又乃
甄理三才，辨綜五德，弘鋪七體之端，宣昭八經之
緒。[7]是以時雍在運，群方自通，抱德煬和，全真
保性。[8]故信食相資，代爲脣齒；[9]富教相假，遞成
輔車。[10]今弛棄纖紨，損絕粱豢，必云微生委
命，[11]豈不已曉其迷。至乎湮斥廉義，屛黜信禮，
責以祈存推數，遂乃未辨其惑，連類若斯，乖妄滋
甚。[12]然則教義之道，生運所資，寵辱榮枯，常由
此作。斯固命中之一物，非所以爲難也。[13]

[1]蒸民：衆民，百姓。《詩・大雅・烝民》曰："天生烝民，
有物有則。" 物則：事物的法則。 教義：禮教、名教的旨意和
內容。

[2]形氣：指精氣，元氣。 具：具象。指身體。 有待：謂
人身須待食物、衣服等條件而生活。 顓蒙：愚昧。《漢書》卷八
七下《揚雄傳下》："天降生民，倥侗顓蒙，恣于情性，聰明不
開。"顏師古注引鄭氏曰："童蒙無所知也。" 倫：類。

[3]纖紨：細紋絹物。泛指衣物。 藉：借。 粱豢：粟米和
牲畜。泛指米穀肉食。豢，食穀之畜。 延祀：綿延後代。

[4]刻情：糾治人的欲情。

[5]懿：美德。 履道：躬行正道。 體：體驗，體察。 同

情日月：情同日月。　撫運：順應時運。　裁風：節制風習。

[6]衍：漫延，擴展。　渥：優厚，濃郁。　浮舟翼滯：漂在水上的船，緩緩運行。

[7]甄理：鑒別分理。　三才：天、地、人。《潛夫論·本訓》："天本諸陽，地本諸陰，人本中和。三才異務，相待而成。"

辨綜：辨析綜理。　五德：陰陽家指五行之德，謂金、木、水、火、土。歷代王朝各代表一德，依相克或相生順序，交互更替，周而復始。亦指人的五種品德，爲溫、良、恭、儉、讓（或智、信、仁、勇、嚴）。　弘鋪：廣爲延伸。　七體：《管子·五輔》："七體者何？曰：孝悌慈惠，以養親戚；恭敬忠信，以事君上；中正比宜，以行禮節；整齊撙詘，以辟刑僇；纖嗇省用，以備饑饉，敦懞純固，以備禍亂；和協輯睦，以備寇戎；凡此七者，義之體也。"

八經：《管子·五輔》："所謂八經者何？曰：上下有義，貴賤有分，長幼有等，貧富有度。凡此八者，禮之經也。"

[8]時雍：和諧。　群方：猶萬方。　抱德煬和：堅守德行，情性溫和。《莊子·徐無鬼》："無所甚親，無所甚踈，抱德煬和，以順天下，此謂真人。"　全真：保全天性。《莊子·盜跖》："子之道狂狂汲汲，詐巧虛僞事也，非可以全真也。"

[9]信食：信義和食物。喻精神和物質。　脣齒：嘴脣和牙齒。嘴脣沒了，牙齒就會感到寒冷。故常以脣齒相依比喻二物互相依存，關係密切。

[10]富教：富民和教民。謂使人民富裕，並加以教育。《論語·子路》："既富矣，又何加焉？曰教之。"　輔車：頰骨和牙床。輔，面頰。車，牙床。《左傳》僖公五年："諺所謂'輔車相依，脣亡齒寒'者，其虞虢之謂也。"

[11]徼（yāo）生：求生。徼，招致，求取。

[12]湮斥：堵塞排斥。　屏黜：除去。　祈存推數：靠推算曆運之數來祈禱生存。　連類：同類。

[13]生運：命運，人生之道。　難：反駁，質問對方。即

責難。

問曰：循復前旨，既以理命縣兆，生數冥期。[1]研覆後文，又云依仗名教，帥循訓範。若藉數任天，則放情蕩思；拘訓馴範，則防慮檢喪。函矢殊用，矛戈異適，雙美之談，豈能兩遂？[2]

[1]循復前旨：回頭揣摩前文意旨。　縣，同“懸”。　生數：命定之數。

[2]函矢：鎧甲和弓箭。一爲防護，一爲進攻。　矛戈異適：矛和戈分別適用於不同情況。按：戈爲鉤殺，矛爲直刺。　雙美：二者皆被稱美。　兩遂：兩種互相矛盾的事物皆能並行。遂，通達、順行。

對曰：夫性運乖舛，心貌詭殊，請布末懷，略言其要。[1]若乃吉命所鍾，縱情蹈道，訓性而順，因心則靈。[2]凶數所挻，率由踐逆，聞言不信，長惡無悛。[3]此愚智不移，聲訓所遺者也。其有見善如不及，從諫如順流，[4]是則命待教全，運須化立。譬以良醫之室，病者所存，至如澄神清魂，平心實氣，無妄之痾，勿藥有喜，所謂縱情蹈道，無假隱括。[5]若膏肓之疾，長桑不治，[6]體府之病，陽慶弗理，[7]此則率由踐逆，自絕調御。至乃趙儲之命宜永，須扁鵲而後全；[8]齊后之數必延，待文摯而後濟。[9]亦猶運鍾循獎，彝範所興，[10]善惡無主，唯運所集而異。膏粱方丈，沈疾弗顧；[11]瑤碧盈尺，

卷八一

列傳第四十一

4375

阽危弗存。[12]夫静躁之容，造次必於是；曲直之性，顛沛不可移。[13]是以夷、惠均聖而異方；遵、竦齊通而殊事。[14]雖復鉗桎羿、奡，思服巢、許之情；[15]捶勒曾、史，言膺蹻、跖之慮。[16]不然之事，斷可知也。必幽符鑽仰，冥數脩習，雖存陵惰，其可得乎？[17]故運屬波流，勢無防慮，命徵山立，理無放情。[18]用殊函矢，雙美奚躓；[19]談異矛戈，兩濟何傷？

[1]性運：人的本性與人的命運。性，古代常認爲是先天禀受，有善性和惡性之分。　乖舛：相違背錯亂。即善性不一定有吉命。　心貌：人心和相貌。　詭殊：違背相反。　請布末懷：請允許我宣示我的心意。

[2]吉命所鍾：吉祥命運所積聚。　蹈道：遵循正道。　訓性：規範本性。　因心：順從心意。

[3]凶數所挺：惡命所延及。　踐逆：實行違逆之事。　悛（quān）：悔改。

[4]見善如不及：謂看見别人的德行即學習仿效。　從諫：聽從規勸，改正自己的錯誤或過失。

[5]無妄：意外，不期然而至。　痾：疾病。　隱括：一作“隱栝”。矯正，修正。《韓非子·難勢》：“夫棄隱括之法，去度量之數，使奚仲爲車，不能成輪。”陳奇猷注引太田方曰：“揉曲曰隱，正方曰括。”

[6]膏肓：古代醫家把心尖脂肪叫“膏”，心臟與膈膜之間叫“肓”。比喻病情極爲深重。　長桑：人名。即長桑君。戰國時的神醫，傳説其以禁方傳扁鵲，於是扁鵲視病盡見五臟癥結，遂以精通醫術聞名。此處借指良醫。

[7]體府：身體腑臟。府，同“腑”。指六腑，即膽、胃、大

腸、小腸、膀胱、三焦。亦泛指內臟器官。　陽慶：人名。西漢初名醫，臨淄人。年七十餘，無子，傳其禁方於弟子淳于意。事見《史記》卷一〇五《扁鵲倉公列傳》。

[8]趙儲：趙國儲君，後嗣。　扁鵲：人名。戰國醫學家，真名爲秦越人，齊國鄭（今河北任丘市）人，善用各種方法治病，並帶弟子到各地行醫。後爲秦武王治病，遭秦太醫令所忌，被刺死。據《史記》卷一〇五《扁鵲倉公列傳》，趙簡子病，五日不知人，扁鵲入視病，說其不出三日將蘇醒。趙簡子果然二日半醒來，說他到上帝之所，預言晉國將世衰而亡，趙姓後代將強盛。

[9]齊后：西漢初齊王太后。據《史記・扁鵲倉公列傳》，齊王太后病，召淳于意診脉，判斷病主在腎。原小便赤且不暢，飲以火劑湯，兩次即康復。　文摯：人名。所指何人不詳。疑即淳于意。臨淄人，齊太倉長，少喜醫方術，師從同郡陽慶，爲人治病多驗。號倉公。　濟：成。

[10]循：良善。　獎：輔助。　彝範：常典法度。彝，常規。範，規範。

[11]方丈：指方丈之食。極言肴饌之豐盛。語出《孟子・盡心下》："食前方丈，侍妾數百人，我得志，弗爲也。"趙岐注："極五味之饌食，列於前方一丈。"　沈疾：沉重之病。

[12]瑶碧：兩種玉名。

[13]靜躁之容，造次必於是；曲直之性，顛沛不可移：語出《論語・里仁》："君子無終食之間違仁，造次必於是，顛沛必於是。"造次，流離困頓。

[14]夷、惠：人名。伯夷、柳下惠。二人皆爲古代廉正之士。伯夷在武王滅商後，恥食周粟，餓死於首陽山。柳下惠，春秋魯大夫，名展獲，字季，又字禽。曾爲士師官，食邑柳下，謚惠，故稱柳下惠。相傳他與一女子共坐一夜，不曾淫亂。後用以借指有操行的男子。　遵、竦：人名。指西漢陳遵和張竦。二人俱少爲京兆史，竦博學通達，以廉儉自守；遵放縱不拘。然二人相親友，後皆

顯宦。陳遵語竦曰："足下諷誦經書，苦身自約，不敢差跌，而我放意自恣，浮湛俗間，官爵功名，不減於子。"竦曰："人各有性，長短自裁。子欲爲我亦不能，吾而效子亦敗矣。"事見《漢書》卷九二《陳遵傳》。

[15]鉗桎：以鐵圈束頸，以木械銬手，嚴加管束。　羿、奡（ào）：人名。上古傳説中勇士羿和奡。《論語·憲問》："羿善射，奡盪舟。"何晏《集解》引孔安國曰："羿，有窮國之君，篡夏后相之位，其臣寒浞殺之，因其室而生奡。奡多力，能陸地行舟，爲夏后少康所殺。"奡，也作"澆"。　巢、許：人名。相傳堯時隱士巢父、許由。堯讓位於二人，皆不受。後用以指隱居不仕者。

[16]捶勒：控制。　曾、史：人名。曾參和史鰌。古代常將二人視爲仁與義的典型人物。史鰌，一作史魚，春秋時衞國大夫，以正直敢諫著名。事見《論語·衞靈公》、《韓詩外傳》卷七。膺：受。

[17]鑽仰：深入研求。語本《論語·子罕》："仰之彌高，鑽之彌堅。"　陵惰：磨礪之不使懈怠。

[18]波流：隨波逐流。　防慮：因有所顧慮而提防。　徼：求取。　山立：如山一樣穩固不移。　放情：放縱情欲。

[19]用殊：不同的用途。　奚躓：有何不可。躓，遇事不順利，受挫折。

　　問曰：夫君臣恩深，師資義固，所以霑榮塗施，提飾荷聲。[1]故刳心流腸，捐生以亢節；[2]火妻灰子，埋名以償義。若幽期天兆，則明敫可遺；[3]冥數自賓，則感效宜絶。[4]豈其然乎？

[1]師資：猶師生。　霑榮塗施：承受榮耀和恩惠。施，給予恩惠。　提飾荷聲：提拔扶持，蒙受聲望。

〔2〕刳心流腸：挖心摘腸。道家喻摒棄雜念。儒家表示忠心不移。　捐生：捨棄生命。　亢節：高揚的節操。

〔3〕明敫：亦作"明揚"。明察薦舉（賢能之士）。敫，舉也。遺：抛棄。

〔4〕自賓：自我引導。賓，通"儐"。導引。　感效：感恩效忠。

　　對曰：論之所明，原本以爲理，難之所疑，即末以爲用。[1]蓋陰閉之巧不傳，萌漸之調長絶。[2]故知妄言賞理，古人所難。吾所謂命，固以綿絡古今，彌貫終始，爰及君臣父子、師友夫妻，皆天數冥合，神運玄至。[3]逮乎睽愛離會，既命之所甄，昏爽順戾，亦運之所漸。[4]爾乃松柳異質，薺荼殊性，故疾風知勁草，嚴霜識貞木，何異忠孝之質，資行夙昭。[5]至於刻志酬生，[6]題誠復施，[7]殉節投命，馴義忘己，亦由石雖可毀，堅不可銷；丹雖可磨，[8]赤不可滅。因斯而言，君臣師資，既幽期自賓，心力感效，亦冥數天兆。夫獨何怪哉？

〔1〕本：事物的根基或主體。與"末"相對應。　理：道理，事理。與"用"相對應。　末：非根本的、次要的事。　用：使用。在中國古代哲學中，"用"是"理"（本體）的外在表現。

〔2〕陰閉：指秋冬季節。亦指人的藏迹隱名。　萌漸：萌芽漸生。指春夏季節。亦指人的發迹顯名。

〔3〕綿絡：連續，連綿。　彌貫：遍廣貫通。　爰及：及於。

〔4〕逮：及至。　睽愛離會：別歡離愛。睽，反目。　甄：造就。　昏爽順戾：心性的惑亂、明朗、順從和凶暴。　漸：逐步發

展而來。

　　[5]薺荼：薺菜和苦菜。《詩・邶風・谷風》：“誰謂荼苦，其甘如薺。”按：薺菜味甜，可食用。荼菜，味苦。　夙昭：素來明白。

　　[6]刻志：篤志，志向專一。　酬生：獻出生命。酬，償付。題誠：表明赤誠。題，標志。

　　[7]復施：回報恩惠。復，償還。

　　[8]丹：丹砂，朱砂。　磨：輾粉。

　　愿字子恭，父淵之，散騎侍郎。[1]愿好學，有文辭於世。大明中舉秀才，[2]對策稱旨，擢爲著作佐郎，[3]太子舍人。[4]早卒。

　　[1]散騎侍郎：官名。侍從皇帝左右，顧問諫諍，平尚書奏事。宋隸集書省，掌收納章奏，地位漸輕。五品。
　　[2]秀才：漢武帝始定爲選舉科目，東漢改稱茂才，後沿之。東晉南朝揚州歲舉二人，諸州舉一人，或三歲一人，隨州大小，並對策問。時秀才之選最爲重要，多以此出任要職。但由中正把持選舉，故所舉多世家豪族。
　　[3]著作佐郎：官名。協助著作郎修撰國史及起居注，職務清閑，爲世族高門子弟起家之官。
　　[4]太子舍人：官名。掌東宮文章書記，隸太子詹事。七品。

　　史臣曰：孝建啓基，西楚放命，難連淮、濟，勢盛江服。[1]朱脩之著節漢南，[2]劉秀之推鋒萬里，並誠載艱一，忠惟帝念。[3]而逾峴之鋒，戰有獨克；[4]出硤之師，舟無隻反。[5]雖霜霰並時，[6]而計功則異也。及定終之命，等數相懸，蓋由義結蕃朝，故恩有厚薄。[7] 雖故舊不遺，聞之前訓，隆名爽實，亦無取焉。[8]

[1] 啓基：（宋孝武）開創王朝基業。　西楚：古代多指今湖北西部荆州一帶。此代指荆州刺史劉義宣。　放命：逆命，違命。

江服：地區名。指長江流域。服，王畿以外的地方。

[2] 朱脩之：人名。義陽平氏（今河南桐柏縣）人。本書卷七六有傳。　漢南：漢水之南。此指朱脩之由襄陽率軍南定殘寇。

[3] 推鋒：進軍。指劉秀之由益州刺史任上派軍攻襲江陵，討伐劉義宣。　艱一：一樣的艱難處境。　帝念：皇帝的想法。

[4] 峴：山名。一名峴首山。在今湖北襄陽市襄城區南。劉義宣派同逆魯秀擊襄陽，朱脩之於此擊退魯秀。

[5] 硤：地名。在今湖北宜昌市西。硤，一作“峽”。　舟無隻反：没有一隻戰船返回。指劉秀之所派將韋山松出峽襲江陵，反被魯秀擊敗。

[6] 霜霰（xiàn）：霜和霰。霰，水蒸氣高空中遇冷而變成的小冰粒。喻艱難險峻的形勢。

[7] 定終：蓋棺論定。　義結蕃朝：指宋孝武即位前爲撫軍將軍、雍州刺史時，劉秀之爲其屬下撫軍録事參軍、襄陽令。　厚薄：指對劉秀之優厚，諡忠成公，贈侍中、司空；對朱脩之微薄，諡貞侯，僅贈侍中。

[8] 不遺：不忽略，不抛棄。　爽實：違背事實。

宋書　卷八二

列傳第四十二

周朗　沈懷文

　　周朗字義利，汝南安成人也。[1]祖文，黃門侍郎。[2]父淳，宋初貴達，官至侍中，太常。[3]兄嶠，尚高祖第四女宣城德公主。[4]二女適建平王宏、廬江王褘。[5]以貴戚顯官。元嘉末，[6]爲吳興太守。[7]賊劭弒立，[8]隨王誕舉義於會稽，[9]劭加嶠冠軍將軍，[10]誕檄又至。嶠素懼怯，回惑不知所從，爲府司馬丘珍孫所殺。[11]朝庭明其本心，國婚如故。[12]

　　[1]汝南：郡名。治所在今河南汝南縣。　安成：縣名。治所在今河南汝南縣東南。

　　[2]文：人名。即周文。《晉書》卷六九《劉隗傳》稱他是周琳的少子，官至驃騎諮議參軍。　黃門侍郎：官名。給事黃門侍郎的省稱，爲門下省次官，與侍中平省尚書奏事，得出入禁中，侍從左右，四員。五品。

[3]侍中：官名。門下省長官，常侍衛皇帝左右，諫諍糾察，平議尚書奏事，有異議得駁奏。或加予宰相、尚書等高級官員。員四人（加官無定員）。三品。　太常：官名。西漢初由奉常改名，位列九卿之首，主管祭祀、陵廟、文化教育等事務。後沿置。南朝禮儀郊廟由尚書八座裁定，太常位尊職閑。三品。

[4]尚：娶公主爲妻。　高祖：宋武帝劉裕廟號。　宣城德公主：宋武帝第四女。宣城爲其封邑。德爲其謚號。其名失載。

[5]適：女子出嫁。　建平王：王爵名。王國在今重慶巫山縣北。　宏：人名。即劉宏。宋文帝劉義隆第七子。本書卷七二有傳。　廬江王：王爵名。王國在今安徽舒城縣。　褘：人名。即劉褘。宋文帝劉義隆第八子。本書卷七九有傳。

[6]元嘉：宋文帝劉義隆年號（424—453）。

[7]吳興：郡名。治所在今浙江湖州市吳興區。

[8]賊劭弑立：宋文帝晚年，不滿意太子劉劭，欲廢之。劉劭先發制人，率東宮兵入宮，殺父親文帝，自立爲帝。三月後，劉劭被其弟劉駿殺掉。

[9]隨王：王爵名。王國在今湖北隨州市。　誕：人名。即劉誕。宋文帝劉義隆第六子。本書卷七九有傳。　會稽：郡名。治所在今浙江紹興市。

[10]冠軍將軍：官名。將軍名號。三品。

[11]回惑：徘徊迷惑。　府司馬：官名。即冠軍將軍府或隨王誕安東將軍府司馬。司馬，官名。軍府高級幕僚，掌參贊軍務，管理府內武職，品秩隨府主地位而定。　丘珍孫：人名。吳興人，曾任建康令。

[12]國婚：與皇室的婚姻。

朗少而愛奇，雅有風氣，與嶠志趨不同，嶠甚疾之。[1]初爲南平王鑠冠軍行參軍，[2]太子舍人，[3]司徒主簿,[4]坐請急不待對，除名。[5]又爲江夏王義恭太尉參軍。[6]元嘉二十七年春，朝議當遣義恭出鎮彭城,[7]爲北討大統。朗聞之解職。及義恭出鎮，府主簿羊希從行,[8]與朗書戲之，勸令獻奇進策。朗報書曰：

[1]風氣：風采氣度。　志趨：志向所趨。　疾：厭惡，憎恨。

[2]南平王：王爵名。王國在今湖北公安縣。　鑠：人名。即劉鑠。宋文帝劉義隆第四子。本書卷七二有傳。　冠軍行參軍：官名。即冠軍將軍府行參軍。魏晉南北朝王、公、將軍府及諸州多置參軍爲僚屬，掌參謀軍務，協理府事。初中央除拜者爲參軍，諸府自辟者爲行參軍。後行參軍亦可除拜，品階例低於參軍。

[3]太子舍人：官名。隸太子詹事，掌文章書記。七品。

[4]司徒主簿：官名。即司徒府主簿。三公及位從公者皆置，員二人，主閣內事，品位秩級隨府主地位高下而異。

[5]坐：因事坐罪。　除名：官制用語。即除去宦籍，貶爲平民。

[6]江夏王：王爵名。王國在今湖北武漢市武昌區。　義恭：人名。即劉義恭。宋武帝劉裕第五子。本書卷六一有傳。　太尉參軍：官名。即太尉府參軍。

[7]彭城：縣名。時爲徐州刺史和彭城郡治所，治所在今江蘇徐州市。

[8]羊希：人名。太山南城人。本書卷五四有附傳。

羊生足下：豈當適使人進哉，何卿才之更茂也。宅生結意,[1]可復佳耳，屬華比綵,[2]何更工邪？視已反覆,[3]慰亦無已。[4]觀諸紙上，方審卿復逢知己。動以何術，而能每降恩明,[5]豈不爲足下欣邪，然更憂不知卿死所處耳。

[1]宅生結意：寄托生命，以義氣相交好。宅，寄托之所。

[2]屬華比綵：形容文詞華麗優美。

[3]視已反覆：反復觀賞（書信）。

[4]無已：無了時。

[5]恩明：知遇恩澤。

　　夫匈奴之不誅有日，皇居之亡辱舊矣。[1]天下
孰不憤心悲腸，以忿胡人之患；靡衣媮食，以望國
家之師。[2]自智士鉗口，雄人蓄氣，不得議圖邊之
事者，良淹歲紀。[3]今天子以炎、軒之德，冢輔以
姬、呂之賢，[4]故赫然發怒，將以匈奴釁旗，[5]惻然
動仁，欲使餘氓被惠。及取士之令朝發，宰士暮登
英豪；調兵之詔夕行，主公旦升雄俊。[6]延賢人者，
固非一日，況復加此焉。[7]夫天下之士，砥行磨名，
欲不辱其志氣；選奇蓄異，將進善於所天。[8]非但
有建國之謀不及，安民之論不與，至反以孝潔生議
於鄉曲，忠烈起謗於君寀。[9]身不絓王臣之錄，名
不厠通人之班，顛倒國門、湮銷丘里者，[10]自數十
年以往，豈一人哉？若吾身無他伎，而出值明君，
變官望主，歲增恩價，竟不能柔心飾帶，取重左
右。[11]校於向士，則榮已多，料於今識，則笑亦
廣。[12]而足下方復廣吾以馳志之時，求予以安邊之
術，何足下不知言也。[13]若以賢未登，則今之登賢
如此；以才應進，則吾之非才若是。豈可欲以殞海

之鬐，望鼓鰓於竪鱗之肆；^[14]墜風之羽，覬振翮於
軒毳之間。^[15]其不能俱陪淥水，^[16]並負青天，可無
待於明見。若乃闕奇謀深智之術，無悦主狎俗之
能，亦不可復稍爲卿説。^[17]但觀以上國再毁之臣，
望府一逐之吏，^[18]當復是天下才否，此皆足下所
親知。

[1]匈奴：此泛指北方少數民族，與下言“胡人”同。宋與統
治北方的北魏政權對峙，北魏統治集團爲鮮卑人之南下中原，此以
匈奴喻之。　皇居：皇宫。亦指皇城。

[2]靡衣媮食：《漢書》卷三四《韓信傳》：“衆庶莫不輟作怠
惰，靡衣媮食。”顔師古注：“靡，輕麗也；媮偷字同，苟且也。言
爲靡麗之衣，苟且而食，恐懼之甚，不爲久計也。”　國家之師：
指南朝漢族政權的軍隊。

[3]鉗口：閉口。　蓄氣：藏氣。蓄，收藏。　良淹歲紀：遲
延了許多年。良，的確。淹，遲延停留。歲，年。紀，十二年爲
一紀。

[4]炎、軒：分指炎帝、黄帝。軒，軒轅。黄帝軒轅氏。　姬、
吕：分指周公、吕尚。周公姬姓。吕尚姜姓，即姜尚。

[5]釁旗：以血祭旗。古代戰争時，殺人或殺牲取血塗物以祭，
爲釁。

[6]宰士：宰相的屬官。　登：進。　主公：臣下對君主的稱
呼。　雄俊：英雄俊傑。

[7]加此：指北討鮮卑事。

[8]所天：指所屬的君主。

[9]君寀：王侯的封地。寀，采地。

[10]身不絓王臣之籙：自身不在君王大臣的名册之上。　通
人：學識淵博通達事理之人。　顛倒國門：比喻没有或很少去過京

師。國門，國都的城門。　湮銷：埋沒廢棄。　丘里：鄉里。

[11]恩價：帝王所賜恩澤。價，聲價，名聲。　柔心飾帶：柔和温順，裝飾儀表。帶，衣帶。

[12]向士：指反以孝潔生議於鄉曲、忠烈起謗於君寀及顛倒國門湮銷丘里之士。向，以往。　料於今識：估量今天有見識的人。

[13]馳志：施展志向。　知：同“智”。明智。

[14]殞海之鬐（qí）：死於海中的魚。隕，毀亡。鬐，魚脊鰭。代指魚。　鼓鰓：魚鼓動兩鰓。　竪鱗：指市場上挂著的魚。肆：店鋪。

[15]墜風之羽：從空中墜落的老鷹。　覬：希望，企圖。　振翮：鳥類扇動翅膀。　軒氄：指飛鳥。軒，飛翔貌。氄，細毛。

[16]淥水：清澈的水。

[17]闕：同“缺”。　悦主狥俗：取悦於君主，迎合於流俗。

[18]再毀：兩次被詆毀。　望府：顯赫之府。此指周朗在司徒主簿任上被除名。

吾雖疲冗，[1]亦嘗聽君子之餘論，豈敢忘之？凡士之置身有三耳：[2]一則雲户岫寢，欒危桂榮，秫芝浮霜，翦松沈雪，憐肌蓄髓，寶氣愛魂，[3]非但土石侯卿，腐鴆梁錦，實迺竚意天后，睨目羽人。[4]次則刲心掃智，剖命驅生，橫議於雲臺之下，切辭於宣室之上。[5]衍主德而批民患，進貞白而酖姦猾，[6]委玉入而齊聲禮，揭金出而烹勍宼。[7]使車軌一風，甸道共德，令功日濟而己無跡，道日富而君難名，致諸侯斂手，天子改觀。[8]其末則饜粕而出，望旆而入，結冕兩宮之下，鼓袖六王之間，[9]俛眉脅肩，[10]言天下之道德，瞋目扼腕，陳從横於四海。[11]理有泰則止而進，調覺迬則反而還，閑居違官，交造頓罷。[12]捐慕遺憂，夷毀銷譽，呼噏以補其氣，繕嚼以輔其生。[13]凡此三者，皆志士仁人之所行，非吾之所能也。若吾幸病不及死，役不至身，蓬藜既滿，方杜長者之轍；穀稼是諮，自絕世豪之顧。[14]塵生床帷，苔積堦月，又檐中山木，時華月深，池上海草，歲榮日蔓。[15]且室間軒左，幸有陳書十篋；席隅奧右，頗得宿酒數壺。[16]按絃拭徽，讎方校石，時復陳局露初，奠爵星晚，驟然不覺是羲、軒後也。[17]近春田三頃，秋園五畦，若此無災，山裝可具。[18]候振飲之罷，俟封勒之畢，當敬觀邠、鄭，肅尋伊、郜，[19]傍眺燕、隴，邪履遼、衛，[20]覘我周之軫迹，弔他賢之憂天。[21]當其少涉，未休此欲，但理實詭固，物好交加，或徵勢而笑其言，或觀謀而害其意。[22]夫楊朱以此，猶見嗤於梁人，況才減楊子之器、物甚魏君之意者哉。[23]若如漢宗之言李廣，此固許天下之有才，又知天下之時非也。[24]豈若黨巷閭里之間，忌見貞士之遭遇，便謂是臧獲庸人之徒耳。[25]士固願呈心於其主，露奇於所歸。[26]卿相，末事也。若廣者，何用侯爲。[27]至迺復有致謁於爲亂之日，被訕於害正之徒，心奇而無由露，事直而變爲枉，豈不痛哉![28]豈不痛哉!

[1]疲冗：虛弱無能。

[2]置身：存身。謂自己處於某種環境，處世之道。

[3]雲户岫寝：以雲爲門，以山洞爲卧室。　樂危桂榮：欒華凋零，桂花飄香。欒，欒華樹，五月采其花，可染黄。桂，丹桂，秋季開花，極芳香，且凌冬不凋。　秫芝浮霜：冬季以芝草爲食料。　翦：同"剪"。　沈：同"沉"。　髓：骨髓。身體精華之處。　寶：珍愛，珍視。

[4]土石侯卿：鄙視侯卿，以土石看待之。　腐鴆梁錦：把名貴的絲織品看得如腐物毒酒。鴆，用鴆鳥羽毛泡成的毒酒。梁錦，梁地生産的名貴絲織品。　竚意：久立而向往。　天后：神仙名。即天后真君。　睇目：斜視。　羽人：神話中的飛仙。

[5]刳心掃智：挖空心思，竭盡智力。刳，剖。掃，盡，全部。驅生：驅使生命。　橫議於雲臺之下：在雲臺下恣意議論。按：雲臺乃東漢洛陽南宫中的高臺，臺上有廣德殿。光武帝劉秀在位時，常在此與桓譚論讖緯。明帝於永平五年（62）在此向沛獻王劉輔問占卜求雨事，章帝於建初元年（67）在此詔賈逵講左氏大義。均見《東觀漢記》。　切辭於宣室之上：在宣室之上言辭懇切。典出《史記》卷八四《屈原賈生列傳》："孝文帝方受釐（接受祭祀後的祝福），坐宣室。上因感鬼神事，而問鬼神之本。賈生因具道所以然之狀。至夜半，文帝前席。既罷，曰：'吾久不見賈生，自以爲過之，今不及也。'"按：宣室乃西漢長安未央宫中的殿名，乃皇帝與大臣議政之所。漢文帝曾在此向賈誼請教鬼神之事。以上雲臺、宣室兩典，都被視爲皇帝肯傾聽臣下意見的典範。沈約《爲武帝與謝朏敕》："今方復引領雲臺，虛己宣室。"即用此意。

[6]衍主德而排民患，進貞白而酖姦猾：擴展君主的德行而排除民衆的災難，推進守正清白之人而誅滅奸邪狡詐。主，各本並作"王"，中華本據《元龜》卷九〇五改，今從之。猾，各本並作"猜"，中華本據《元龜》卷九〇五改，今從之。

[7]委玉入而齊聲禮，揭金出而烹勃寇：典故未詳。疑指酈食其游説齊王事。委玉，恭敬貌。俯身行禮時身上的玉珮飾拖垂至地。委，下垂。玉，玉珮。入，入朝。齊聲禮，整齊聲威禮儀。揭

金，舉著兵器。金，泛指武器。出，出朝。勍寇，强勁的敵寇。

　　[8]車軌一風：謂政治上的統一。軌，車道。風，風教。　甸道：王畿和邊地。甸，都城的近郊，代指王畿。道，古代在少數民族聚居區所設的縣。　濟：成。　無跡：不顯事迹。　難名：難以稱述。　斂手：縮手。表示恭敬而不敢妄爲。　改觀：改變原來的樣子，出現新的面目。

　　[9]饜粰：滿足了口腹需要，感到飽足。粰，糖膏。　望旐：望見軍旗。旐，赤色之旗。　結冕兩宫之下，鼓袖六王之間：典故未詳。疑指蘇秦、張儀游説六國事。結冕，戴著貴宦的禮帽。"冕"各本並作"冤"，中華本據《元龜》卷九〇五改，今從之。兩宫，借指兩種政治勢力。鼓袖，擺動雙袖。形容言態激奮。

　　[10]俛眉脅肩：低眉聳肩。形容恭順敬畏之態。

　　[11]瞋目扼腕：瞪著眼睛，用一隻手握住另一隻手腕。形容憤慨、勇敢之狀。　從横：縱横。即謀士倚憑辯才在各種勢力之間進行聯合或分化的活動。

　　[12]理有泰：道理通暢。　止而進：停下來進説。　調（diào）覺迕：言詞不順。迕，違反，抵觸。　違官：違犯官禁。　交造：惹事。　頓罷：困頓疲弊。罷，通"疲"。

　　[13]捐慕遺憂：呈進敬仰之辭反而使人產生憂慮。　夷毁銷譽：詆毁則使人名譽喪失。　呼噏：呼氣和吸氣。側重吸入攝取。　繕嚼：吃進食物。繕，養生。引申爲補養調理。

　　[14]蓬藜：門前草叢。借指草野荒屋。杜，杜絶。　轍：指來訪者的車轍。　諮：咨詢。借指關心。　顧：探望、拜訪。

　　[15]苔：苔蘚。　檐中：指屋檐下。　池上：指池塘上。

　　[16]軒左：門窗之左。軒，窗户或門。　篋：小箱子。　席隅：坐席的角落。　奥右：屋子西南角之右。奥，屋的西南角。宿酒：隔夜之酒。

　　[17]徽：琴徽，繫琴弦的繩子。　讎方校石：校勘木板文書和石刻文字。讎，校對。方，古代書寫文字用的木版。　陳局露初：

夜露初下時擺開棋盤。　奠爵：放置酒器。　羲、軒後：伏羲、黃帝的後代。

[18]山裝可具：可以準備好山裏的行裝衣物。裝，行裝。

[19]振飲：舉行鄉射飲酒禮。古代村社常在秋後集鄉人舉行敬老、歡慶、選賢等禮儀活動。　封勒：封禪刻石。　邠：同“豳”。古地名。周先祖公劉由邰遷居於此，在今陝西彬縣。　鄷：同“豐”。古地名。周文王曾都於此，在今陝西戶縣北。　伊：地名。伊闕。在今河南洛陽市南，兩山相對如門闕，伊水流經其間，故名。　鄗：山名。在今河南滎陽市境。一說指鄗邑，在今河北柏鄉縣，爲東漢劉秀登基之地。

[20]眺：遠望。　燕：古地區名。在今河北北部、遼寧西部一帶。　隴：古地區名。在今甘肅一帶。　履：踏，踩。　遼：古地區名。指今遼東地區。　衛：古地區名。在今河北南部和河南北部一帶。

[21]覤：同“覓”。尋找。　軫迹：指範圍界限。軫，通“畛”。　弔：憑吊，悼念。

[22]其：指他賢。即憂慮國家危亡的賢人。　涉：牽連（國事）。　休：停止。　詭固：違反本心。詭，違。固，故志。　物好：衆人之情。　徼勢：貪求權勢。　觀謀：顯示謀略。

[23]楊朱以此，猶見嗤於梁人：典出《列子·楊朱》，楊朱見梁王“言治天下如運諸掌”至“衆咻而怨之，其人大慼，子此類也”一段對話，文繁不録。楊朱，人名。戰國時思想家，魏國人，又稱楊子。他發揮老子“攝生”之説，主張“全性保真，不以物累形”，公開提倡“不入危城”“不處軍旅”“不拔一毛而利天下”。見嗤，被譏笑、嘲弄。梁人，魏國人。魏國曾都於大梁（今河南開封市），故借稱。　魏君：魏國國君。

[24]漢宗：指漢文帝劉恒。其廟號“太宗”。　李廣：人名。西漢名將。隴西成紀人。文帝時，以良家子從軍擊匈奴，有功。爲郎，數從文帝射獵。文帝説：“惜廣不逢時，令當高祖世，萬户侯

豈足道哉！”後歷景、武二代，大小七十餘戰，終未能被封侯。時非（有才）而非其時。

[25]黨：古代的一種居民組織，五百家爲一黨。《漢書·食貨志上》：“五族爲黨。”族，百家。　貞士：操守方正之士。　臧獲：古代對奴婢的賤稱。

[26]露奇：顯露奇特之才。　所歸：所歸屬之人。

[27]末事：非關根本之事；小事。　何用侯爲：何必一定要被封侯。

[28]致謁：被引見於帝王。謁，特指臣子朝見君王的一種禮節。　訕：誹謗，詆毀。　枉：彎曲。

　　若足下可謂冠負日月，籍踐淵海，心支身首，無不通照。[1]今復出入燕、河，交關姬、衛，[2]整笏振豪，已議於帷筵之上；提鞭鳴劍，復呵於軍場之間。[3]身超每深恩之所集，心動必明主之所亮。[4]可不直議正身，輔人君之過誤，明目張膽，謀軍家之得失，[5]拔志勇之將，薦俊正之士，此迺足下之所以報也。[6]不爾，便擐甲脩戈，[7]徘徊左右，[8]衛君王之身，當馬首之鏑，[9]關必固之壘，[10]交死進之戰，使身分而主豫，[11]寇滅而兵全，此亦報之次也。如是，則繫匈奴於北闕無日矣。[12]亡但默默，窺寵而坐。[13]謂子有心，敢書薄意。[14]

朗之辭意佋儻，[15]類皆如此。

[1]冠負日月：頭上有日月照臨。　籍踐淵海：憑借（幫助）可以踏過深淵大海。　心支身首：比喻心想事成，可以隨意行動。　通照：通暢。

[2]燕、河：即燕山、黃河。皆在中國北部地區。　交關：往來。　姬、衛：姬水、衛地。姬古爲周朝之姓，也指其發祥地今陝西北部。

[3]笏：古代朝見時大臣所執的手板，用以記事。　帷筵：帷幕内的座位。指參與軍機謀劃。　呵：怒責，大聲喝斥。

[4]身超：被越級提拔。　亮：心亮，明白。

[5]直議正身：據理而爭，正直不阿。　明目張膽：形容有膽識，敢作敢爲。　軍家：指將帥。

[6]拔：各本並作“操”。中華本據《元龜》卷九〇五改，今從之。　俊正：正直又才智出衆。　報：報答。

[7]擐甲：身披盔甲。擐，穿。

[8]徘徊：來回走動。

[9]當馬首之鏑：面對射向主帥的箭頭。馬首，主將所騎之馬。鏑，箭頭。

[10]關：守衛。

[11]身分：身首異處。指不懼犧牲。

[12]北闕：古代宮殿北面的門樓，是臣子朝見或凱旋獻俘之處。此代指朝廷宮禁。

[13]窺寵而坐：企求恩寵而坐罪。窺，覬覦。坐，連及得罪。一説爲沉默少言，無所作爲。

[14]薄意：淺見。

[15]倜儻：風流灑脱，不拘於俗。

　　復起爲通直郎。[1]世祖即位，除建平王宏中軍録事參軍。[2]時普責百官讜言，[3]朗上書曰：

[1]通直郎：官名。即通直散騎侍郎。東晉使員外散騎侍郎二人與散騎侍郎通員當值，故名。南朝屬集書省，宋以後地位漸低，

多爲加官。

[2]世祖：宋孝武帝劉駿廟號。　中軍録事參軍：官名。即中軍將軍府録事參軍。録事參軍，西晋始置，爲録事曹長官，丞相府、軍府皆置，掌總録衆曹文簿，舉彈善惡，位在列曹參軍上。七品。

[3]讜言：正直的話。

昔仲尼有言："治天下若實諸掌。"[1]豈徒言哉。方策之政，息舉在人，[2]蓋當世之君不爲之耳。況乃運鍾澆暮，[3]世膺亂餘，[4]重以宫廟遭不更之酷，江服被未有之痛，千里連死，萬井共泣。[5]而秦、漢餘敝，尚行於今，魏、晋遺謬，猶布於民，是而望國安於今，化崇於古，却行及前之言，積薪待然之譬，臣不知所以方。[6]然陛下既基之以孝，又申之以仁，民所疾苦，敢不略薦。[7]

[1]治天下若實諸掌：比喻得心應手，能很容易地治理好天下。按：此語不見《論語》，見於《孟子·公孫丑上》，爲"治天下可運之掌上"。

[2]息舉在人：比喻賢臣去留，可影響到善政的執行或廢棄。語出《禮記·中庸》："其人存，則其政舉；其人亡，則其政息。"

[3]運鍾澆暮：時運遭逢浮薄衰落的末世。鍾，遭逢，當。澆，薄，社會風氣不厚。

[4]膺：受，值當。

[5]宫廟：指皇家，帝室。　不更：未曾經過。　江服：地區名。古代指長江流域。服，古代王畿以外的地方。　井：鄉里，家宅。相傳古代八家爲井，此引申爲人口聚居地。

[6]化崇於古：教化風氣比古代還要增優。 却行及前：亦作
"却行求前"。語出《韓詩外傳》卷五，謂以倒退求前進。比喻方
法不對，因而不可能達到目的。 積薪待然：亦作"積薪候燎"。
比喻隱伏危機。語出《漢書》卷四八《賈誼傳》："夫抱火厝之積
薪之下而寢其上，火未及然，因謂之安。"積薪，積聚的木柴。然，
同"燃"。 方：比擬。

[7]薦：進獻。

　　凡治者何哉？爲教而已。今教衰已久，民不知
則，又隨以刑逐之，豈爲政之道歟？欲爲教者，宜
二十五家選一長，百家置一師。男子十三至十七，
皆令學經；十八至二十，盡使脩武。訓以書記圖
律，[1]忠孝仁義之禮，廉讓勤恭之則；授以兵經戰
略，軍部舟騎之容，挽强擊刺之法。[2]官長皆月至
學所，以課其能。習經者五年有立，則言之司徒；
用武者三年善藝，亦升之司馬。若七年而經不明，
五年而勇不達，則更求其言政置謀，[3]迹其心術行
履，[4]復不足取者，雖公卿子孫，長歸農畝，終身
不得爲吏。其國學則宜詳考占數，部定子史，令書
不煩行，習無糜力。[5]凡學，雖凶荒不宜廢也。

[1]書記圖律：書籍、兵略、地圖、法律文書等。

[2]兵經：兵書。 軍部：軍行部伍。 舟騎：水師和騎兵。
挽强：拉引硬弓。 擊刺：用兵器劈刺。

[3]言政置謀：發政論，設謀略。

[4]迹：推究考察。 行履：行爲，作爲。

[5]國學：指國家設立的學校。 占數：觀測天象，推占運數。

部定子史：分類劃定諸子書和史書。部，以部劃分，區別。　　煩行：煩瑣。　　糜力：浪費學力。

　　農桑者，實民之命，爲國之本，有一不足，則禮節不興。若重之，宜罷金錢，以穀帛爲賞罰。然愚民不達其權，議者好增其異。凡自淮以北，萬匹爲市；從江以南，千斛爲貨。[1]亦不患其難也。今且聽市至千錢以還者用錢，餘皆用絹布及米，其不中度者坐之。[2]如此，則墾田自廣，民資必繁，盜鑄者罷，人死必息。[3]又田非膠水，皆播麥菽，地堪滋養，悉蓺紵麻，蔭巷緣藩，必樹桑柘，列庭接宇，唯植竹栗。[4]若此令既行，而善其事者，庶民則叙之以爵，有司亦從而加賞。若田在草間，木物不植，則撻之而伐其餘樹，在所以次坐之。[5]

[1]萬匹：指很多布帛。　　市：交易。　　千斛：指很多糧食。貨：出賣。

[2]中度：達到標準。　　坐：坐罪。

[3]盜鑄：私自鑄造錢幣以牟利。　　人死必息：人人都不去追求放貸取息。死，死心。

[4]膠水：即膠田。水灌田。膠，各本並作“膠”，中華本據《元龜》卷五二九改。　　蓺：同“藝”。種植。　　柘：一種常綠灌木，木材可染黄赤色。　　宇：屋檐。引申爲房屋。

[5]在所以次坐之：村社聚會時坐序靠後。此有懲治惰農之意。

　　又取稅之法，宜計人爲輸，不應以貨。[1]云何使富者不盡，貧者不蠲。[2]乃令桑長一尺，圍以爲價，田進一畝，度以爲錢，屋不得瓦，皆責貲實。[3]民以此，樹不敢種，土畏妄墾，棟焚榱露，[4]不敢加泥。豈有剝善害民、禁衣惡食，若此苦者。方今若重斯農，則宜務削茲法。[5]

[1]計人爲輸：以人頭爲標準納税。　不應以貲：不應以家庭資産爲納税標準。

[2]不盡：力有不盡。　不蠲：不除去，不免除。

[3]圍以爲價：按根數計價，或謂按樹的粗細計價。　度以爲錢：度量面積以收税錢。　皆責貲實：都算爲資産。

[4]棟：正梁。　榱：屋椽。

[5]宜務削茲法：務必削除這種法律。

凡爲國，不患威之不立，患恩之不下；不患土之不廣，患民之不育。自華、夷爭殺，戎、夏競威，破國則積屍竟邑，屠將則覆軍滿野，海内遺生，蓋不餘半。[1]重以急政嚴刑，天災歲疫，貧者但供吏，死者弗望埋，鰥居有不願娶，生子每不敢舉。[2]又戍淹徭久，妻老嗣絶，及淫奔所孕，皆復不收。[3]是殺人之日有數途，生人之歲無一理，不知復百年間，將盡以草木爲世邪，此最是驚心悲魂慟哭太息者。[4]法雖有禁殺子之科、設蚤娶之令，然觸刑罪、忍悼痛而爲之，豈不有酷甚處邪？[5]今宜家寬其役，户減其税，女子十五不嫁，家人坐之。特雉可以娉妻妾，[6]大布可以事舅姑，[7]若待禮足而行，[8]則有司加糾。凡宮中女隸，必擇不復字者。[9]庶家内役，皆令各有所配。[10]要使天下不得有終獨之生、無子之老。所謂十年存育，十年教訓，[11]如此則二十年間，長户勝兵，[12]必數倍矣。

[1]竟邑：整個城邑。竟，全，遍。　遺生：餘下的人口。

[2]舉：撫養。

[3]戍淹徭久：兵役延期，徭役者長期不歸。淹，遲延，停留。不收：不收容，不收養。

[4]太息：長嘆，嘆息。

[5]科：法律條文。　蚤：同“旱”。　悼痛：悲傷痛心。

[6]特雉：公牛和野雞。比喻聘禮的簡單。

[7]大布：粗麻布。　舅姑：古代指公婆。

[8]禮：各本並脱“禮”字，中華本據《元龜》卷五二九補。

[9]不復字者：不再有哺乳養育能力的人。字，生子，養育。

[10]庶家：庶民之家。　役：僕役。　配：婚配。

[11]教訓：教養和訓練。

[12]長户：成年之户。　勝兵：能充當兵士參加作戰的人。

又亡者亂郊，饉人盈甸，[1]皆是不爲其存計，而任之遷流。故饑寒一至，慈母不能保其子，欲其不爲寇盜，豈可得邪。既御之使然，[2]復止之以殺，彼於有司，何酷至是。且草樹既死，皮葉皆枯，是其粱肉盡矣。[3]冰霜已厚，苦蓋難資，是其衣裘敗矣。[4]比至陽春，生其餘幾。今自江以南，在所皆穰，[5]有食之處，[6]須官興役，宜募遠近能食五十口一年者，賞爵一級。不過千家，故近食十萬口矣。使其受食者，悉令就佃淮南，多其長帥，給其糧種。[7]凡公私遊手,[8]歲發佐農,令堤湖盡脩,原陸並起。仍量家立社,[9]計地設閭,[10]檢其出入,督其游惰。須待大熟,可移之復舊。淮以北悉使南過江,東旅客盡令西歸。

[1]亡者亂郊:逃亡者攪亂郊區。郊,都城外百里以内。泛指城外,野外。　饉人盈甸:饑餓的人充滿郊外。甸,郊外稱甸。泛指都城的郊外。

[2]御之使然:統治者造成的結果。

[3]粱肉:以精細的米爲飯,以肉爲肴。指精美的膳食。此句意謂草皮樹葉就是饑民的粱肉。

[4]苫蓋:茅草編的覆蓋物。特指草衣。　資:供給。　衣裘:夏衣冬裘。指貴重皮衣。

[5]穰:莊稼豐收。

[6]食(sì):供養,給……吃。

[7]就佃:前往耕種土地。　多:重視,稱贊。

[8]遊手:閑逛不務正業的人。

[9]社:古代一種居民組織。二十五家爲一社。另民間祭土地神的地方亦稱社。

[10]閭:古代一種居民組織單位。《周禮》:"五家爲比,五比爲閭。"另指居民里巷的大門,泛指里巷。

　　故毒之在體,必割其緩處。[1]函、渭靈區,闃爲荒窟,伊、洛神基,蔚成茂草,豈可不懷歟?[2]歷下、泗間,[3]何足獨戀。議者必以爲胡衰不足避,而不知我之病甚於胡矣。[4]若謂民之既徙,狄必就之,若其來從,我之願也。[5]胡若能來,必非其種,不過山東雜漢，[6]則是國家由來所欲覆育。既華得坐實，戎空自遠，其爲來，利固善也。[7]今空守孤城，徒費財役，亦行見淮北必非境服有矣，不亦重辱喪哉。使虜但發輕騎三千，更互出入，春來犯麥，秋至侵禾，水陸漕輸，居然復絕。[8]於賊不勞，而邊已困，不至二年，卒散民盡，可蹻足而待也。[9]設使胡滅，則中州必有興者，[10]決不能有奉土地、率民人以歸國家矣。誠如此，則徐、齊終逼，[11]亦不可守。

[1]緩處：柔弱遲鈍之處。

[2]函、渭：地區名。函谷關、渭水。此泛指關中長安一帶。　靈區：美善之區。　闃（qù）：寂静。　伊、洛：地區名。伊水、洛水。此指今河南洛陽一帶。　神基：王基。指帝都。　懷：思念。

[3]歷下：古城名。在今山東濟南市歷下區。　泗：水名。源自今山東泗水縣東蒙山南麓，西南經曲阜、濟寧，東南轉至徐州，再下入淮河。金元後成爲大運河的一部分。

[4]胡：泛指北方少數民族。此指鮮卑族北魏政權。下文“狄”同。

[5]就：靠近，趨向。　願：願望。

[6]山東：地區名。古代泛指函谷關、太行山以東廣大地區。雜漢：北方少數民族政權統治下的漢人，也包括一部分漢化的非統治主體的少數民族。

[7]華：華族。指漢族。　戎：古代指西部少數民族。　利固善也：這是對我十分有利的好事。

[8]虜：對敵方軍隊的蔑稱。　漕輸：通過水道和陸路運送糧

食。　絕：斷絕。

[9]蹻足而待：踮起腳跟等待。形容短時即可見到的結果。

[10]中州：地區名。指中原，尤指北方黃河中游一帶。　興者：興起的人。

[11]徐：指今江蘇徐州一帶。　齊：古地區名。在今山東半島北部。此時這一地區還在南朝控制之下。

　　且夫戰守之法，當恃人之不敢攻。頃年兵之所以敗，皆反此也。今人知不以羊追狼、蟹捕鼠，而令重車弱卒，與肥馬悍胡相逐，其不能濟，固宜矣。漢之中年能事胡者，[1]以馬多也；胡之後服漢者，亦以馬少也。既兵不可去，車騎應蓄。[2]今宜募天下使養馬一匹者，蠲一人役，三匹者，除一人爲吏。自此以進，階賞有差，邊亭徼驛，一無發動。[3]

[1]漢之中年能事胡者：漢朝中期（指武帝時）能抗衡匈奴的原因。

[2]車騎應蓄：戰車和騎兵需用的戰馬應有積蓄。

[3]階賞：分層次獎賞。　邊亭徼驛：邊境觀察敵情的亭障和傳達軍情的驛站。徼，巡察。　發動：觸動。

　　又將者，將求其死也。自能執干戈，幸而不亡，筋力盡於戎役，其於望上者，固已深矣。重有澄風掃霧之懃，驅波滌塵之力，此所自矜，[1]尤復爲甚。近所功賞，人知其濃，然似頗謬虛實，[2]怨怒實衆。垂臂而反脣者，往往爲部，耦語而觖望

者，處處成群。[3]凡武人意氣，特易崩沮，[4]設一旦
有變，則向之怨者皆爲敵也。[5]今宜國財與之共竭，
府粟與之同罄，去者應遣，濃加寵爵，發所在祿
之，將秩未充，餘費宜闕，他事負輦，長不應與，
唯可教以蒐狩之禮，習以鉦鼓之節。[6]若假勇以進，
務黜其身。老至而罷，賞延於嗣。

[1]自矜：自負。

[2]謬虛實：虛實不符。謬，差誤。

[3]垂臂：放下手臂。指停止工作。　反脣：謂脣動，表示心
中不服。　耦語：相對私語。　觖望：失望，怨恨。“觖”各本並
作“呼”，中華本據《元龜》卷五二九改，今從之。

[4]崩沮：渙散，潰散。按：“崩”《元龜》卷五二九作“摧”。

[5]則向之怨者皆爲敵也：各本並脫“皆”字，中華本據《元
龜》卷五二九補，今從之。

[6]將秩：將領的俸祿。　負輦：載送運輸物資。此謂與作戰
無關的勤雜事務。　蒐狩：古代軍禮的主要内容。春獵爲蒐，冬獵
爲狩。　鉦鼓：鉦和鼓。古代行軍或作戰時用以指揮進退的兩種
樂器。

又緣淮城壘，皆宜興復，使烽鼓相達，兵食相
連。[1]若邊民請師，皆宜莫許。[2]遠夷貢至，止於報
答，語以國家之未暇，示以何事而非君。[3]須内教
既立，徐料寇形，辦騎卒四十萬，而國中不擾，取
穀支二十歲，而遠邑不驚。[4]然後越淮窮河，跨隴
出漠，亦何適而不可？[5]

[1]緣淮：沿著淮水一綫。　烽鼓：烽火和鼓鼙，皆軍中用以報警之器。　兵食：士兵和糧食供應綫。

[2]請師：請求出兵作戰。　皆宜莫許：《元龜》卷五二九作"皆莫允許"。

[3]遠夷貢至：遠方的少數民族來進獻禮品。　語以國家之未暇，示以何事而非君：此用東漢典故。建武二十一年（45），西域鄯善諸國遣子入侍，請設都護以抗匈奴。光武帝劉秀"以中國初定，北邊未服，皆還其侍子"，並寫信給鄯善國王説："今使者大兵未能得出，如諸國力不從心，東西南北自在也。"意爲其隨便投靠哪個國家東漢都不管。見《後漢書》卷八八《西域傳》。

[4]内教：國内教化。此句喻統治穩定。　徐料：慢慢料理。辦：徵發，動員。　擾：亂。

[5]窮河：窮盡黄河。　漠：大漠。此特指塞北。

又教之不敦，一至於是。今士大夫以下，[1]父母在而兄弟異計，[2]十家而七矣。庶人父子殊産，[3]亦八家而五矣。凡甚者，乃危亡不相知，饑寒不相恤，又嫉謗讒害，其間不可稱數。[4]宜明其禁，以革其風，先有善於家者，即務其賞，自今不改，則没其財。

[1]士大夫：指官吏或有聲望地位的士人。

[2]異計：有不同盤算。

[3]殊産：指分家析産。

[4]稱數：計算。

又三年之喪，天下之達喪，以其哀並衷出，故制同外興，日久均痛，故愈遲齊典。[1]漢氏節其臣則可矣，薄其子則亂也。^[2]云何使衰苴之容盡，鳴號之音息。^[3]夫佩玉啓旒，深情弗忍，冕珠視朝，^[4]不亦甚乎？凡法有變於古而刻於情，^[5]則莫能順焉。至乎敗於禮而安於身，必遽而奉之，何乃厚於惡、薄於善歟？^[6]今陛下以大孝始基，^[7]宜反斯謬。

[1]達喪：自天子至於庶人，天下通用之喪禮。　哀並衷出：悲哀都出自内心。此句《全宋文》作“哀病並出”，録此以備一説。　興：建立。　遲：廢滯。　齊典：整齊典制。

[2]漢氏：指漢朝。　節其臣：漢代雖規定現任官員應離職守喪，喪期結束纔重新復職，但皇帝往往以特殊需要爲由，不讓高級官員離職守制，稱爲奪情。　薄其子：使皇子薄情。

[3]衰苴：喪服之一種，用苴麻之布製成。　鳴號：嗚呼號叫。鳴號之音，《全宋文》、《元龜》卷五二九並作“嗚號之音”。“鳴”乃“嗚”之訛。

[4]佩玉：古人衣帶繫有裝飾之玉，行走時有美音鳴響。　啓旒：即撥開垂旒以視。旒，帝王冕冠前後懸垂的玉串。《孔子家語》：“古者聖主冕而前旒，所以蔽明也。”　冕珠：即冕服冕冠。帝王禮服，凡吉禮則戴冕。　視朝：臨朝聽政。

[5]刻於情：減損人情。

[6]遽而奉之：急速奉行。

[7]大孝：指宋孝武帝誅殺兄長劉劭，爲父報仇事。　始基：建立王朝根基。

且朝享臨御，當近自身始，妃主典制，宜漸加矯正。^[1]凡舉天下以奉一君，何患不給。或帝有集皐之陋，后有帛布之鄙，亦無取焉。^[2]且一體炫金，不及百兩，[3]一歲美衣，不過數襲，[4]而必收寶連櫝，集服累笥，[5]目豈常視，身未時親，是爲櫝帶寶、笥著衣，[6]空散國家之財，徒奔天下之貨，而主以此惰禮，妃以此傲家，是何糜蠹之劇、惑鄙之甚！[7]逮至婢竪，皆無定科，一婢之身，重婢以使，一竪之家，列竪以役。[8]塗金披繡、漿酒藿肉者，故不可稱紀。[9]至有列軿以遊遨，飾兵以驅叱，不亦重甚哉！[10]若禁行賜薄，[11]不容致此。且細作始并，以爲儉節，而市造華怪，即傳於民。[12]如此，則遷也，[13]非罷也。凡天下得治者以實，而治天下者常虛，民之耳目，既不可誑，治之盈耗，立亦隨之。故凡厥庶民，制度日侈，商販之室，飾等王侯，傭賣之身，[14]製均妃后。凡一袖之大，足斷爲兩，一裾之長，可分爲二，見車馬不辨貴賤，視冠服不知尊卑。尚方今造一物，小民明已瞬眴。[15]宮中朝制一衣，庶家晚已裁學。侈麗之原，實先宮闈。[16]又妃主所賜，不限高卑，自今以去，宜爲節目。[17]金魄翠玉，錦繡縠羅，奇色異章，小民既不得服，在上亦不得賜。[18]若工人復造奇伎淫器，[19]則皆焚之，而重其罪。

[1]朝享臨御：大臣諸侯向帝王朝貢和帝王臨幸至某地。此指財物奢費。　妃主：后妃及公主。

[2]集皁：身著黑色厚繒做成的衣服。皁，皁綈，黑色厚繒。《漢書》卷四八《賈誼傳》："且帝之身自衣皁綈，而富民墻屋被文繡。"古代皁衣往往指下級官吏的服裝。　后：皇后。　帛布：生

絲或葛麻織成的衣物。時爲普通人衣料。　鄙：淺俗。

[3]一體：一人之身。　炫金：以金飾物。　百：各本並作"伯"。中華本據《元龜》卷五二九、《通鑑》元嘉三十年改，今從之。

[4]襲：量詞。一套，一副。

[5]櫝：木櫃、木匣。　笥：一種盛衣物的竹器。

[6]視：欣賞（金飾物）。　親：指穿衣親體。　帶：佩帶。著：穿。

[7]奔：逸亡。　惰禮：輕慢禮儀。　傲家：高傲母家。　靡蠹：浪費蛀蝕。　惑鄙：昏惑淺陋。

[8]婢豎：婢女家僕。　定科：定制。　重婢以使：用多個婢女來使喚。

[9]塗金披繡：各本並作"瓦金皮繡"，中華本據《元龜》卷五二九改，今從之。　漿酒藿肉：視酒肉如漿藿。形容飲食豪侈。漿，古代一種微酸的飲料，亦指水。藿，豆類植物的葉子。　不可稱紀：不能記述。

[10]列軒：並列的車子。軒，有帷蓋的車子。　飾兵：陳列武器儀仗。　驅叱：驅趕喝斥（行人）。

[11]賜薄：微薄的賞賜。

[12]細作：官署名。宋武帝劉裕將原相府細作署劃歸宮廷，監製供奉御用精巧珍寶器玩，隸門下省。宋孝武帝劉駿即位之初，下詔省細作併尚方，去雕文塗飾。　市造：購買市場所營銷的物品。華怪：侈華怪誕之物。

[13]遷：移。指由宮廷移向社會。

[14]傭賣：出賣勞動力，雇工。

[15]尚方：官署名。秦始置，歷代沿置。掌製造新奇貴重手工藝品及精美的宮廷器用、刀劍等物。宋隸少府。　瞯睨：同"睥睨"。即窺視，覷覦。

[16]宮闈：即宮闈。后妃居住的地方。

[17]節目：程序，等差。

[18]金魄：琥珀。 縠（hú）羅：泛指輕軟的絲織品。縠，縐紗。羅，稀疏的絲物。 章：花紋。

[19]奇伎淫器：過於奇巧而無益的物品。

又置官者，將以燮天平氣，[1]贊地成功，[2]防姦御難，治煩理劇，[3]使官稱事立，人稱官置，無空樹散位，繁進冗人。今高卑貿實，[4]大小反稱，名之不定，是謂官邪？而世廢姬公之制，[5]俗傳秦人之法，惡明君之典，好闇主之事，其憎聖愛愚，何其甚矣！今則宜先省事，從而并官，置位以周典爲式，[6]變名以適時爲用，秦、漢末制，何足取也。當使德厚者位尊，位尊者禄重；能薄者官賤，官賤者秩輕。纓冕紱佩，[7]稱官以服；車騎容衛，[8]當職以施。

[1]燮天平氣：幫助天子協理陰陽。燮，和順，調和。

[2]贊：輔助，佐助。

[3]治煩理劇：治理繁難複雜的事務。

[4]高卑貿實：高低與實際狀況相反。貿，錯雜。

[5]姬公：指周公姬旦。

[6]周典：周朝典制。 式：法式，標準。

[7]纓冕紱佩：高官仕宦的代稱。纓，繫冠的帶子。冕，大夫以上所戴禮帽。紱，繫官印的絲帶。佩，繫於衣帶的裝飾品，如珠玉刀劍。

[8]容衛：儀仗，侍衛。

又寄土州郡，宜通廢罷，舊地民戶，應更置立。[1]豈吳邦而有徐邑，[2]揚境而宅兗民，[3]上淆辰紀，下亂畿甸。[4]其地如朱方者，不宜置州，土如江都者，應更建邑。[5]

[1]寄土州郡：指僑置州郡。　舊地民戶：指僑戶。

[2]吳邦：地區名。指今江蘇南部一帶。　徐邑：徐州縣邑。徐州治所在今江蘇北部的徐州市。

[3]揚境：揚州之境。揚州本衹包括今江蘇、浙江、安徽等部分地域，東晉以後分其土設南徐州、南兗州、南豫州等北部政區。　兗民：兗州之民。兗州本在今山東西南部，治所在今山東兗州市。

[4]辰紀：古代認爲天上星次和地面區域相對應，稱爲分野。就地面來説，十二地支中的辰指東南偏東的地方；就天文説，十二星次中的星紀指吳越（揚州）之地。合稱辰紀。　畿甸：指京師地區。

[5]朱方：春秋時地名。治所在今江蘇鎮江市。南朝時爲南徐州治所。　江都：縣名。治所在今江蘇揚州市。南朝時爲南兗州治所。　應更建邑：應恢復建立都邑之設。

又民少者易理，君近者易歸，凡吏皆宜每詳其能，每厚其秩，爲縣不得復用恩家之貧，[1]爲郡不得復選勢族之老。[2]

[1]恩家之貧：恃恩而又貧急之人。指此種人易貪婪搜刮。

[2]勢族之老：地方强勢之族的老者。指此種人易狡獪不忠。

又王侯識未堪務，不應強仕，須合冠而啓封，能政而議爵。[1]且帝子未官，人誰謂賤？但宜詳置賓友，[2]選擇正人，亦何必列長史、參軍、別駕、從事，[3]然後爲貴哉？又世有先後，業有難易，明帝能令其兒不匹光武之子，[4]馬貴人能使其家不比陰后之族，[5]盛矣哉，此於後世不可忘也。至當輿抑碎首之忿，陛殿延辟戟之威，此亦復不可忘也。[6]

[1]合冠：成年。古代男子二十歲舉行冠禮，表示成人。　啓封：開始分封。　議爵：議定爵號。

[2]賓友：賓客朋友。古代皇子未成年時，皆要精選賓友與之相處。

[3]長史、參軍、別駕、從事：皆官名。皆王府或將軍府重要的幕僚之職。當幼王出鎮，南朝例由這些人代爲處理政務。

[4]明帝：東漢皇帝劉莊。他封自己的兒子，比前光武帝時諸侯王之食域減半。馬皇后怪之。他説：“我子豈宜與先帝子等乎？歲給二千萬足矣。”事見《後漢書》卷一〇上《皇后紀上》。　匹：相等。　光武：東漢光武帝劉秀。

[5]馬貴人：即東漢明帝馬皇后。名將馬援之女，初爲貴人，後被立爲皇后。漢章帝即位，爲皇太后。言事者請以舊典封其兄弟爲侯，馬太后不許，説：“今有司奈何欲以馬氏比陰氏乎？”事見《後漢書·皇后紀上》。　陰后：即漢光武帝劉秀皇后陰麗華。爲漢明帝生母。

[6]當輿：當車。　抑：抑制。　碎首之忿：典出王充《論衡·儒增》：“禽息薦百里奚，繆公未聽，出。禽息當門，仆頭碎首而死，繆公痛之，乃用百里奚。”　陛殿延辟戟之威：典出《漢書》卷六五《東方朔傳》：“上（武帝）爲竇太主置酒宣室，使謁

者引内董君（董偃）。是時，朔（東方朔）陛戟殿下，辟戟而前曰：'董偃有斬罪三，安得入乎？'”並連奏董偃三罪，文長不錄。此意在表彰臣下敢於冒死進諫。陛殿，宮殿的臺階。辟戟，謂持戟侍衛。辟，守禦。

內外之政，實不可雜。若妃主爲人請官者，其人宜終身不得爲官，若請罪者，亦終身不得赦罪。凡天下所須者才，而才誠難知也。有深居而言寡，則蘊學而無由知；有卑處而事隔，則懷奇而無由進。或復見忌於親故，或亦遭讒於貴黨，其欲致車右而動御席，[1]語天下而辯治亂，焉可得哉？漫言舉賢，則斯人固未得矣。宜使世之所稱通經達史、辨詞精數、吏能將謀、偏術小道者，[2]使獵纓危膝，[3]博求其用。制內外官與官之遠近及仕之類，令各以所能而造其室，降情以誘之，卑身以安之，然後察其擢脣吻，樹頰胲，[4]動精神，發意氣，語之所至，意之所執，不過數四間，[5]不亦盡可知哉！若忠孝廉清之比，強正惇柔之倫，難以檢格立，[6]不可須臾定，宜使鄉部求其行，[7]守宰察其能，竟皆見之於選貴，[8]呈之於相主，[9]然後處其職宜，定其位用。如此，故應愚鄙盡捐，賢明悉舉矣。又俗好以毀沈人，[10]不知察其所以致毀；以譽進人，不知測其所以致譽。毀徒皆鄙，則宜擢其毀者；譽黨悉庸，則宜退其譽者。如此，則毀譽不妄，善惡分矣。又既謂之才，則不宜以階級限，不應以年齒齊。[11]凡貴者好疑人少，不知其少於人矣。老者亦輕人少，不知其不及少矣。

[1]車右：古時車乘位在御者右邊的武士。此指能够接近帝王。
動：感動。 御席：皇帝命設的筵席，此指帝王。
[2]偏術：具有某一方面的特別技藝。
[3]斂縷：收攬冠帶，表示恭敬嚴肅。 危膝：謂坐時高聳膝部。即正身而坐，表示恭敬。
[4]擢脣吻：張動嘴巴。指議論，口才。 樹頰胲：展動面頰。胲，頰肉。指面部表情。
[5]四間：四種檢視的方法。間，通“簡”。檢視。
[6]檢格：檢正約束。亦指以一定標準去查覈。
[7]鄉部：鄉官，基層官吏。
[8]選貴：此指銓選人才的官。指吏部。
[9]相主：指丞相之職。
[10]沈：同“沉”。埋没。
[11]階級：尊卑上下的等級，官位品級。 齊：劃一。

自釋氏流教，[1]其來有源，淵檢精測，[2]固非深矣。舒引容潤，[3]既亦廣矣。然習慧者日替其脩，束誡者月繁其過，遂至糜散錦帛，侈飾車從。[4]復假精醫術，[5]託雜卜數，延姝滿室，[6]置酒浹堂，[7]寄夫託妻者不無，殺子乞兒者繼有。而猶倚靈假像，背親傲君，欺費疾老，震損宮邑。[8]是乃外刑之所不容戮，[9]内教之所不悔罪，[10]而横天地之間，莫之糾察。人不得然，豈其鬼歟？今宜申嚴佛律，裨重國令。其疵惡顯著者，[11]悉皆罷遣，餘則隨其藝行，[12]各爲之條，使禪義經誦，人能其一，食不過蔬，衣不出布。[13] 若應更度者，則令先習義行，本其神心，必能草腐人天、竦精以往者，雖侯王家子，亦不宜拘。[14]

[1]釋氏：佛祖姓釋迦的略稱。此指佛教。

[2]淵檢精測：深邃地查驗和精細地測度。

[3]舒引容潤：（佛教）伸展滋漫從容擴散。

[4]習慧：指對佛教的修行。慧，即佛教"慧支"，謂調心而離貪著。　替：廢棄。　束誠：即佛教所言受戒。指佛教徒出家爲僧尼，在一定儀式下接受戒律。　過：過錯。　糜散：浪費耗散。糜，同"靡"。奢費。　車從：駕車或跟從的人。

[5]精：各本並作"粗"，中華本據《元龜》卷五二九改，今從之。

[6]姝：美女。各本並作"妹"，中華本據嚴可均輯《全宋文》改，今從之。

[7]浹堂：滿堂。浹，遍及，滿。

[8]倚靈假像：倚仗神靈，假托佛像。　傲君：目中没有君主。欺費疾老：欺騙錢財，不管是病者還是老人。　震損宮邑：使中央和地方政府受到震蕩損害。宮，皇宮。邑，城邑。

[9]外刑：指國家政典法制。

[10]内教：指儒家綱常禮教。　不悔罪：不認爲自己所行是罪過。

[11]佛律：佛門的戒律。　疵惡：罪惡，有缺失。

[12]餘：各本並作"除"，中華本據《廣弘明集》、《元龜》卷五二九改，今從之。　藝行：指佛教的支派或職事區分。

[13]禪義：佛教經義。

[14]度：佛教語。使人出家。意謂引其離俗出生死。　義行：本指忠義或節義的行迹，此謂佛教的教義戒律。　草腐人天：把世

間一切看輕如腐草。指佛教"四大皆空"。 竦精：恭敬謹慎，心志純一。竦，驚懼。精，純粹。 拘：拘束，限制。

凡鬼道惑衆，妖巫破俗，觸木而言怪者不可數，寓采而稱神者非可算。[1]其原本是亂男女，合飲食，因之而以祈祝，從之而以報請，是亂不誅，爲害未息。[2]凡一苑始立，一神初興，淫風輒以之而甚。[3]今脩隄以北，置園百里，峻山以右，居靈十房，糜財敗俗，其可稱限。[4]又針藥之術，世寡復脩，診脈之伎，人鮮能達，民因是益徵於鬼，[5]遂棄於醫，重令耗惑不反，死夭復半。[6]今太醫宜男女習教，在所應遣吏受業，如此故當愈於媚神之愚，懲艾媵理之敝矣。[7]

[1]鬼道：鬼神邪説。 妖巫：以妖術爲人祈福禳灾者。 觸木：接觸到的樹木。 寓采：寓所有五彩光色。

[2]亂男女：男女雜坐。 合飲食：聚衆會飲。此指古代村社祭神之日，全體居民聚飲歡慶。 祈祝：祈請祝禱。 報請：請神報福。

[3]淫風：淫祀之風。

[4]脩隄：長堤。 置園百里：建置園囿有百里之廣。園，養禽獸植樹木之所。亦指帝王后妃墓地。 峻山：高山。 居靈十房：居喪守靈者有十餘處。

[5]益徵於鬼：更多人請求鬼神保佑以去病。徵，求取，應驗。

[6]耗惑：昏昧糊涂。

[7]男女習教：分男女學習醫術。 懲艾：謂吸取教訓，以前失爲戒。各本並作"懲正"，中華本據《元龜》卷五二九改，今從

之。　腠理：皮膚的紋理。引申爲針灸醫病。　敝：衰敗。

　　凡無世不有言事，無時不有令下，[1]然而升平不至，昏危是繼，何哉？蓋設令之本非實也。又病言不出於謀臣，事不便於貴黨，輕者抵訾呵駮，重者死壓窮擯。[2]故西京有方調之誅，[3]東都有黨錮之戮。[4]陛下若欲申常令、循末典，[5]則群臣在焉；若欲改舊章，興王道，則微臣存矣。敢昧死以陳，[6]唯陛下察之。

書奏忤旨，自解去職。

　　[1]無時："無"三朝本作"未"，各本作"末"，中華本據《通鑑》元嘉三十年改，今從之。　令：指徵求天下直言之令。
　　[2]病：擔心，憂慮。　貴黨：顯貴集團。　抵訾呵駮：抵觸喝斥，毀謗嚇唬。　死壓窮擯：以死壓制，窮究拋棄。擯，排斥。
　　[3]西京：指西漢。因建都長安，故代稱。　方調之誅：典故未詳。
　　[4]東都：指東漢。因建都洛陽，故代稱。各本並作"東郡"，中華本據《元龜》卷五二九改，今從之。　黨錮：指東漢桓、靈二帝時，專權宦官誣陷士大夫、太學生結爲朋黨，誹謗朝廷，對之處死、流徙，並禁錮不許當官和從事活動。事見《後漢書》卷六七《黨錮傳》。
　　[5]末典：卑陋之典章。謂不能治本的制度。
　　[6]昧死：冒死。此爲古代上書帝王的習用語，表示敬畏之意。猶言冒昧而犯死罪。

　　又除太子中舍人，出爲廬陵內史。[1]郡後荒蕪，頻有野獸，母薛氏欲見獵，朗乃合圍縱火，令母觀之。火逸燒郡廨，朗悉以秩米起屋，償所燒之限，稱疾去官，遂爲州司所糾。[2]還都謝世祖曰："州司舉臣愆失，多有不允。臣在郡，虎三食人，蟲鼠犯稼，以此二事上負陛下。"上變色曰："州司不允，或可有之。蟲虎之災，寧關卿小物。"[3]朗尋丁母艱，有孝性，每哭必慟，其餘頗不依居喪常節。大明四年，[4]上使有司奏其居喪無禮，請加收治。詔曰："朗悖禮利口，宜令翦戮，微物不足亂典刑，特鏁付邊郡。"[5]於是傳送寧州，[6]於道殺之，時年三十六。

　　子仁昭，順帝昇明末爲南海太守。[7]

　　[1]太子中舍人：官名。與太子中庶子共掌東宮文翰，兼侍從規諫等事。六品。　廬陵：王國名。王國在今江西吉水縣東北。内史：官名。西晉改諸王國相爲内史，掌民政，如郡太守。五品。後沿之。

　　[2]秩米：俸祿。　州司：指州刺史。

　　[3]寧：副詞。豈，難道。　關：關聯，涉及。　小物：小事物。

　　[4]大明：宋孝武帝劉駿年號（457—464）。

　　[5]鏁：同"鎖"。

　　[6]寧州：治所在今雲南曲靖市。

　　[7]順帝：即劉準。本書卷一〇有紀。　昇明：宋順帝劉準年號（477—479）。　南海：郡名。治所在今廣東廣州市。

　　沈懷文字思明，吳興武康人也。[1]祖寂，晉光祿勳。[2]父宣，新安太守。[3]

[1]武康：縣名。治所在今浙江德清縣西千秋鎮。

[2]光禄勳：官名。西漢改郎中令置，後沿之。掌宮殿門户名籍，南朝職任漸輕。三品。

[3]新安：郡名。治所在今浙江淳安縣西北。

懷文少好玄理，善爲文章，嘗爲楚昭王二妃詩，見稱於世。[1]初州辟從事，轉西曹，江夏王義恭司空行參軍，隨府轉司徒參軍事，東閣祭酒。[2]丁父憂，新安郡送故豐厚。[3]奉終禮畢，餘悉班之親戚，[4]一無所留。太祖聞而嘉之，[5]賜奴婢六人。服闋，除尚書殿中郎。[6]隱士雷次宗被徵居鍾山，[7]後南還廬岳，[8]何尚之設祖道。[9]文義之士畢集，爲連句詩，懷文所作尤美，辭高一座。以公事例免，同輩皆失官，懷文乃獨留。隨王誕鎮襄陽，[10]出爲後軍主簿，與諮議參軍謝莊共掌辭令，[11]領義成太守。[12]元嘉二十八年，誕當爲廣州，欲以懷文爲安南府記室，先除通直郎。[13]懷文固辭南行，上不悦。

[1]玄理：精微、深奧的玄學義理。　楚昭王：春秋晚期楚國君主。在位時遭逢吳王大軍克郢都，被迫出亡，賴秦救復國。後病死於外戰軍中，其妾越女所生子章繼立。其二妃事不詳。詩已佚。

[2]從事：官名。州部屬吏，皆由州部長官自辟。　西曹：官署名。公府、丞相府、將軍府皆置，掌署用府吏事。此或指西曹從事一職。　司空行參軍：官名。即司空府行參軍事。司空，官名。三公之一，名譽宰相，多爲大臣加官，無實際職掌。一品。　隨府轉：官制用語。即府主官位變化，其僚屬亦轉換名義。此指劉義恭

由司空轉任司徒。　東閤祭酒：官名。王府、公府、丞相府、將軍府皆置爲僚屬。掌禮賢良，導賓客。

［3］送故豐厚：送喪的禮金多而厚重。

［4］班之親戚：分送給親屬。

［5］太祖：宋文帝劉義隆廟號。

［6］服闋：服喪期終止。闋，止息。　殿中郎：官名。爲尚書省殿中曹長官，亦稱殿中郎中。爲親近皇帝的文學侍從官員，常代擬詔敕，故多用文學之士。六品。

［7］雷次宗：人名。豫章南昌人。本書卷九三有傳。　鍾山：山名。即今江蘇南京市城東紫金山。

［8］廬岳：山名。即今江西九江市南廬山。

［9］何尚之：人名。廬江灊（今安徽霍山縣）人。本書卷六六有傳。　祖道：古代爲出行者祭祀路神，並飲宴送行。

［10］襄陽：縣名。治所在今湖北襄陽市襄城區。時爲雍州和襄陽郡的治所。

［11］後軍主簿：官名。即後將軍府主簿。時劉誕爲後將軍、雍州刺史。　諮議參軍：官名。王府、丞相府、公府、州軍府等皆置，掌顧問諫議，地位依府主地位而定。　謝莊：人名。陳郡陽夏人。本書卷八五有傳。

［12］義成：郡名。治所在今湖北老河口市均縣鎮北。

［13］廣州：治所在今廣東廣州市。此指廣州刺史。　安南府記室：官名。即安南將軍府記室參軍。時徵劉誕爲安南將軍、廣州刺史。記室參軍，諸王府、公府、將軍府皆置，爲記室曹長官，掌文疏表奏。各本並脫“安”字，中華本據《南史》補，今從之。

　　弟懷遠納東陽公主養女王鸚鵡爲妾，[1]元凶行巫蠱，[2]鸚鵡預之，事泄，懷文因此失調，爲治書侍御史。[3]元凶弒立，以爲中書侍郎。[4]世祖入討，劭呼之使作符檄，懷文固辭。劭大怒，投筆於地曰："當今艱難，卿欲避事邪！"旨色甚切。值殷沖在坐，[5]申救得免。託疾落馬，間行奔新亭。[6]以爲竟陵王誕衛軍記室參軍、新興太守。[7]又爲誕驃騎録事參軍、淮南太守。[8]時國哀未釋，[9]誕欲起内齋，[10]懷文以爲不可，乃止。尋轉揚州治中從事史。[11]

[1]懷遠：人名。即沈懷遠。本卷有附傳。　東陽公主：公主封號。宋文帝劉義隆長女，名英娥，與劉劭同爲袁皇后所生。　王鸚鵡：人名。本爲東陽公主婢女，後勾連劉劭等，卷入皇宫權力鬥爭，失敗被鞭殺。其事見本書卷九九《劉劭傳》。

[2]元凶：即劉劭。　巫蠱：古代巫師使用邪術加害於人的行爲。蠱，傳説能害人的毒蟲。

[3]治書侍御史：官名。御史中丞佐貳，以監察和審理疑獄爲職任。不爲世族所重。六品。

[4]中書侍郎：官名。在中書省位中書監、令之下，原掌擬詔出令之權，後職責轉歸中書舍人，職閑官清，多用文學之士。五品。

[5]殷沖：人名。陳郡長平人。其侄女即劉劭王妃，歷任侍中、護軍、司隸校尉等職，後被宋孝武帝賜死。本書卷五九有附傳。

[6]新亭：地名。在今江蘇南京市南，地近江濱，依山築城壘，爲軍事和交通重地。時討伐劉劭的武陵王劉駿即皇帝位於此，後改稱爲中興亭。

[7]衛軍記室參軍：官名。即衛將軍府記室參軍。時劉誕任衛將軍。　新興：郡名。東晉僑置，宋沿置，治所在今湖北荆州市荆州區。

[8]驃騎録事參軍：官名。即驃騎將軍府録事參軍。時劉誕進號驃騎大將軍。　淮南：郡名。治所在今安徽壽縣。東晉南朝僑置

於今安徽當塗縣。

[9]國哀：國喪。古代皇帝去世，全國在一定時期内服喪。

[10]内齋：家居的房屋。

[11]揚州：治所在今江蘇南京市。　治中從事史：官名。州之佐吏，掌衆曹文書事，地位尊崇。六品。

　　時議省録尚書，[1]懷文以爲非宜，上議曰：“昔天官正紀，六典序職，載師掌均，七府成務，所以翼平辰衡，經贊邦極。[2]故總屬之原，著夫官典，和統之要，昭于國言。[3]夏因虞禮，有深冢司之則；[4]周承殷法，無損掌邦之儀。[5]用乃調佐王均，緝亮帝度。[6]而式憲之軌，弘正漢庭；述章之範，崇明魏室。[7]雖條録之名，立稱於中代，總釐之實，不愆於自古，比代相沿，歷朝罔貳。[8]及乎爵以事變，級以時改，皆興替之道，無害國章，八統元任，靡或省革。[9]按台輔之職，三曰禮典，以和邦國，以統百官。四曰政典，以平邦國，以正百官。[10]鄭康成云：[11]‘冢宰之於庶僚，[12]無所不總也。’考于兹義，備於典文，詳古準今，不宜虛廢。”[13]不從。遷别駕從事史，[14]江夏王義恭遷，西陽王子尚爲揚州，[15]居職如故。

　　[1]録尚書：官名。即録尚書事。作爲職銜名始於東漢，時政務總於尚書臺，太傅、太尉、大將軍等加此可綜理政務，爲真宰相。後沿之。宋孝武帝時不欲威權外假，遂省。後置省無常，置則爲正式官號，爲尚書省長官。隋廢。

　　[2]天官：官名。《周禮》分設六官，以天官冢宰居首，總御百官。　紀：法度，準則。　六典：謂古代六個方面的治國之道。

《周禮·天官·大宰》："大宰之職，掌建邦之六典。"包括治典、教典、禮典、政典、刑典和事典。　　載師：官名。掌理土地賦役等事務。　　均：均平（土地賦役）。　　七府成務：古代治國七件大事，指祭祀、朝覲、會同、賓客、軍旅、田役、喪荒。《周禮·天官·小宰》："七事者令百官府共其財用，治其施舍，聽其治訟。"翼：輔佐，扶助。　　辰衡：代指君主與宰相。辰，北極星。爲帝王代稱。衡，北斗七星的第五星，又稱北斗中星，喻政權中樞，"總釐朝務"。　　經贊：即經體贊元。意謂贊襄元首，治理國家。　　邦極：指國家的重要事務。

[3]總屬：總攝，統領。　　和統：調和統攝。　　昭：明。

[4]虞：朝代名。傳説中夏代之前的朝代，君主是舜。　　冢司：丞相的別稱。

[5]掌邦：主管國政。

[6]王均：調和王政，使之均平。均，等同賞罰。　　緝亮：和睦誠信。　　帝度：帝王法度。

[7]式憲：示範，效法。　　漢庭：指漢朝。　　述章：遵循之規。魏室：指三國曹魏王朝。

[8]條録：編排於載册。　　中代：指漢朝。　　總釐：總治。釐，治理。　　愆：差失。　　罔貳：無二。

[9]國章：國之禮儀典章。　　八統：統治民衆的八種方法。《周禮·天官·大宰》："以八統詔王馭萬民，一曰親親，二曰敬故，三曰進賢，四曰使能，五曰保庸，六曰尊貴，七曰達吏，八曰禮賓。"　　靡或：副詞。不，没有。表示否定。

[10]台輔：三公宰輔。　　禮典：禮法。《周禮·天官·大宰》："三曰禮典，以和邦國，以統百官，以諧萬民。"　　政典：政策和制度。《周禮·天官·大宰》："四曰政典，以平邦國，以正百官，以均萬民。"

[11]鄭康成：人名。即鄭玄。東漢末著名經學家，他曾遍注群經，尤以《三禮注》（包括《周禮》）影響最大，成爲漢代經學的

集大成者，其學説號稱“鄭學”。

[12]冢宰：周官名。爲六卿之首，亦稱太宰。朱熹《集傳》：“冢宰，又衆長之長也。”　庶僚：百官。

[13]虚廢：空缺廢棄。

[14]別駕從事史：官名。州部佐吏，因從刺史行部，別乘傳車，故謂之別駕。主吏員選舉。六品。

[15]西陽王：王爵名。王國在今湖北黄岡市黄州區。　子尚：人名。即劉子尚。宋孝武帝劉駿第二子。本書卷八〇有傳。

時熒惑守南斗，[1]上乃廢西州舊館，使子尚移居東城以厭之。[2]懷文曰：“天道示變，宜應之以德。今雖空西州，恐無益也。”不從，而西州竟廢矣。[3]大明二年，遷尚書吏部郎。[4]時朝議欲依古制置王畿，揚州移治會稽，猶以星變故也。[5]懷文曰：“周制封畿，漢置司隸，[6]各因時宜，非存相反，安民寧國，其揆一也。苟民心所安，天亦從之，未必改今追古，乃致平壹。神州舊壤，歷代相承，異於邊州，或罷或置，既物情不説，容虧化本。”[7]又不從。三年，子尚移鎮會稽，遷撫軍長史，行府州事。[8]時囚繫甚多，動經年月，懷文到任，訊五郡九百三十六獄，衆咸稱平。

[1]熒惑：星名。今火星。迷信認爲，它的出現預示地面會有灾凶之禍。　南斗：星名。即斗宿。有星六顆，在北斗以南，形似斗，故稱。按古代分野説，地面以與天上星次相對應，斗宿所指爲下之揚州，故有下文避居之事。

[2]西州：城名。東晉築，在今江蘇南京市朝天宫西望仙橋一帶。東晉南朝爲揚州刺史治所。　東城：城名。即東府城。東晉

築，在今江蘇南京市通濟門附近，臨秦淮河。東晉南朝時爲丞相治所。

[3]西：各本並脱“西”字，中華本據《南史》、《元龜》卷七一七補，今從之。

[4]尚書吏部郎：官名。尚書省吏部曹長官通稱，屬吏部尚書，主管官吏選任銓叙調動事務，職位高於尚書省諸曹郎。六品。

[5]古制：三代，尤指周代制度。　王畿：由中央直接管理的地區，有别於地方分封的諸侯國。

[6]司隸：即司隸校尉部。漢武帝置，初爲監察區，轄京師附近三輔（京兆尹、左馮翊、右扶風）三河（河東、河内、河南）和弘農七郡。東漢成爲行政區，治所在今河南洛陽。西晉改爲司州。東晉罷，其職歸揚州刺史。

[7]物情：衆情，人心。　説：同“悦”。喜悦。　容：或許，可能。　化本：教化之本。

[8]撫軍長史：官名。即撫軍將軍府長史。時劉子尚任撫軍將軍。長史，諸公、王府、名號大將軍府皆置，爲幕僚長，處理府事。　行府州事：代理軍府和州府治務。

　　入爲侍中，寵待隆密，將以爲會稽，其事不行。竟陵王誕據廣陵反，[1]及城陷，士庶皆羸身鞭面，然後加刑，聚所殺人首於石頭南岸，[2]謂之髑髏山。懷文陳其不可，上不納。揚州移會稽，上忿浙江東人情不和，欲貶其勞禄，唯西州舊人不改。懷文曰：“揚州徙治，既乖民情，一州兩格，尤失大體。臣謂不宜有異。”上又不從。

　　[1]廣陵：縣名。治所在今江蘇揚州市西北蜀岡上，時爲南兗州和廣陵郡治所。

[2]石頭：城名。在今江蘇南京市西清凉山。其負山面江，控扼江險，南臨秦淮河口，時爲建康西南軍防要地。

懷文與顏竣、周朗素善，[1]竣以失旨見誅，朗亦以忤意得罪。上謂懷文曰：“竣若知我殺之，亦當不敢如此。”懷文默然。嘗以歲夕與謝莊、王景文、顏師伯被敕入省，[2]未及進，景文因言次稱竣、朗人才之美，懷文與相酬和，師伯後因語次白上，叙景文等此言。懷文屢經犯忤，至此上倍不説。上又壞諸郡士族，以充將吏，[3]並不服役，至悉逃亡，加以嚴制不能禁。乃改用軍法，得便斬之，莫不奔竄山湖，聚爲盜賊。懷文又以爲言。齋庫上絹，年調鉅萬匹，縣亦稱此。[4]期限嚴峻，民間買絹一匹，至二三千，縣一兩亦三四百，貧者賣妻兒，甚者或自縊死。懷文具陳民困，由是縣絹薄有所減，俄復舊。子尚諸皇子皆置邸舍，逐什一之利，爲患徧天下。[5]懷文又言之曰：“列肆販賣，古人所非，故卜式明不雨之由，弘羊受致旱之責。[6]若以用度不充，頓止爲難者，故宜量加減省。”不聽。孝建以來，[7]抑黜諸弟，廣陵平後，復欲更峻其科。懷文曰：“漢明不使其子比光武之子，前史以爲美談。陛下既明管、蔡之誅，願崇唐、衛之寄。”[8]及海陵王休茂誅，[9]欲遂前議。太宰江夏王義恭探得密旨，先發議端，懷文固謂不可，由是得息。[10]

[1]顏竣：人名。琅邪臨沂人。本書卷七五有傳。
[2]王景文：人名。琅邪臨沂人。本書卷八五有傳。　顏師伯：

人名。琅邪臨沂人，爲顏竣族兄。本書卷七七有傳。　省：即皇宮。又稱"禁中"。

[3]充將吏：指從軍服役。按：六朝時期，傳統上士族皆有不服役的特權，而軍士地位低下，更爲士族所鄙薄。吏，役吏，身分低賤，非官吏。

[4]齋庫：收藏財物的倉庫。　調：古代賦税的一種。時有户調，多徵收絹、綿等實物。

[5]邸舍：古代專指貨棧。六朝時皇子、公主皆以公家邸舍，使商人停物於中，收取貨金。　什一之利：以十取一之利。泛指經商。

[6]卜式：人名。西漢河南人。經營畜牧業致富，因輸財助邊，被漢武帝嘉獎，賜爵關内侯，官至御史大夫。武帝晚年，桑弘羊任大司農，制訂一系列官營工商措施，以增加財政收入，遭卜式等人反對。天旱，武帝令百官求雨，卜式曰："縣官當食租衣税而已，今弘羊令吏坐市列，販物求利。亨弘羊，天乃雨。"事見《漢書·食貨志下》。

[7]孝建：宋孝武帝劉駿年號（454—456）。

[8]管、蔡之誅：西周初年，武王去世，其弟管叔姬鮮、蔡叔姬度不滿周公攝政，聯結紂子武庚發動叛亂，失敗被殺。此隱喻劉駿誅殺二兄劉劭、劉濬事。　唐、衛之寄：周公東征取勝後，封武王之子姬虞於唐，封武王少弟姬封於衛。寄，分封寄土。此句隱喻劉駿還應重用皇族諸弟。

[9]海陵王：王爵名。王國在今江蘇泰州市海陵區。　休茂：人名。即劉休茂。宋文帝第十四子。本書卷七九有傳。

[10]議端：首先建議誅貶（諸王）。　息：止息。

時游幸無度，太后及六宮常乘副車在後，[1]懷文與王景文每陳不宜亟出。後同從坐松樹下，風雨甚驟。景文曰："卿可以言矣。"懷文曰："獨言無係,[2]宜相與陳之。"江智淵臥草側,[3]亦謂言之爲善。俄而被召俱入雉場,[4]懷文曰："風雨如此,非聖躬所宜冒。"景文又曰："懷文所啟宜從。"智淵未及有言,上方注弩,作色曰:[5]"卿欲效顏竣邪?何以恒知人事。"又曰："顏竣小子,[6]恨不得鞭其面!"上每宴集,在坐者咸令沈醉,懷文素不飲酒,又不好戲調,上謂故欲異己。謝莊嘗誡懷文曰："卿每與人異,亦何可久。"懷文曰："吾少來如此,豈可一朝而變。非欲異物,性所得耳。"[7]

[1]太后:此指宋文帝淑媛路惠男,宋孝武帝劉駿生母,時被尊爲皇太后。　六宮:泛指皇后及嬪妃。

[2]係:相繼,連接。

[3]江智淵:人名。濟陽考城(今河南民權縣)人。本書卷五九有傳。

[4]雉場:圍獵雉的場地。

[5]注弩:向弩上搭矢。　作色:臉上變色。指發怒。

[6]顏竣:各本並作"顏峻",中華本據本書卷七五《顏竣傳》改,今從之。

[7]非欲異物:並不是想與人情相異。　性:本性,心性。

　　五年,乃出爲晉安王子勛征虜長史、廣陵太守。[1]明年,坐朝正,事畢被遣還北,以女病求申。[2]臨辭,又乞停三日,訖猶不去。爲有司所糾,免官,禁錮十年。既被免,賣宅欲還東。[3]上大怒,收付廷尉,[4]賜死,時年五十四。三子:淡、淵、沖。

[1]晋安王：王爵名。王國在今福建福州市。　子勛：人名。即劉子勛。宋孝武帝劉駿第三子。本書卷八〇有傳。　征虜長史：官名。即征虜將軍府長史。時劉子勛爲征虜將軍、南兖州刺史。

[2]朝正：古代諸侯和臣屬在正月朝見天子，也稱大朝會。漢朝後例在歲首元旦進行。　還：各本並作“遷”，中華本據《南史》、《通鑑》宋孝武帝大明六年改，今從之。指返回任所廣陵。因廣陵在建康之北，故稱。

[3]賣：各本並作“買”，中華本據《南史》改，今從之。還東：指返回家鄉吳興。

[4]廷尉：官名。爲中央最高司法審判機構長官，文武大臣有罪，由其直接審理收獄。三品。

　　弟懷遠，爲始興王濬征北長流參軍，[1]深見親待。坐納王鸚鵡爲妾，世祖徙之廣州，使廣州刺史宗愨於南殺之。[2]會南郡王義宣反，[3]懷遠頗閑文筆，愨起義，使造檄書，并銜命至始興，與始興相沈法系論起義事。[4]事平，愨具爲陳請，由此見原。終世祖世不得還。懷文雖親要，屢請終不許。前廢帝世，[5]流徙者並聽歸本，官至武康令。撰《南越志》及懷文文集，並傳於世。

　　[1]始興王：王爵名。王國在今廣東韶關市東南蓮花嶺下。濬：人名。即劉濬。宋文帝劉義隆第二子。本書卷九九有傳。　征北長流參軍：官名。即征北將軍府長流參軍。劉濬曾任征北將軍、南徐兖二州刺史。長流參軍，亦稱長流賊曹參軍。公府、將軍府屬曹長官，掌盜賊徒流事。

　　[2]宗愨：人名。南陽人。本書卷七六有傳。

　　[3]南郡王：王爵名。王國在今湖北荊州市荊州區。　義宣：人名。即劉義宣。宋武帝劉裕第六子。本書卷六八有傳。

[4]相：官名。諸侯王國置相，治民政，職如郡守。　沈法系：人名。吳興武康人，以軍功進身，官至尋陽太守。本書卷七七有附傳。　起義：指背叛劉義宣與孝武帝劉駿相呼應。

[5]前廢帝：即劉子業。宋孝武帝劉駿長子。本書卷七有紀。

史臣曰：昔婁敬戍卒，[1]委輅而遷帝都；[2]馮唐老賤，[3]片詞以悟明主。素無王公卿士之貴，非有積譽取信之資，徒以一言合旨，仰感萬乘。[4]自此山藪草萊之人，布衣韋帶之士，莫不踵闕縣書，煙霏霧集。[5]自漢至魏，此風未爽。[6]暨于晉氏，浮偽成俗，人懷獨善，仕貴遺務。降及宋祖，思反前失，雖革薄捐華，[7]抑揚名教，[8]而闢聰之路未啓，[9]采言之制不弘。至於賤隸卑臣，義合朝算，徒以事非己出，知允莫從。[10]昔之開之若彼，今之塞之若此，非爲徐樂、嚴安，[11]偏富漢世，東方、主父，獨闕宋時，蓋由用與不用也。[12]徒置乞言之旨，空下不諱之令，慕古飾情，義非側席，文士因斯，各存炫藻。[13]周朗辯博之言，多切治要，而意在摛詞，文實忤主。[14]文詞之爲累，一至此乎！

[1]婁敬：人名。西漢初齊（今山東淄博市臨淄區）人。往戍隴西途經洛陽，建言劉邦以關中爲都，被采納，因功賜姓劉，並成爲朝廷謀臣。《漢書》卷四三有傳。

[2]輅（lù）：綁在車轅上用來牽引車子的橫木。引申爲車子。

[3]馮唐：人名。西漢安陵（今陝西咸陽市）人，文帝時爲郎中署長，時已年老，曾當衆批評文帝不善用人，並以雲中郡守魏尚有功而被免職爲例，說文帝"賞太輕，罰太重"。文帝感悟，復魏尚職。《漢書》卷五〇有傳。

[4]萬乘：周制，天子地方千里，能出兵車萬乘，因以"萬乘"指天子。

[5]草萊：草野。指鄉間平民。　韋帶：古代平民或未仕者所繫的無飾的皮帶。　踵闕：一個接一個到朝廷來。闕，宮殿。縣：同"懸"。懸挂。　煙霏霧集：烟霧盛聚。形容衆多貌。

[6]未爽：没有敗壞。

[7]革薄捐華：革除不淳厚風俗，捐棄浮華。

[8]抑揚名教：稱揚禮教。

[9]闢聰：多方聽納衆人之言。

[10]朝算：朝廷上的算計。　允：得當，合理。

[11]徐樂：人名。西漢燕無終人。曾上書漢武帝，直言天下安危和當時弊端。《漢書》卷六四上有傳。　嚴安：人名。臨淄人，西漢武帝時曾任丞相史，亦上書論政，爲當時言士代表。據《漢書》卷六四上，漢武帝讀徐樂、嚴安書奏，即召見，曰："公皆安在？何相見之晚也！"乃皆拜爲郎中。

[12]東方：即東方朔。西漢平原厭次（今山東惠民縣）人，漢武帝時著名辯士和文學家，性詼諧滑稽，常以巧言諷諫武帝。《漢書》卷六五有傳。　主父：人名。即主父偃。西漢臨淄人。漢武帝時上書言事，受賞識，曾一年四升遷。《漢書》卷六四上有傳。闕：同"缺"。

[13]乞言：徵求廣言。　不諱：不必避諱。　側席：不正坐。指帝王因憂懼而坐不安穩、虛心納諫的樣子。　炫藻：炫耀辭藻。

[14]摛詞：鋪陳文詞。　忤：抵觸。